El teatro Alhambra contado por un Conde

V. 2

Crónicas de Aniceto Valdivia (Conde Kostia),
Max Henríquez Ureña y otros

Selección, anotaciones y ensayos
Rosa Ileana Boudet

El teatro Payret con el telón de la Compañía López-Villoch

Library of Congress Control Number 2020903983
ISBN: 978-1-7347068-1-9
Rosa Ileana Boudet©, 2020
Ediciones de la Flecha
Santa Monica, California
https://www.edicionesdelaflecha.com

[...] en esas obras frívolas y regocijadas, pero impregnadas de un sano patriotismo, se ha reflejado siempre, entre bromas y veras, el sentir de nuestro pueblo.
Gustavo Robreño

La crítica teatral jamás le dedicó una reseña a un estreno, ni una frase de halago a sus autores e intérpretes, salvo muy contadas excepciones. Si acaso alguna crítica de Aniceto Valdivia (Conde Kostia).
Eduardo Robreño

Vengan en buena hora los sainetes con buenos retruécanos, con su picante y su broma alegre y decidora.
L. Bravo

No olvidemos que Alhambra es, al fin y al cabo, el único lugar de La Habana en el que, bien o mal, se hace teatro cubano.
Alejo Carpentier

Eloísa Trías, característica única: 1914-1928

Amalia Sorg. De temperamento alegre, "refractario al dramatismo", gustaba interpretar vampiresas y seductoras, dice en *Cuentos del Alhambra*, documental de Manuel Octavio Gómez, 1963.

De sicalipsis y moral

Max Henríquez Ureña sustituye a Valdivia quien cumple funciones diplomáticas en Noruega y Brasil. Con quince años, no dedica al coliseo tanto espacio como Kostia, pero actualiza en "Por los teatros" los estrenos del Molino Rojo, las andanzas de la favorita –la bella Carmela– y las cupletistas que como el año anterior, ocupan los carteles. Solo entre enero y marzo de 1910 se estrenan entre otras *Carmela y su criado* y *Chocó el cometa o el fin del mundo*, de Federico Villoch, para Regino y Carmela; *Un viaje en aeroplano o la isla del Bo-chin-ché,* de Joaquín Robreño y *La venganza de Toribio, Venus Pilar y Un error policiaco*, de Mario Sorondo. En el Molino Rojo, María Luisa Morejón, Friné, consigue en *El baño de Friné,* "el más bello desnudo artístico que se ha visto". Se estrenan allí *La zíngara*, de Guillermo y Jorge Anckermann y *La bailarina del circo*, de Sorondo. Desde finales de febrero se discute cómo será la *Zazá* de Chelito que en marzo hace en Alhambra *Ideal Chelito*. Max informa de la intervención quirúrgica a la que se somete Amalia Sorg, su reaparición en *La viuda sicalíptica* y su éxito en *El enfoque de Amelia*, ambas en el Molino.

Casi no se sabe nada del estreno de *De Las Villas a La Habana*, de José Antonio Ramos ¿el 22 de diciembre de 1910?, cuyo título cambia por *A La Habana me voy* debido a que lo acusan de criticar a los villaclareños instalados en el gobierno de José Miguel Gómez. Referido en la Autonografía de Ramos, la obra le dio éxito económico, pero no estaba dotado para ese teatro.[1] Sin embargo, con el nuevo título sugerido por Regino, se repone

---

[1] Rodríguez Alemán, Francisco P. *José Antonio Ramos: un hombre de su tiempo.* Santa Clara: Editorial Capiro, 2003.

el 3, el 8 de febrero y el 6 de marzo de 1911 y quizás en muchas más ocasiones. Henríquez Ureña comenta:

> ... los géneros populares, al cabo, no necesitan ser literatura. Precisamente su mayor mérito, es el no serlo. Dejarían de ser populares y dejarían de reflejar el ambiente que intentan reflejar. Desde ese punto de vista las obras de Alhambra cumplen admirablemente su misión: son una caricatura espléndida e ingeniosa de la vida del pueblo cubano.
>
> [...] Esta noche sube a escena, primera tanda, *A La Habana me voy...*, sainete muy regocijado de José Antonio Ramos, el compañero ausente a quien aguarda en Madrid una serie no interrumpida de triunfos. La segunda, *La exposición nacional*. Además de la obra de Ramos, se cantará la famosa clave "La marcha del soldado". [2]

Henríquez Ureña prefiere no profundizar. Ramos viaja a Madrid en febrero con un cargo diplomático y Regino insiste en el cambio de título con el que la obra continúa en cartel. De hallarse una crónica del estreno, despejaría la incógnita que pudo reconciliar al dramaturgo culto y el teatro popular.[3] Alhambra no es la única posibilidad de estrenar, pero sí la casi única remunerada. Y hay un público que finalmente puede conocerlo sin ir a Consulado, en el Politeama y en Payret. Un gran aviso en la prensa precede la función del 24 de marzo. Escribe Henríquez Ureña: "He ahí cómo ha ido creciendo la curiosidad del resto del público,

---

[2] Max. "Por los teatros" *La Lucha*. 25 de marzo de 1911.
[3] En *Teatro cubano: relectura cómplice* atribuyo erróneamente que el título que permanece es *De las Villas a La Habana*, cuando es lo contrario. Ramos lo cambia por *A La Habana me voy*, con el que continúa representándose.

el que no puede ir a Alhambra, por conocer los mejores estrenos de la temporada y por ver de nuevo a los artistas de la *troupe* que Regino capitanea."[4]

Se ha creado la Sociedad de Conferencias y la de Fomento del Teatro y Henríquez Ureña y Ramos participan activamente en ambas. Se estrenan *El viudo alegre, La isla del desnudo, La Crisantema en el polo, La pareja de la bulla, Carne fresca, Chelito triunfadora,* pero se privilegia la apertura de los Politeamas –el grande, para teatro dramático y ópera y el chico, para *vaudeville*– en el edificio de la Manzana de Gómez, ambos a cargo de Alfredo Misa. El 23 de febrero de 1910 la celebrada Lina Frutos actúa en *Adiós a la rumba* en Payret con un grupo bufo (Matilde Corona, Pepe del Campo, Lydia Otero y Manolo Fernández) y al día siguiente en la Asociación de reporteros, Regino hace un monólogo de Juan J. Ubago, *¿La Serafina?,* Chelito canta La sultana y Raúl del Monte representa uno de sus entremeses.

El 2 de mayo se estrena *Zizí,* parodia de *Zazá,* texto de Villoch con Chelito que, en medio de la euforia, declara "no pretendo emular con las grandes actrices que la interpretaron sino sólo ser «discreta»".

Al año siguiente continúa el auge de los "teatros alegres."

Se estrena *La casa de los fantasmas* de F. Fernández y Benito Simancas, "graciosa y atinada sátira contra el espiritismo y sus consecuencias" y Raúl del Monte monta a toda vela *El comprador de botellas* y otras obras. Regino se despide en marzo del Payret después de una temporada con *Aviación, La exposición nacional,* la obra de Ramos, y un intermedio en el que se canta la clave "La marcha del soldado" amenizado por la bella Camelia.[5] El actor

---

[4] *La Lucha* "Por los teatros". 25 de marzo de 1911.
[5] *ibid.*

alcanza la meca: su caricatura en *El Fígaro*.[6] Mauri, Villoch y Arias se retratan por el estreno en Payret de la zarzuela *El centenario de Cuba*.[7] Las entregas de *El Fígaro* informan de las actuaciones en el Nacional con comentarios sobre lo que algunos cronistas perciben como cansancio y repetición.

En un demoledor estudio sobre los dos primeros gobiernos republicanos, Bargarrosa escribe: "La pornografía ha adquirido un desarrollo alarmante [...] y amenaza con arrollarlo todo: costumbres, religión, idioma y prácticas sociales. Coupletistas y bailarinas, feladrices y aventureras importadas de las barracas de España y Méjico, han llevado a nuestros teatros el virus de sus cantos y desnudeces, sin que el mal se haya reprimido por las autoridades correspondientes. La voz se ha perdido en el desierto; la pornografía sigue burlándose de la moral. [...] El *couplet* ha matado el teatro, y en vez de sanearse los espectáculos públicos con medidas de alta represión, lo que se ha hecho es arrojar más cieno a los templos consagrados a Talía".[8]

Kostia, libertario contrario a la represión del cuerpo y defensor del teatro vivo, admira en cambio la belleza de las artistas, descubiertas o cubiertas, líricas, cómicas o sicalípticas. Su obsesión a veces irónica es el el físico de la actriz, tanto que debe disculparse con una ofendida Esperanza Pastor. "En un actor hay dos cosas que considerar: la figura y la manera. [...] Y como no es un padrón de infamia ser alta o baja, flaca o delgada, linda o fea, la queja [...] no tiene razón de ser".[9] En México fue a los tribunales

[6] Caricatura de Massaguer. *El Fígaro* 46 (noviembre 13 de 1910). s/p.
[7] Crónica. *El Fígaro* 48. 4 de diciembre de 1910. p. 638.
[8] Bargarrosa, Enrique. *El proceso de la República: análisis de la situación política y económica de Cuba bajo el gobierno presidencial de Tomas Estrada Palma y José Miguel Gómez*. Habana: Imp. militar de A. Pérez Sierra, 1911. p. 121.
[9] *La Lucha*. 10 de enero de 1898.

porque dos primeras figuras lo acusaron por algo parecido. No he encontrado en *La Lucha* crónicas suyas hasta 1914-1916 y 1925-1926.

En enero de 1912 Regino realiza una gira que empieza en Matanzas, debe llegar a Santiago de Cuba y dura más de tres meses. Sergio Acebal ingresa en la compañía, estrena *Regino por la isla* en un cuadro cómico organizado por Agustín Rodríguez con Blanca Vázquez y Pepe Palomera.¹⁰ Villoch acude todas las noches ya que no tienen negrito, Raúl del Monte se separó de la compañía. Ya "se encargaría de meter el hombro para que le doblaran el sueldo" cuenta Acebal. A los dos meses lo consigue con "obras que obtuvieron la aprobación del respetable y eso dio motivo a que se me tuviera más consideración." *El país de la botellas* tiene más de veinte representaciones junto a las muy aceptadas *Cal y Cocó*, *El cuerno de la abundancia* y *Los habitantes de la luna*, en la que debuta Luz Gil, recién llegada del Molino. En julio de 1913 *El Fígaro* documenta el estreno de *Soñar por la gloria* de Acebal.

Cuando Kostia retorna a su quehacer en el periódico, encuentra la misma compañía y otra y de inmediato se actualiza: sigue a Sergio Acebal y a Blanca Becerra, repara en Luz Gil y Amalia Sorg. Alhambra dejó de ser el reducto para hombres solos de sus comienzos y aunque la última tanda lo es, frecuenta Payret dos y tres veces al año, para las familias, y en ocasiones el Nacional.

Gustavo Sánchez Galarraga, la actriz Enriqueta Sierra y otros, crean en 1914 la sociedad pro Teatro Cubano. El Conde le dirige su mirada escéptica en "Ojeada rápida". Valora la iniciativa desde lejos —su cooperación ha sido nula— ya que lo invitan tardíamente a la puesta de *La historia de Adan*, de Julián Sáenz y Sánchez Galarraga, el monólogo de Antonio Sierra y la obra de Salvador

¹⁰Acebal, Sergio. *Mis memorias*. La Habana: La Milagrosa, 1955. p. 54.

Salazar.[11] Sale a la luz la revista *Comedia* con feroz oposición de otra zona de la escena encabezada por Mario Sorondo, autor, animador y director de la revista El *Teatro Alegre*. Kostia, "en medio de las mediocridades e inmoralidades que nos ahogan por todas partes y ante las degradaciones del género chico" le abre las puertas a José Antonio Ramos que no ha cumplido veinticinco años y estrena *Calibán Rex* con la compañía de Miguel Muñoz.[12] Mientras, no sale una palabra de labios de Regino o de Villoch a quienes sigue el público y mantienen su popularidad. Alhambra estrena además de las comentadas, *La fiesta de Paca*, enredo cómico de Anckermann, con Trías, Diana, Sarzo, Acebal, Feliú y Gustavo Robreño. La Diana sin apellido asombra por su belleza, otras se conocen solo por este como la Argotti. Están en cartel *Un novio de Bainoa, El bombardeo de Amberes, Hembrería de verdad, El rapto de Julieta, Herencia a tiempo* y *Los efectos de la supresión*. El repertorio se renueva con Acebal no solo porque es prolífico sino por la inteligencia de sus propuestas. El de 1915 es muy similar al del año anterior con obras apenas mencionadas en el apretado cartel como *Bobo, pero...* de Agustín Rodríguez y *¡Está vivo!*, de Villoch-Mauri. Así todo hallé catorce notas de Kostia, rendido ante la joven Becerra. Antes de la función de *Los osos*, la segunda de sus reseñas sobre ella, escribe sin firmar:

> El 3 de abril se anuncia Regino en Payret con *El bombardeo de Amberes* y *El Patria en España*. El público ayer tarde se decidió por este teatro... acudiendo en masa hasta colmarlo

---

[11] Conde Kostia. "El teatro cubano. Ojeada rápida". *La Lucha*. 17 de mayo de 1914.
[12] Conde Kostia. "El de esta noche. José Antonio Ramos". *La Lucha*. 27 de marzo de 1914. p. 5 y "Calibán Rex". 28 de mayo de 1914. p. 5.

totalmente. Las localidades todas en la matinée fueron ocupadas por familias conocidas de esta sociedad que reían complacidísimas los chistes de buena ley que abundan en las obras que presenta Regino... *El país de las botellas* y *Aliados y alemanes*, en la matinée, mantuvieron la risa de los espectadores toda la tarde. Regino, en primer término, Luz Gil y el negrito Acebal se destacaron en sus respectivos papeles. (Alhambra tiene una tanda corrida con una matinée a las dos y media).

Blanquita Becerra, sin duda uno de los más valiosos elementos femeninos de la compañía, encarnó varios papeles de manera admirable. La guajirita sencilla de *El país de las botellas* (de Guillermo Anckermann) tuvo en ella una felicísima intérprete, tanto en el traje que vistió como en sus gestos y modo de hablar. También logró arrancar aplausos entusiastas al cantar la canción búlgara de *Aliados y alemanes*, donde tiene ocasión de poner de relieve su madera de artista". [13]

No creo se ha escrito nada mejor sobre los inicios de la Becerra. Muere Miguel Arias Bardú, retirado desde un año antes. Alhambra pierde a uno de sus puntales, el creador de su imagen visual: telones pintados, mutaciones y una maquinaria anunciada y aplaudida independientemente de los logros de la obra o el único elemento de éxito en el espectáculo.

Se estrena una versión de *La casita criolla,* de Villoch-Anckermann, "nuestro aporte a la propaganda menocalista" dice el autor muchos años después, muy diferente a la *reprisada* en

---

[13]s/f. Teatros, cines, variedades. *La Lucha*. 12 de abril de 1915. p. 4.

¿1917? y publicada por Robreño.[14] Esa «casita criolla reformada» de 1915 refleja la desilusión con el nuevo gobierno. En el libreto, don Hilario, el administrador, decepcionado de los politiqueros que lo embullaron para postularse y obtuvieron «carteras» en su gobierno y aferrado a sus valores tradicionales, dice "Hay que vivir en nosotros/tener lo que siempre hemos tenido/ser lo que siempre hemos sido/ y no ser más que los otros." ¡*Addio* Radamés electoral! le contesta a Meneíto, el periodista adulador. En ninguna de las dos versiones, la de la crónica y la del libreto, Cañita (Perico Picatoste) –borracho inmortalizado por Regino– es muy acusador e insobornable, pero este pudo sacar partido de sus bocadillos y el público llenar ese vacío. De acuerdo con la nota de Kostia, el administrador de la *casita* está de vuelta de la política y otros deben preparar la «olla» para el futuro. ¿Aparece ya en 1915 la revista Guarapo y oro, el interludio musical más gozoso del libreto con sus mulatas azucaradas, su negrito y su alegría? Se canta el dúo "Alfredo mío" y "Tumba la caña" en apoteosis final: "tumba la caña/anda ligero/que viene el mayoral/sonando el cuero". Mas que ligereza y chiste, revela frustración.

La danza de los millones (10 de julio de 1916) de Federico Villoch con música de Jorge Anckermann –cuyo texto no ha sobrevivido– aborda las «vacas gordas». Con la guerra mundial y el incremento de la necesidad de azúcar en el mercado, sus altos precios producen un esplendor económico desconocido. De ahí el vestuario de preciosos ridículos de Eloísa Trías, Blanca Becerra, el negrito Sergio Acebal y el gallego Pancho Bas delante de un telón

---

[14]Villoch, Federico. "La historia de Cuba" Viejas postales descoloridas. *Diario de la Marina,* 3 de octubre de 1948. p. 50. Villoch, Federico. "La casita criolla." *Teatro Alhambra. Antología.* Ed. Eduardo Robreño. La Habana: Editorial Letras Cubanas, 1979. 229-298. Cf. Boudet, Rosa Ileana. *Teatro cubano: relectura cómplice.* Ediciones de la Flecha, 2010.

pintado con sus luminarias encendidas, el «paisajismo» de sus célebres escenógrafos-pintores, creadores de una ilusión de realidad con lienzos y cartones. El autor recuerda esta rumba:

Cuando cobre el pagaré
qué gusto te vas a dar
montarás en aeroplano
y un automóvil te voy a comprar.[15]

El 4 de agosto de 1916, según el periódico *El Triunfo*, Villoch y Regino reciben veinticinco mil pesos para la propaganda reeleccionista de Mario García Menocal. Se dice que abre la mano al "desnudo antiestético, los chistes obscenos, el desenfreno más soez y brutal" y a "un público de todos los pelajes, y los agentes de la autoridad nada hacen por refrenar tamaños excesos".[16] Se reprisan *Los patos de la Florida* y *Los perros comediantes*, de Villoch-Anckermann entre otras.

Del 11 de mayo al 4 de junio de 1917 debutan en el Nacional con obras despojadas de «cachet picante», entre ellas *Cuba en la guerra*, *La toma de Veracruz* y *La señora de los primos*. *Cuba en la guerra* de Villoch-Anckermann-Gomís se estrena el 30 de abril, los acontecimientos mundiales precipitan el montaje de obras de contenido social. *La guerra universal*, *Un viaje morrocotudo*, *El Patria en España* y el reestreno de *Aliados y alemanes*. Villoch recibe un homenaje en el hotel Telégrafo. Mientras, permanece en Consulado la compañía de Becerra-Mary con *Buchito, te revolviste*, de Sorondo-Roig y *El problema de la frita*. Sergio Acebal participa en

---

[15]Villoch, Federico. "La historia de Cuba". ob. cit.
[16]Primelles, León. *Crónica cubana 1915-1918*. La Habana: Editorial Lex, 1955. p.148.

casi todos los espectáculos con artistas extranjeros de visita y de otros elencos —estrena *La conquista de Songo*— y se aventura con Regino a abrir un salón Alhambra (Cerro Garden) en la calzada del Cerro y Santa Teresa. Muchos actores hacen bululú en provincias: Raúl del Monte, Blanca Vázquez, Hortensia Valerón, Carmen Ruiz, Pepe del Campo y Pepe Palomera.

La compañía regresa al Nacional el 28 de junio para un homenaje a Pepito Gomís con *Las joyas de la marquesa* de Villoch cuyo decorado se publica en *La Lucha*, publicidad con la que Arias nunca soñó. Se reponen *La danza de los millones*, *Cuba en la guerra* y muchas otras.

Regino es llamado al cine, protagoniza la cinta *El tabaquero de Cuba o el capital y el trabajo* y en julio Santos y Artigas estrena *La hija del policía o el poder de los ñáñigo*s en la que intervienen entre otros, Eloísa Trías, Sergio Acebal, Mariano Fernández y José Serna. Acebal (*Acebal se saca el gordo*) y la Trías participan de otras que desafortunadamente tampoco existen. Con su manejo de la propaganda y la producción del naciente medio, los empresarios lanzan a Arquímedes Pous en su primera temporada de éxito en La Habana. Alhambra no paga anuncios en la prensa, despliega gacetillas de veinte líneas, pero le surge un rival. Los arriesgados empresarios dirigen circo, espectáculos, cine y promueven el negrito de Pous.

El 3 de agosto se conocen las ingeniosas "dos palabras" del beneficio de Acebal.

> Público, el motivo de dar esta, mi función de beneficio, no es otro que el de poder realizar con su producto el sueño que hace tiempo merodea por mi cerebro. Respetados maestros de canto entre los que se encuentran Carbonero y Ramón del

Chori, han convenido, después de un estudio detenido, en que mi garganta no está formada solamente para comer pan, sino que también puedo emplearla en el divino arte de Puccini, Wagner y otros peludos y llegar con ella a ser, sino un Lázaro, por lo menos un buen pregonero de percheros baratos.[17]

Otras obras de ese año son *El gato negro*, zarzuela de Sorondo y Anckermann, anunciada como *The Black Cat* –nombre de una sala de fiestas muy famosa– y *Papaíto*, de Federico Villoch, música de Anckermann, sobre la cual El del Grillé escribe una nota larga, aburrida y llena de lugares comunes que me hizo extrañar al Conde Kostia. Pero cuenta la obra.

Un negrito vestido como en la corte de Versalles con su mayúscula rosa en el ojal como en *La danza de los millones*, es astracán. Pero mientras en España Azorín apoyó a Muñoz Seca, principal autor del género de nombre y origen tan enigmáticos, la

---

[17] Así que con el producto de dicha función daré un viaje a Pogolotti para seguir mis estudios y les prometo cantar de gratis, a mi regreso, la ópera Puritani, en la que daré un re... buzno y un re... lincho.
Función corrida a las 8 y media con *Se acabaron los hombres o la guerra de las mujeres*, de Villoch y Anckermann, estreno del juguete cómico de José del Campo *La suspensión de las garantías*, despampanante rumba de la Bella Camelia y Pepe Serna. Estreno de la preciosa zarzuela de Mario Sorondo-Anckermann titulada *Cintura con racha*. Elenco: Racha, Sr. Acebal; Eduardo, Sr. Bas; Petrona, Sra. Valerón; El papasito, Sr. Sarzo; Consuelo, Sra. Renée; Pepino, Sr. Mariano; Pensamiento, Sr. Feliú; Lidia, Sra. Amalia; Cusito, Sr. del Campo; China, Sra. Argentina.
El programa consta de una canción de la Sra. Petit Renée cantada por su autora y por Hortensia Valerón,
Pareja de tango y danza apache.
Sinfonía.
Reprise de la graciosa obra de Villoch, *La Mary y su criado*.
Romanza cantada de Blanca Sánchez acompañada por el maestro Antón, The Argentinos y la danza de los Cowboys.
Rumba de Camelia y Serna. *La Lucha*. 3 de agosto de 1917.

intelectualidad cubana se distanció del coliseo o lo rechazó (el arte se confunde con la más baja abyección escribió Sánchez Galarraga en 1916). El poeta moderó después su tono, abogó por «ensanchar» los límites del arte ya que "el nuestro está vinculado exclusivamente a Alhambra y a los viejos bufos" y estrenó varias obras allí.[18] Bajo su influencia se creó y fracasó la temporada de 1914 y la revista *Comedia*. Sin embargo inicia con mucho éxito junto a Ernesto Lecuona la etapa del Regina que abre paso a la "zarzuela de nuevo tipo".

En enero de 1918 se estrena *Regino en pose*, película dirigida por Enrique Díaz Quesada. Apropósito cinematográfico parlante, uno de los intentos más atrevidos de Regino y Eloísa Trías quienes sostienen un diálogo mientras se proyectan sus imágenes. ¿Un homenaje a los intérpretes? No. A Santos y Artigas.[19]

María Pardo se destaca en el personaje de La Prensa en *Cuba aliada*. y comienza su indiscutida carrera. Llega Amalia Sorg a Alhambra: Cyrano de Bergerac escribe: "Paso a paso ha ido imponiéndose al público, hasta llegar a ser una de las tiples del género bufo que con mayores simpatía cuenta. De tener más amplios horizontes el género, Amalia acabaría por convertirse en una notabilidad. Y [...] una gran estrella [...] Culta e inteligente, de todo lo que ella es capaz bien dirigida y mejor encaminada nos lo prueba la labor que a diario rinde en el Alhambra y que escabrosidades a un lado, rendirá muy en breve en el Nacional. Villoch ha encontrado en la Sorg una intérprete afortunada para uno de los tipos del teatro que con tanto acierto dirige".[20] *El Fígaro* vuelve su

---

[18] Sánchez Galarraga, Gustavo. "El teatro cubano". *La Lucha*. 20 de mayo de 1916. p. 35.
[19] Cf. *Bitácora del cine cubano*. Ob. cit.
[20] Cyrano de Bergerac. *Bohemia*. Teatros 31 de marzo de 1918. p. 17.

mirada a Alhambra que podría servir de "espejo y clave sicológica". Al reseñar dos noches de «moda» de Regino en el Payret en el verano de 1918 "donde cascabeleaba la musa dramática de Villoch y Anckermann, no era su propio rostro, sino el rostro ajeno reflejado en el azogue burlón de la caricatura teatral". Según el cronista, las mujeres, público habitual de esos días, encuentra allí "la imagen del novio o el marido" ante esas mismas escenas. Según esta peregrina idea, Regino ofrece a las castas damas "la picante atracción de una rendija abierta a un mundo pecador y ligero de ropas". El mayor público de la temporada es femenino. [21]

Los actores de Alhambra son muy populares pero nunca ocupan una portada o casi nunca se despliega de ellos una fotografía o un grabado. El 8 de septiembre de 1919, la cupletista valenciana Consuelo Mayendía figura en la portada de *La Lucha* mientras un pequeño suelto anuncia el beneficio de Blanca Becerra. Sin embargo, la Sorg, recién llegada, aparece radiante en la portada de *Mundial,* ganó el tercer lugar en popularidad en su concurso, después de Mayendía y Esperanza Iris. Con la fama ganada en el Molino Rojo, donde "siempre encontró la manera de brillar" –como en *Salón de pruebas*, de los hermanos Ardois (1911)– cautiva con sus "pomposidades" como Becerra con su fragilidad. Luz Gil se hace muy popular con *El rico hacendado*, de Villoch.

---

[21] La Torre, Miguel Ángel de. "La mueca de las carátulas. Fugas sicalípticas". *El Fígaro* 27. 14 de julio de 1918. p. 807. Con ilustraciones de *La verbena de los mantones* por González de la Peña.

Ilustración de González de la Peña en *El Fígaro*

Sergio Acebal: un negrito que hizo época

EL AUTOR EN NEGATIVO

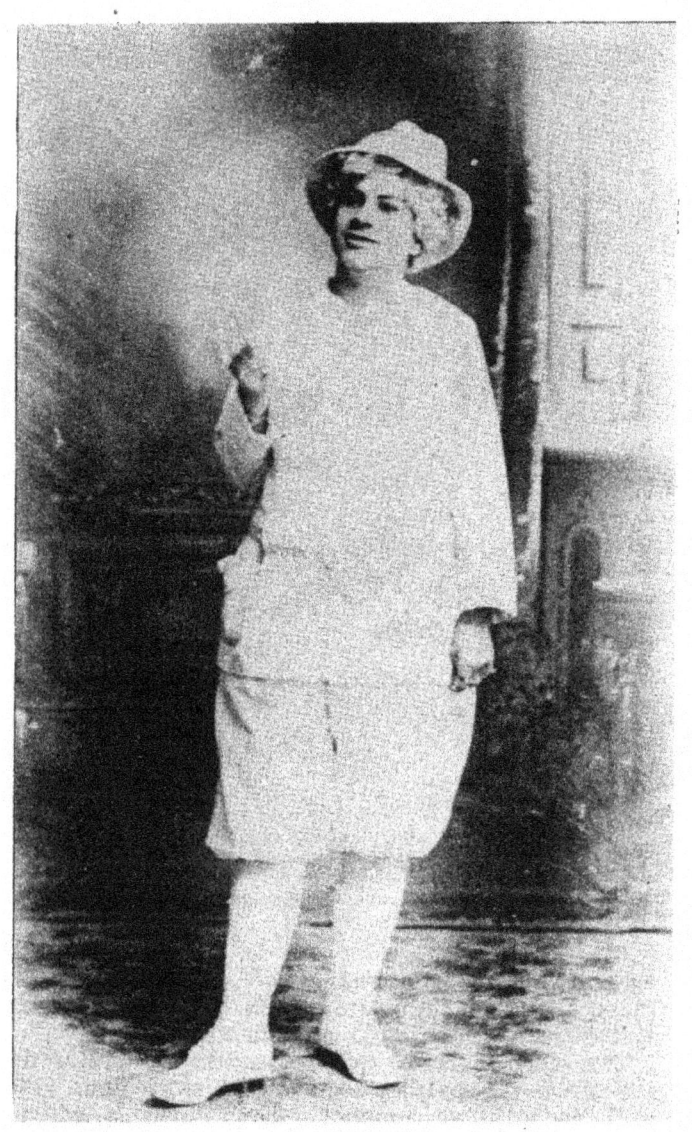

Blanca Becerra: única superviviente del Alhambra.

Blanca Becerra, archivo de Eduardo Robreño Deupí

La Política Cómica.

TEATROS

PAYRET

"AMERICA EN LA GUERRA"
CORO DE MARINEROS

Hoy viernes debuta en Payret la compañía que comanda el general Regino, y ha escogido para su presentación la última obra del coronel Villoch, que se titula "América en la guerra".

Entre los diversos números de combate hay uno donde se emplea toda la artillería gruesa, es decir, lo más formidable de la compañía.

Ustedes podrán contemplar en la fotografía que les presentamos el coro de marineros, que mejor debiera ser el coro de capitanes de fragata de tres puentes y holgada popa.

Todas son bonitas; pero la que hace el número seis es colosal.

Está pasá de verdá verdá.

La más trigueña es la Becerra, que se ha puesto los pantalones largos para cuidar los palisreques.

Los espectadores que ocupen las primeras lunetas sentirán los efectos del mareo cuando vean maniobrar a estas encantadoras marinecitas de agua dulce, y decimos de agua dulce porque todas son "asuquita" pura.

"América en la guerra" va a causar una gran sensación en el público, y todos los hombres se volverán locos por bajar a las trincheras.

El triunfo de Regino está "asegurao" con este coro de marineros, que está "guaso".

La Política Cómica publica una fotografía del "coro de marineros" de *América en la guerra*, de Villoch, a presentarse en Payret, no para burlarse como el novelista de las bellezas obesas, sino señalar a la Becerra, la más trigueña, por los "pantalones largos" que ocultan sus "palitroques". [22] Por su sección de teatros desfilan desde Ana Pávlova a Esperanza Iris, de Tórtola de Valencia a Resurrección Quijano, una en cada entrega. En septiembre se estrena *La dama del cuarto oscuro* mientras un titular exonera a Blanca Becerra "que no cometió falsedad al jurar que era soltera siendo en realidad casada". [23]

Sergio Acebal celebra el 30 de abril diez años de su debut ¿en 1910? ¿o en 1912? con *Correspondencia secreta* y *La mulata enredadora*. Los aniversarios son más bien actos publicitarios y la fecha del debut se altera a conveniencia. No festeja su entrada en Alhambra, sino sus inicios con la Petit Rostow y Artecona.

Se estrena en 1920 *El encanto de las damas*, de Villoch (dirige Pepe del Campo) con Eloísa Trías, Sergio Acebal, Alicia Rico, Regino, Luz Gil, Gustavo Robreño, Consuelo Castillo y Pancho Bas, que junto a *La alegría de la vida*, de Villoch-Anckermann, se presentan en la temporada del Payret con escenografía de Gomís. [24] *La alegría...*, fantasía en seis cuadros, según su autor, trata sobre un grupo de jóvenes (Regino, Gustavo Robreño, Pepe del Campo, Mariano Fernández y Sarzo) que después de una cena "se lanza al mundo a encontrar dicha y fortuna en los sitios donde creen hallarla, pero en el arte encuentran envidia y rivalidad, en la orgía y el vino, crimen y deshonra, en el amor, engaño y traición; hasta el

---

[22]*La Política Cómica* no. 688. 23 de febrero de 1919.
[23.] *La Lucha*, 16 y 17 de septiembre de 1919.
[24]Noyal, Gerardo de. "Teatros". *Bohemia*. 22 de agosto de 1920 p. 14 y *Bohemia* 29 de agosto de 1920 p.16.

pan que comían se les convierte en una barra de oro y aún con dinero, mueren de hambre. [25] Las decoraciones se corresponden con los cuadros: la cena de las ilusiones, el palacio del vino, la mansión del amor, "la camisa del hombre feliz", el templo de las artes y oro y miseria. Al cabo se convencen de que solo la caridad y el amor al prójimo pueden llevar consuelo al corazón humano". [26] Intervienen Luz Gil, Pilar Jiménez, Blanca Becerra, Hortensia Valerón, Consuelo Castillo, Amalia Sorg y la corista mexicana Enedina. Su final es coherente con el propósito de Villoch de escribir comedias sentimentales con ribetes bufos. Según el autor, termina así:

Y vosotros, oh millones,
fruto del esfuerzo humano
que llenáis con lucro insano
las arcas de las naciones
en fuente no interrumpida,
calmad del pobre el dolor,
que es hacer el bien mayor
la alegría de la vida.

Félix Soloni, costumbrista y autor adaptado por Alhambra, recuerda que:

En 1919, tras el fin de la Primera Guerra Mundial, el mercado cubano se vio inundado de telas de caqui y de mezclilla. Eran muy baratas y no había, por otra parte, mucho más para

---

[25] La escenografía se acredita solo a Gomís, pero según Villoch es de Noriega, Gomís y los hermanos Tarazona.
[26] Villoch, Federico. " La alegría de la vida". Viejas postales descoloridas. *Diario de la Marina*. 21 de diciembre de 1947.

escoger. Tampoco había pajilla japonesa para confeccionar sombreros. Fue así que la imaginación del cubano creó una nueva moda: pantalones y faldas de caqui y camisas y blusas de mezclilla, mientras que los viejos y gastados sombreros, una vez mojados, se conformaban al gusto del consumidor y se pintaban con el color de su preferencia. Esa moda se llamó de *virulilla* y eran *virulillas* los que la usaban.

El teatro Alhambra registró el hecho. El 12 de enero de 1920 se estrenaba en el célebre coliseo de Consulado y Virtudes, con libreto de Federico Villoch y música de Jorge Anckermann, la obra titulada *La alegría de la vida*, que, entre sus doce números musicales, daba entrada a las famosas coplas de Virulilla.

Virulilla, amarra a tu gato, / si me araña, yo te lo mato. / Virulilla, amarra a Pepito, / si me besa, yo te lo quito...

Las cantaban Sergio Acebal y Alicia Rico y fue mucho el éxito que cosecharon con estas. Y *virulilla* quedó en el lenguaje vernáculo como sinónimo de cosa chabacana, barriotera e insignificante. Pariente más o menos cercano de virgulilla, vocablo que la Academia de la Lengua Española define como cualquier rayita corta y muy delgada.[27]

Después de más de dos décadas de escribir sainetes divertidos, operetas paródicas y caricaturescas, Villoch se adentra de lleno en el melodrama social con *Papaíto*. Una profunda desilusión revelan sus palabras al Caballero Bohemio en 1920: las obras que más le gustan no son las de más éxito. "A mí me agrada más el elogio de un compañero por un soneto publicado en una revista local que

---

[27]Soloni, Félix. *Juventud Rebelde*. 30 de diciembre de 2007. No he podido verificar el estreno del 12 de enero ni cotejar la crónica de Soloni.

todos los aplausos del público en una noche de estreno. Mi última profesión me ha hecho rico, y a ella vivo agradecido, más a veces siento nostalgia de los viejos tiempos", afirmación que se ha interpretado fuera de contexto y lo persigue desde sus inicios, cuando se dijo que buscaba solo gloria y provecho. "Respecto al teatro cubano, ya sabe usted mi manera de pensar", dice. "Yo, aunque me he hecho rico en el cultivo del género bufo, no por ello he dejado de soñar con la creación de un teatro cubano serio. Ahora, sin dejar de comprender que nos faltan autores y actores".

¿Autores? ¿Y esa sociedad para el fomento del teatro cubano no los cuenta por centenares?, pregunta El Caballero.

Villoch aquí sonríe y le aclara:

"Ese es el error. Autor no es el que escribe una obra o se empeña en serlo. Para el cultivo del teatro se necesitan aptitudes especiales que no todos reúnen, conocimientos que solo se adquieren después de estudiado el teatro, de telón adentro y en su parte mecánica. En esa sociedad hay jóvenes con muchísimo talento y muy buena voluntad pero ¿usted cree que por el solo hecho de que alguien se ahíte a ella ya está capacitado para hacer comedias?" Entonces proyectaba una trilogía de obras serias.[28]

Luz Gil se une a la compañía de un joven y versátil actor decidido a ocupar el cetro del teatro criollo. Arquímedes Pous. Autor y músico, aportó al negrito talento y carisma aparte de sus facultades para baile y canto. Sus libretos buscan adecentar el lenguaje alhambresco, el ritmo de sus producciones es impensado para la época, pero los textos son bastante débiles y conste que no

---

[28] El Caballero Bohemio. "Federico Villoch. Entrevista". *Bohemia*. 5 de septiembre de 1920. pp. 10, 26.

estoy entre los críticos de Pous.[29] No es un rival de Regino, ya consolidado, a quien le costó perder no solo a Gil sino al escenógrafo Gomís que logra allí el éxito de su carrera con *Locuras europeas.* Luz buscó para sí un primer lugar que en Alhambra era el de Regino y en el Teatro Cubano, el de Pous. Aunque López reconoce que en Alhambra: "Cada uno tiene su propia personalidad y cada uno goza de una celebridad que yo soy el primero en reconocer, en ayudar a que no se extinga y a hacerla más y más extensa", dice. "No soy egoísta. El que sirve para triunfar, que triunfe, aunque sea por encima de mi propio triunfo. Sé que esa es la única manera de hacer que persista en el público el prestigio de mi compañía y del teatro cubano".[30]

En 1921 se inaugura el Principal de la Comedia, en Ánimas entre Prado y Zulueta, sede de las compañías de visita y bastión del teatro local. Regino presenta en Payret *Delirio de automóvil*, de Villoch-Anckermann, y el 21 de enero *Los millones de la danza,* de Sergio Acebal y en el beneficio a Gustavo Robreño, *La visita del chico,* de Villoch y *Me cogió la moratoria,* de la autoría de Gustavo. El público llenó y pagó *Los millones...* refiere *Carteles,* a precio de «ópera» y no de «moratoria». Sobre el camino a seguir por la compañía, el cronista sugiere abandonar Alhambra, "donde el espectáculo se encanalla de un modo lastimoso y nauseabundo" y en su lugar, sentar sus bases en el Payret o en otro teatro.[...] Ya se ve que anunciar que Regino va a dar funciones fuera de Alhambra, y acudir en masa a ver su repertorio, es algo extraordinario."

---

[29] Arquímedes Pous. *Del ambiente. Teatro Alhambra. Antología.* Ed. Eduardo Robreño. ob. cit. pp. 575-650 y *Pobre papá Montero y Los funerales de papá Montero* en *A nuevo vernáculo nuevas risas.* Concepto y selección de Manuel Villabella, La Habana: Tablas-Alarcos, 2016. pp. 81-121.
[30] íbid.

Reseña dos de las piezas estrenadas: *Arreglando el mundo*, basada en la sección que con este mismo nombre publica en *El Mundo* el conocido Billiken [...] revista salpicada de chistes y de números de positivo interés y gracia, que gustó mucho al respetable. También [...] *Teléfono submarino*, inspirada en la inauguración del servicio telefónico entre los Estados Unidos y La Habana. Hay en esta una rumba-pregón de frutas tropicales, muy sugestiva y hermosa; así como el número de los chinos, por la alusión al actual Presidente de la República y en el que a la postre sale también, el otro chino; el gran Máximo Gómez, admirablemente caracterizado por Regino".[31] Sergio Acebal comienza en *Carteles* su "Diccionario biográfico" y además de poesía de ocasión, publica su divulgado romance sobre los personajes del teatro cubano.

> Quieren mi opinión sincera
> sobre el teatro cubano.
> Pues allá va. Me parece
> que el verdadero Teatro
> criollo, es el que tenemos
> hace muchísimos años;
> el teatro costumbrista;
> y al que piense lo contrario
> yo le digo y lo sostengo
> que se equivoca de cuajo.
> Y decidme, ¿en qué sentido
> se pretende mejorarlo
> ¿prescindiendo del guajiro,
> del gallego aplatanado,
> de la parda cumbanchera

---

[31] Bravo, L. "El sainete criollo". Charla teatral. *Carteles* junio de 1921.

y del morenito zafio?
Pues entonces, dejaría
de ser Teatro Cubano,
como dejaría el rico
ajiaco, de ser ajiaco,
sin la agujita de puerco,
el verde plátano macho,
el ñame, la calabaza
y la yuca y el boniato.
¿Hacer comedias de tesis?
No hay ambiente en nuestro patio,
y pretender tales cosas
es ir derecho al fracaso,
pues las que vienen de fuera
invaden siempre el mercado,
toda vez que son mejores,
aunque es triste confesarlo.
Y en el caso de que pudiera
un autor dar en el clavo,
faltarían los actores,
que el sabor está en el diálogo;
y a un español, por ejemplo,
le costaría trabajo
hablar siempre con la ese
como nosotros hablamos.
En el teatro argentino
hay payadores y gauchos,
y en el mejicano nunca
falta el indito ni el charro,
ni la gata ni el gendarme,

ni el pulpero ni el pelao
y en ambos países siempre
los actores son del patio.
Así, pues, sinceramente,
nuestro genuino Teatro
será siempre el del guajiro,
el gallego aplatanado,
la mulata cumbanchera
y el negrito malcriado;
y tocante a su reforma...
será mejor no meneallo.[32]

Pepe Pingo pinta un retrato del formidable Regino. [33] La ocasión parece tan especial, también *Carteles* la reseña. Alicia Rico, comiquísima tiple que hasta hace poco perteneció al Alhambra, regresa del interior. [34] *Bohemia* reproduce cinco decoraciones pintadas por Nono Noriega para *El empréstito* de Villoch y Anckermann. [35] Es el año de *Montada en flan* y *Las mulatas de la bulla*.

La invasión de *jazz, trots, steps*, escribe Antonio Torroella, (Papaíto), ha relegado el danzón de las fiestas y los bailables ya que es reposado, difícil de bailar y en su lugar, se impone el desenfreno y vértigo de los ritmos extranjeros alentados por el esnobismo de

---

[32] Romance de Sergio Acebal completo publicado en *Carteles* citado por González Curquejo. ob. cit. pp. 50-51.
[33] Retrato de Regino López debido al pincel de Pepe Pingo, "que ha copiado el gesto del actor". Se exhibe en la casa Spalding en el Paseo Martí. *Social* VI no. 3 (mayo, 1921) p. 18.
[34] *La Lucha*, 29 de septiembre de 1921. Debe ser un error del gacetillero.
[35] Gómez Navarro. "El éxito de la compañía de Regino López en el Payret." *Bohemia*. 28 de enero de 1923. pp. 11, 16.

los nuevos ricos.[36] En *Papaíto en Capitolio*, de Sergio Acebal, el 12 de noviembre de 1923, Alhambra reconoce al pianista matancero.

Las compañías de Pous y Regino actúan juntas el 28 de noviembre en un homenaje a Paquita Escribano con *El come ranas gallego* de Gustavo Robreño y *Un gallego parisién* de Federico Villoch, con Arnaldo Sevilla y Eloísa Trías; Pous, con *Pobre Papá Montero* "lujosamente presentada" y su pasillo *Pescado no come rana*, con la bella y escultural Luz Gil, a veces llamada "la sugestiva". Prosiguen esas actuaciones conjuntas. Los empresarios acostumbran a armar espectáculos, fiestas y beneficios en los que reúnen a figuras importantes, incluso de visita, y artistas locales.

El 30 de noviembre se estrena *La risa loca*, de Manuel Mas y Antonio López, conocido como el «calvo» López, en reconocimiento a las cincuenta representaciones de *La tierra de la rumba*, de ambos autores.

Es el año de *La isla de las cotorras* (1923), revista con argumento, que Villoch "quiere plantar para las obras criollas de actualidad, orientación que persiguieron él y otros autores cubanos cuando todavía el sainete costumbrista era la forma única aceptada por el público como cubana. "El movimiento espectacular que en once años hemos venido observando, escribe Gerardo de Noyal, la influencia indudable del teatro de revista norteamericano, el éxito grandioso de esa influencia en teatros de todo el mundo corren parejo a nuestra nuestra orientación dramática".[37] Es particularmente notable en las coplas del galleguíbiri y el macuntíbiri, con música de Anckermann, al

---

[36]Torroella, Papaíto. "Nuestra danza nacional". *Carteles*, marzo, 1922.
[37]Noyal, Gerardo de. Crónica de teatros. Federico Villoch y Regino López, gran éxito de *La isla de las cotorras*. *Bohemia* 15 de abril de 1923. p. 12. Fotografías de Regino y Villoch.

reutilizar "Mr. Gallager and Mr. Shean", número de Ed Gallagher y Al Shean del Follies norteamericano de 1922. De acuerdo con la banda sonora del filme *La bella del Alhambra*, de Enrique Pineda Barnet, el número recreado por Omar Padilla y Héctor Echemendía con música «remodelada» por Gonzalo Romeu, se cantó en *La isla de las cotorras* –el libreto contiene las coplas– así como cerró el programa inaugural de la estación LC el 16 de abril de 1923. Es un préstamo: los personajes del gallego y el *mancuntíbiri* (Pineda Barnet lo oyó así de Modestín Morales) no se burlan de los actores norteamericanos, sino reutilizan las coplas para la réplica y la sátira. "¡Vaya, las coplas del galleguíbiri con el monólogo de Regino!" exclaman los vendedores a la puerta del teatro.

En una de las cuartetas, el norteamericano Shean se queja esa mañana de cómo están las cosas en el país. Como en el «galleguíbiri», las coplas son comentarios sociales. La parodia es una burla del modelo y aquí, es una apropiación. Un breve fragmento.

Shean: Oh! Mister Gallagher, Oh! Mister Gallagher!	Shean: ¡Oh, señor Gallaguer! ¡Oh, señor Gallaguer!
Gallagher: Hello, what's on your mind This morning, Mister Shean?	Gallaguer. Hola, señor Shean. ¿Qué le preocupa esta mañana?
Shean: Ev'rybody's making fun Of the way our country's run All the papers say We'll soon live European.	Shean: Todo el mundo se burla de cómo está el país todos los periódicos dicen que viviremos como europeos.

No se ha profundizado suficientemente en el estudio de las deudas o préstamos tomados del musical norteamericano que Pous, Regino y Conchita Llauradó, entre muchos otros, conocen en los Estados Unidos. Desde el gusto de los cronistas por llamar *girls* a las muchachas del coro hasta la reutilización de su música y sobre todo, el estilo coreográfico, impuesto en *La batalla de tiples,* (1905), primera en abandonar el de la vieja zarzuela.

La revista sin hilos de Villoch (18 de febrero de 1924) —diálogos chispeantes y cuadros vistosísimos— llega al Payret en junio, con el tema de la radio. Sobresale el vestuario abigarrado y vistoso de las coristas y sus costosos decorados. Se representan *Por cortarse la melena*, *El danzón es rey* y *El cañón de Ordoñez* de Acebal, única crónica de Aniceto que el actor incluye en sus memorias.

Pero en comparación con años anteriores, los veinte resultan desvaídos. Hay menos estrenos, las obras necesitan remozarse para pasar por nuevas en Payret. Regino compite con el Teatro Cubano, que tiene detrás no solo la juventud y el talento de Pous sino la maquinaria empresarial de Santos y Artigas. La Habana ve a Margarita Xirgu, Camila Quiroga, Esperanza Iris, Paquita Escribano, Eleonora Duse, la ópera de Hipólito Lázaro y los elencos rusos de El Murciélago de Balieff y Duvan Torzov no pasan inadvertidos para los jóvenes de la revista *Avance* que en cambio se burlan de Sánchez Galarraga. En *Cartele*s reparan en su mezcla de modalidades, del *galop* del cabaré, las elegancias solemnes a las estridencias trágicas.[38]

Mientras, un viejo amante de los bufos, juzga las obras de Villoch "con tipos que no parecen de esta tierra" por su mímica y sus amaneramientos, la monotonía de ciertos tipos, incluido el de

---

[38] Martín, Ricardo. El Murciélago. (*Carteles*, julio 1922). El teatro ruso en La Habana (*Carteles*, nov. de 1923. p. 40), se presenta el 19 de dic. de 1923).

Acebal y reitera la necesidad de que el teatro cubano utilice a los actores cubanos y el idioma del país. Muy difícil de glosar, se siente leyéndolo su nostalgia del pasado, pero sobre todo, su interés por encontrar el camino a seguir...[39] *Carteles,* con su indagación en lo cubano, promueve Alhambra con efusividad. [40]

La revista loca, de Villoch-Anckermann, se representa en febrero de 1925, año del Ba-ta-clán parisino de Madame Rasimi que arribó a finales del año anterior, (toma su nombre de la opereta de Offenbach con texto de Halevy), con bellas bailarinas y actrices, elegantes vestidos vaporosos y picardía erótica más que burdos desnudos. Madame Benédicte Rasimi la dirige desde 1910. Sin embargo la gira latinoamericana la arruina y abandona la compañía en 1926. *Voilá París, Bon soir,* y *Oh la la la,* del cartel del Nacional, tienen réplicas irónicas o paródicas en el repertorio de Pous y Alhambra. Aparte de la suntuosidad, el derroche y el desnudo, trae novedades: en una de las puestas se reparten lentes entre los espectadores para apreciar escenas de relieve y ver la *toilette* de las coristas.

Hace rato que Villoch apuesta por la revista de espectáculo, costosa y lujosa, llega a invertir siete mil pesos en alguna. *Bataclán* refuerza esa tendencia arropada por decorados y vestuarios. *Bon soir* destila lujo en todos sus cuadros, (lección de baile, el «sambío» de los besos, el jardín de la elegancia, la leyenda de la piedra de la luna, el cuadro del jazz), bellísimas combinaciones escénicas con música deliciosa. "Titina", su número más sugestivo y alegre, se califica de gran suceso. Para la tanda «aristocrática» de

---

[39] Gálvez, Wen. "Entre bambalinas". *El Fígaro* 15, 22 y 19 de febrero de 1920. p. 132.

[40] En *Carteles* "Del género popular cubano", 13 de julio de 1924 p. 9; "El teatro popular cubano", 6 de julio de 1924, p. 9; "El humorismo criollo y sus intérpretes", 10 de agosto de 1924, p. 13.

Payret los precios son 12 pesos para los palcos principales de seis entradas y 9 los del piso tercero, dos pesos la luneta y 1.50 la butaca. Su éxito señala el camino de revistas y zarzuelas en las que triunfaron antes las mexicanas Esperanza Iris, ídolo en el país, «emperatriz de la opereta» y la atrayente Lupe Rivas Cacho. Después de visitar México, en mayo de 1925, el Ba-ta-clán regresa al Payret con *Cachez Ca* a un precio de 2.50 la luneta y 15 pesos el palco de seis entradas y aquí se unen a las celebraciones por el 20 de mayo para hacer su esperado mutis. Alhambra se burla de este en *La revista inmoral* y *Los efectos del bataclán*. En su recuento del año 25, en *Mi linterna mágica*, Kostia escribe:

> El Ba-ta-clán o el triunfo del desnudo. Las Phrynés de Madame Rasimi dieron la norma a los teatros *a coté* que posee La Habana. Alhambra aprovechó bien la lección, a tal punto, que ante las exigencias del público, se ha ido más allá de Madame Rasimi. La desnudez ya no basta. Dentro de poco no hará efecto: la costumbre lo matará. Para enero la compañía tiene en ensayo —se nos dice—una revista titulada *Más que desnuda*, lo más original y atrevido que se habrá visto en escena. *Más que desnuda*. ¿Qué podrá ser? Y el autor guarda el incógnito para alentar más la curiosidad. (El autor o la autora).[41]

Como hubo *Chelitomanía,* hay bataclanerías y bataclanas, genérico de corista, como en la época de Francisco Arderíus, *uripanta*s. Se admiran las bellas actrices y bailarinas (Paulette Mauve, Mlle. Boritza, Florelle, la Shelton). El Bataclán se comenta en todas partes. Hasta hoy.

---

[41]Conde Kostia. *Mi linterna mágica.* Ob. cit "El año teatral": 163-166.

1910-1911

Crónicas de Max Henríquez Ureña

El billete de Navidad. 5 de enero de 1910 [42]

de Mario Sorondo con música de Mauri

El público que anoche colmaba la sala del Alhambra, aplaudió regocijado la nueva obra de Sorondo con música de Mauri: *El billete de Navidad.*

Sin disputa alguna, es esta la mejor producción de Sorondo. La empresa del Alhambra ha tenido una buena suerte en elegirla y el favor con que cuenta desde anoche en el público es prueba elocuente de ello.

El billete de Navidad es una obra de intriga y movimiento. No es una de esas tandas de escenas que hoy se escriben sin ilación precisa. Es por el contrario una trama ingeniosa, aunque sencilla, dividida en tres cuadros que asumen cabalmente los caracteres de exposición, conflicto y desenlace.

En medio de todo eso, no falta en la obra su pequeña moraleja, que de todo ha de haber en la viña sicalíptica. Y de esa

---

[42] Max firma la sección Por los teatros del periódico *La Lucha.* Sustituye a Aniceto Valdivia. Autor dramático y estudioso, escribe el juguete *La combinación diplomática,* estrenado en el Teatro Oriente el 13 de abril de 1914 por la sección de Declamación del Ateneo de Santiago de Cuba. "Caricatura de la vida pública", reclama su derecho de "agrandar las llagas y lunares que observa en las costumbres" mediante enredos en torno al nombramiento de una "combinación" para ocupar un cargo. Las intrigas, los detalles de las reuniones del Senado, donde se lanzan tinteros a la cabeza, se halan las levitas y se dormita mientras se discute la ley del divorcio o se reúnen con el representante norteamericano, son algunos de los entuertos para deshacer la propuesta del Secretario. El Ministerio de Rusia va a parar a quien menos se había pensado. Con ocho personajes, la acción ocurre en un gabinete de la Secretaría de Estado, muy a tono con la situación dramática de *Flirt* de José Antonio Ramos (1923), crítico teatral de *La Noche* que transcurre en el despacho de un político.

moraleja resulta que la amistad no debe andar de brazo con el interés si quiere llamarse amistad.

La interpretación estuvo, como siempre, acertada. Digo "como siempre" porque ya en Alhambra es un hábito que los artistas trabajen bien: cada uno de ellos tiene estereotipado un tipo que con distintas variantes sale en todas las obras. Si encarnan bien el uno, no hay motivo para que no encarnen bien el otro. Regino nos hizo una nueva y valiosa muestra de su gallego clásico. La Jiménez, Colombo y Sarzo, en competencia. La siempre aplaudida bailarina Encarnación Hurtado, mejor conocida por su nombre de guerra, La Malagueñita, no pudo trabajar anoche a causa de encontrarse enferma. Acaso esta noche, si la indisposición cede, reaparezca en el escenario de Alhambra. El programa anuncia *El viudo alegre, El billete de Navidad y Maximín en Marruecos*. Sigue ensayándose la nueva zarzuela de Villoch, *El pintor sicalíptico*, con música de Mauri y nueva decoración de Miguel Arias, el popular y celebrado escenógrafo. Un nuevo éxito para Alhambra.

El pintor sicalíptico. 13 de enero de 1910
de Federico Villoch con música de Mauri

Un lleno más que total, si cabe la frase, hubo anoche en Alhambra. El motivo es fácil de adivinar, estreno de Villoch. Ningún otro autor goza entre el público tan altas y marcadas preferencias. Una obra de Villoch representa siempre un éxito de taquilla, porque por regla general, es un éxito del ingenio. La obra de anoche, *El pintor sicalíptico*, puede figurar entre las que a justo título ganan de mayor auge en el repertorio del Alhambra. Tiene intriga, movimiento, chistes y amenidad.

Mauri ha compuesto algunos trozos musicales para el caso y Arias ha pintado una nueva decoración que produce bonito efecto.

La presentación de la obra nada deja que desear. El cuadro plástico del desnudo estético de las odaliscas gustó mucho a las galerías. Regino obtuvo un nuevo éxito imitando a Petrolini.

Por lo demás se lucieron en sus respectivos papeles, siendo dignos de especial mención, la Trías, la Jiménez, Castillo, muy bien al igual que Palomera. Esta noche, se repite, en segunda tanda... Ahora un chismecito: la Bella Carmela aparece en Alhambra, probablemente el lunes 17. Anoche fue un acontecimiento la reaparición de Amalia Sorg en el Molino Rojo con *La viuda sicalíptica*, en el teatro jovial de Galiano y Neptuno. Sufrió una delicada operación quirúrgica. No obstante aparece tan atrayente y radiante como siempre. Hoy se repite *Salomé Mesaló* con música de Anckermann, presentada a todo lujo, sin omitir gastos.

Un viaje en aeroplano o la isla del Bo-chin-ché
2 de febrero de 1910
de Joaquín Robreño

La actualidad es fuente inagotable de temas felices para los autores que cultivan el género especial del teatro Alhambra. Las obras que se presentan en este teatro tienen siempre el interés primordial de la actualidad.

Los aeroplanos son hoy la comidilla mundial. En todas partes se discute si el último modelo de Blériot supera e iguala a la elegante *demoiselle* de Santos Dumont.

En Cuba también tenemos «aeroplanistas». Es verdad que en más de una ocasión pública y solemne se les "ha trabado el paraguas" como dice el vulgo. Pero, en fin, los tenemos... El aeroplano ha sido, por lo tanto, el tema elegido por Joaquín Robreño para la obra que se estrenó anoche en el Alhambra. Nunca podía haber sido mas oportuno.

Un viaje en aeroplano más que zarzuela cómica, es una sátira candente de interés político. dos aviadores arrastrados por la tempestad, van a caer a la isla de Bochinché. Paréntesis: la presentación de este cuadro es excelente: al fondo el mar y en el centro, suspendidos en el aire, montando la máquina volante Regino y Sarzo.

La isla de Bochinché –búsquense analogías– se independizó de la China con el auxilio del Japón, el cual se reserva el derecho a intervenir tantas veces como en la isla se perturbe el orden. Y por esa pendiente, fácil al espíritu de las comparaciones, se desliza la sátira, ensordecida a cada alfilerazo. Es un vistazo general a la vida pública, sin que falte algún chiste famoso de la historia de un ex-secretario. *Un viaje en aeroplano* durará sin duda en el cartel. Es chispeante y animado.

Esta noche hará su debut una cupletista y bailarina, La Gitanilla, luciendo su garbo al final de cada tanda.

Zizí. 3 de marzo de 1910
de Federico Villoch, música de Anckermann

Zizí, parodia de *Zazá*, estrenada anoche en Alhambra, es uno de los mejores aciertos de Federico Villoch.[43]

Sobre el canevá de la obra de Berton, Villoch ha hecho a Zizí, una Zazá criolla, llena de escenas inspiradas en la realidad, salpicada de chistes que avaloran la prestigiada firma del ameno

---

[43] A partir de la obra de Pierre Berton y Charles Simon.

escritor, llena en fin de escenas movidas y ocurrentes que mantienen en constante interés la atención del público.

Zizí fue un éxito. Y no uno de esos éxitos que pasan de prisa, sino de los que perduran en el espíritu de la concurrencia asidua y tradicional del alegre teatro de la calle Consulado.

Los artistas se lucieron. Chelito estuvo en su cuerda. Pocas veces ha hecho valer tanto sus cualidades. Regino nos dio una de las mejores variantes de su tipo de gallego. Robreño —que hizo una chistosísima caricatura del tirador Langslow— conquistó muchos aplausos. Igualmente hubo para la Obregón, Sarzo y Palomera.

Hoy se repite *Zizí* en la primera tanda. Ocasión de aplaudir no solo a los artistas sino también la buena decoración de Arias.

La exposición nacional. 1º de marzo de 1911
de Manuel de Mas y Evelio Álvarez del Real, música de Mauri

Desde hace días los carteles de Alhambra anunciaban el estreno de una obra de palpitante actualidad, con el título de *La exposición nacional*.

Los nombres de dos autores bien conocidos del público que asiste a Alhambra, daban mayor importancia al estreno: estos nombres son los de Manuel de Mas y Evelio Álvarez del Real. No siempre ha de ser Villoch, pero el público sabe que estos nombres pueden reemplazar el de Villoch.

Manuel de Mas ha hecho solo y en afortunadas colaboraciones como la presente, diversas obras sicalípticas muy aplaudidas. En ello Álvarez del Real, que también y no de ahora, ha escrito para el teatro, es además un periodista de pluma acerada, cultivador incipiente de la sátira aguda y mordaz. Era de esperarse, con razón que *La exposición nacional* dejara grata impresión en el público de Alhambra, constituyendo un éxito para sus autores. Así ha sido, en efecto. La obra provocó muchas risas y muchos aplausos, y los autores fueron llamados a escena, cosa no frecuente en el teatro de la calle Consulado.

La obra se divide en seis cuadros. El primer, muy animado, es el de la llegada de Mc Cardy. El segundo presenta cuadros del natural, destacándose en él los *couplets* de la Fosforera automática y la escena, de gran efecto, del Experto policiaco. En el tercero, de novedades teatrales, es gracioso e intencionado el diálogo de Mimi Aguglia con Farri.[44]

En el cuarto cuadro, "Frutos del país", Sarzo declamó lúgubremente, en nombre del tabaco cubano, una imprecación poética, diciendo las miserias de la región vueltabajera. Pero el éxito mayor de la noche fueron los nuevos *couplets* de la Cañandonga, cantados con extraordinario arte y refinado gusto, por la precoz y dulcísima artista Inés Velasco, ¡vestida de bailarina cantando *couplets*! No faltó en esta parte, también su reclamito a una conocida fábrica de tabacos contado por Una Postalita... Pero aunque insistan en ello, somos muchos los que seguiremos fumando de otras marcas superiores.

Los dos últimos cuadros valen por las vistas que encierran de la Exposición: dos magníficas decoraciones de Arias, representando la entrada y los jardines. Arias fue ruidosamente ovacionado y llamado a escena.

La música es casi toda de otras obras, adaptada al caso, según indica el programa, pues Mauri solamente ha hecho arreglos y

---

[44] Mc Cardy debe ser el aviador canadiense Douglas Mc Curdy, primero en hacer la travesía entre la Florida y Cuba en 1911. Actriz, la Duse italiana, escribe Kostia, visita la isla hasta 1927.

alguno que otro compás propio. El punto cubano que se escucha, siendo muy celebrado, es de Villalón, según oí decir.[45]

Los artistas trabajan bien, sobre todo Regino y la Obregón en los diversos papeles que a cada uno le tocaron. Feliú muy bien, pero no se sabía el papel y agregaba muchas frases de su cosecha. Por lo menos, seguía poco al apuntador que oían perfectamente algunos del público. La obra es, en suma, un trabajo feliz y digno de loa. Destacará en cartel. Esta noche va en primera tanda. En segunda, *Pachencho capitalista*.

La Dianette cierra todas las tandas con algunos *couplets* y bailes.

25 de marzo de 1911

Una vez más se ha presentado en Payret la compañía cómica cubana que dirige Regino López. Y una vez más el público se ha desbordado por todos los extremos del amplio coliseo, ávido de aplaudir a la celebrada *troupe* de artistas nacionales.

La mayor frecuencia con que últimamente se realizan estas apariciones de Regino en uno de nuestros teatros aristocráticos, demuestra el creciente auge que ha ido adquiriendo ese grupo de artistas entre el público culto.

Antiguamente los meses y aún los años pasaban sin que se notase por parte del público el deseo de conocer refinadas y depuradas, las obras del Teatro Alhambra. Ese género de obras comenzó por hallarse limitado a un público especial de gente alegre y picaresca.

Pero a poco se vino a ver que en muchas de esas obras palpitaba la vida del pueblo, que allí estaban constantemente

---

[45] Alberto Villalón (1882-1955). Compositor y guitarrista muy reconocido, acompaña muchas grabaciones de artistas del Teatro Alhambra.

fotografiados algunos de sus tipos más ocurrentes, y que allí se repetían y comentaban muchas de sus frases típicas y genuinas.

Y he ahí cómo ha ido creciendo la curiosidad del resto del público, del que no puede ir a Alhambra, por conocer los mejores estrenos de la temporada y por ver de nuevo a los artistas de la troupe que Regino capitanea.

Acaso no sean literatura esas obras. La literatura no se improvisa ni nace por generación espontánea. Pero se deben a este género la creación de ciertos tipos sobre la escena y la copia ingeniosa de muchas escenas populares. Y esto siempre, en un sentido o en otro, es útil, es conveniente.

(Fotog. Buendía.

Villoch y su entrevistador: 152 obras hasta 1912. Debajo, Villoch,

Manuel Mauri y Miguel Arias: el trío estelar

De izquierda a derecha, Sergio Acebal con Adolfo Otero, Hortensia Valerón, Acebal como negrito y Eloísa Trías, caracterizada.

1912-1913. Crónicas de *El Fígaro*

Regino López. ¿Quién no lo conoce? Artista predilecto de nuestro público que con su popular compañía, le hemos aplaudido en diversas temporadas en los teatros Nacional y Payret?. Regino puede estar orgulloso de los éxitos conquistados ante la sociedad habanera y aún recordamos sus miércoles de moda que nuestras principales familias acudían a verlo. Matanzas, Cárdenas, Sagua, Santa Clara, Ciego de Ávila y Santiago de Cuba aplaudirán ahora a Regino y su compañía. El popular actor debutará en Matanzas el jueves 18 del corriente. El repertorio llevará *Napoleón, La Revolución china, El cierre de las seis, Las desventuras de Liborio, La revolución de México* y otras más que han de gustar igual que en La Habana [...] *El Fígaro* 2. 14 de enero de 1912. p. 24.

Un éxito artístico promete el estreno de mañana lunes en el Payret, durante la segunda tanda. Es la opereta en un acto y seis cuadros titulada *La revolución china*, original del fecundo y brillante autor Federico Villoch, con música de Anckermann, con preciosas decoraciones de Miguel Arias, sobresaliendo las del palacio imperial de China. *El Fígaro* 15. 14 de abril de 1912. p. 215

Payret. Con el beneplácito del público actúa en este teatro la compañía de zarzuela cubana de Regino López. El estreno que se espera con más interés es el de *La revolución china*.
El Fígaro 15. 14 de abril de 1912. p. 216.

Payret. Enorme éxito ha alcanzado la zarzuela criolla *La revolución china,* letra de Villoch, música de Anckermann. La música muy típica y muy elegante. El libreto, eminentemente ingenioso.

Las decoraciones de Arias, magníficas. *La guaracha*, obra muy amena, alterna en los carteles con *La revolución china*. *El Fígaro* 16. 21 de abril de 1912. p. 244.

Un éxito excepcional fue el miércoles el beneficio del popular y talentoso Gustavo Robreño. Estrenóse la ingeniosa zarzuela criolla, *El debut de Constantino*, que fue muy celebrada. Dicha obra sigue en cartel, alternando con *La guaracha* y *La revolución china*. La temporada de Regino va de triunfo en triunfo, por lo visto. *El Fígaro* 17. 28 de abril de 1912. p. 258.

Regino López se despidió con su compañía criolla el lunes en este teatro con una gran función que se vio muy concurrida. Santos y Artigas, con su excelente aparato cinematográfico, los han sustituido. *El Fígaro* 18. 5 de mayo de 1912. p. 276.

Teatro Nacional. Ha sido un éxito la presentación de la Compañía de Regino López. El público estaba ansioso de saborear música cubana y por eso ha llenado el teatro *au grand complet* toda la semana. Regino y su *troupe* gustan a nuestro buen público y las familias se solazan oyendo las interesantes piezas cómicas de un repertorio recortado, saneado y fumigado antes de presentarse en la escena del Tacón.
Creemos que hay Regino para rato. *El Fígaro* 27. 7 de julio de 1912 p. 410.
Seguimos en lo que bien podemos llamar época muerta. El cinematógrafo se ha refugiado en Payret y en este teatro se le rinde de modo brillante. Muchas y muy notables películas y conciertos brillantes por la orquesta del maestro Martín. En el Nacional tenemos la compañía de Alhambra. Y el público la favorece con su

presencia. El estreno de la obra política *La casita criolla* constituye un éxito sin par de la compañía. *Bohemia*. 21 de julio de 1912.

Cada noche que pasa es un triunfo más para la compañía de Regino López. La última obra, estrenada por Villoch, *La casita criolla* continúa llevando tanto público al gran teatro como en sus primeras representaciones. El estreno del jueves de *La isla feliz*, del ingenioso escritor que dirige *El Teatro Alegre*, señor Mario Sorondo, ha gustado. Le auguramos larga vida en cartel. Villoch anuncia otra producción suya, que esperamos con impaciencia los que conocemos la gracia y habilidad de su pluma. *El futuro alcalde* es el título de la obra que subirá a escena la próxima semana. También los hermanos Robreño preparan algo. Pero aún tardaremos en conocerlo. *El Fígaro* 29. 21 de julio de 1912 p. 441-442.

En El Nacional la obra de fuerza es todavía *La casita criolla*. *El futuro alcalde*, estrenada el lunes, no le hará sombra alguna. Es lo que se llama una obra pesada. El chiste no siempre resulta en ella oportuno ni afortunado. Trata el autor de hacer reír desde que se levanta el telón hasta el final, pero lo consigue muy pocas veces y su esfuerzo lleva el cansancio al auditorio. Desarrolla Villoch un cuadrito alusivo a nuestra política, pero con exageración tan grande que le quita mucho de lo que pudiera hacerla una crítica intencionada y graciosa. No estuvo esta vez afortunado el notable autor. La interpretación bastante buena.

Esperamos otra obra del mismo autor que se ensaya actualmente: *La intervención americana* y tenemos de ella buenos informes. Los hermanos Robreño estrenarán pronto *No hubo tales alzados*. *El Fígaro* 30. 28 de julio de 1912 p. 449.

Nacional. No ha dado nada nuevo. Seguimos esperando la obrita de los Robreño, *No hubo tales alzados;* la de Villoch, *La intervención cubana, El centenario de Cuba, La corte de Luis XV, Regino madrileño,* en fin todo lo que actualmente ensaya la incansable *troupe* criolla. *El Fígaro* 31. 4 de agosto de 1912. p. 369.

En el Nacional, la Compañía de Regino continúa su labor en medio de aplausos y con su teatro siempre lleno. El estreno del lunes, *No hubo tales alzados,* de los hermanos Robreño, es una de las obritas más discretas y graciosas, con gracias de buen gusto, que ha dado al público en esta temporada. El éxito no es solo de los autores, sino de la interpretación que realza la fuerza de las situaciones, así como las bonitas decoraciones pintadas por el Sr. Gomís hacen mucho en el efecto que produce la obra en el conjunto. *El Fígaro* 32. 11 de agosto de 1912. s/p.

Algo han languidecido las representaciones de la compañía de Regino. Muy vista y oída *La casita criolla,* el público pide nuevos estrenos. No se le ha dado más que uno. *No hubo tales alzados,* de Robreño, que aunque llena de chistes, no es obra consistente, por lo que hay que buscar obras nuevas y graciosas. Tiene la palabra el fecundo Villoch. *El Fígaro* 34. 25 de agosto de 1912. p. 508.

Muy poco el cronista tiene que decir del movimiento teatral de la semana. "Regino y Robreño gustan y regustan". Sus dichos y hasta sus dicharachos hacen reír al público como un bendito. Y *tutti contenti.* La nueva obra, *La intervención cubana,* no es de las más afortunadas de Villoch. Tiene situaciones cómicas felices, pero muchas escenas forzadas. Las alusiones políticas son verdaderos sinapismos aplicados contra los liberales porque eso sí, la

Compañía es conservadora *enragé*. La música es una burundanga divertida, salvo la profanación de introducir un pasaje entero de *Bohemia*, que por cierto Pilar y Fernández han tenido la ingenuidad o la pretensión de cantar en serio.[46]

El público les presta su apoyo y los miércoles concurre la alta sociedad y los revendedores hacen su agosto poniendo los palcos por las nubes. *El Fígaro* 35. 1⁰ de septiembre de 1912. p. 522.

Siguen en el cartel las tres obras de la temporada: *La casita criolla, No hubo tales alzados* y *La intervención cubana*. El público ríe y el público llena todas las noches el teatro. Es lamentable que el programa se estacione. ¿Por qué no se preocupan los empresarios un poco más del programa? Estas obras han mantenido el interés... a fuerza casi por la gran simpatía de que gozan autores y actores. *La intervención cubana*, un acierto de chistes y decorado, conquista lo que los autores deseaban: el dinero y la rosa. O lo que es igual, el éxito franco. Bien es verdad que el de *La casita...* fue más rápido y seguro. Pero Regino sonríe. Lo esencial es que el público se acerque a la taquilla y conste que se acerca todas las noches. ¿No es también un éxito que el público ría todas las noches con los mismos chistes?... *El Fígaro* 36. 8 de septiembre de 1912. p. 535.

Siguen las mismas obras de siempre llevando el mismo público al teatro Nacional. Regino López se despide mañana después de una larga temporada en la cual muchos han creído ver teatro cubano. Esta afirmación la hacen los autorcillos que anhelan estrenar con esta compañía y recibir, como es natural, el importe de los derechos de representación. Mas a pesar de tales afirmaciones, el teatro ese no es ni podrá ser teatro cubano. Decir

---

[46] ¿Pilar Jiménez y Mariano Fernández?

esto sería como asegurar que el agonizante género chico español sea el verdadero teatro español.

Aquí en Cuba, nuestro teatro puede ser —y debe ser— algo más importante que los gestos siempre iguales de la mulata, el gallego y del policía. Esto será una fase del teatro cubano. Estamos de acuerdo en que sea nuestro género chico, nuestra zarzuela grotesca, pero de ningún modo el verdadero, el genuino teatro cubano. Es necesario distinguir para no caer en tales aseveraciones que ponen en ridículo a los que las escriben.

Esto aparte, el teatro de Regino seguirá teniendo sus éxitos lo mismo en Alhambra (¿también aquello es teatro cubano?) que sobre las tablas del Nacional. El jueves celebró su beneficio este actor popular y tuve ocasión de comprobar una vez más las numerosas simpatías con que cuenta. El teatro estaba completamente lleno. A Regino se le puede felicitar hoy, por el dinero que ha ganado en ese beneficio... y en toda la temporada. Y conste que lo felicitamos por el éxito monetario artístico, creo que hay que empezar por decir que hay arte en ese teatro y como ese no es posible... *El Fígaro 37*. 15 de septiembre de 1912. pp. 549-550.

1913

Regino López obtiene en el Payret el favor del público ofreciendo obras del género que algunos han dado en llamar teatro cubano. *El centenario de Cuba*, *El triunfo de la conjunción* y *La casita criolla* han sido las más aplaudidas de la semana. *El Fígaro* 13. 30 de marzo de 1913. p. 158.

Regino López [...] continúa en Payret ofreciendo representaciones diarias. El miércoles se estrenó allí una obra de Robreño titulada *Los muchachos de la acera o Cipriano Castro en La Habana.* *El Fígaro* 14 6 de abril de 1913. p. 170.

El género criollo ha quedado apartado, solamente en el *vaudeville* del Pubillones y en Alhambra, con la venia de Villoch.

Y a propósito de Villoch: ¿Cuando va a estrenar la nueva obra que, con el título de *Regino madrileño*, le han entregado Suárez Solís y Eduardo Álvarez Quiñones? Porque estos –ya aplaudidísimos– lo habían logrado con su *Portafolio cubano*. Además de ser cultos y originales, son amenos. ¿No será esta misma amenidad la que les cierra las puertas?

Federico Villoch ha estrenado *El albur de arranque* en el Payret. Una obra más, de las de circunstancias, ni mejor ni peor que otras de las innumerables que se le aplaudieron. López y compañía realzaron, graciosamente, el éxito. Esperemos ahora el estreno de *El viaje de Patria o la patria de viaje.* De Villoch también, con decoraciones de Gomís. Cordialmente: ¡buen viaje y feliz regreso!

Cristóbal de La Habana. De telón adentro. *El Fígaro* 15. 13 de abril de 1913. s/p.

Payret está en desgracia. La fortuna le vuelve la espalda y esta vez ni Regino ha podido hacer negocio. Las noches llamadas de moda no han tenido el público que antes llenaba el coliseo rojo, a pesar de que los cronistas, siempre amables con el teatro, le hemos hecho el reclamo. Dios quiera que no suceda lo mismo con la temporada de ópera que se avecina. Luis Bay. *El Fígaro* no. 16. 20 de abril de 1913. p. 192.

Nada nuevo que merezca la pena reseñarse, ocurre por nuestros teatros. En Payret donde actualmente trabaja la compañía de Regino, siguen ofreciéndonos *La casita criolla* y otras obras que por su antigüedad, dignas son de figurar en nuestro naciente Museo Nacional. *La toma de posesión o Liborio en los festejos* es un adefesio insoportable que nuestro bonachón público pasó sin protestar.

El viaje del Patria, últimamente estrenado, ha sido acogido favorablemente por nuestro público. Federico Villoch pudo desquitarse del fracaso de la obra anterior. El bellísimo decorado que luce la obra, valió a su autor, el joven y valioso escenógrafo señor Gomís, muchas palmadas. J. de la G. *El Fígaro* 26. 29 de junio de 1913. s./p.

Payret sigue ofreciendo a su público las delicias escenográficas de *El viaje del Patria*, *El teniente alegría*, pasatiempo entretenido estrenado el miércoles gustó a la concurrencia que rió los chistes de que está plagada la última obra de Mario Sorondo. *El Fígaro* 27. 6 de julio de 1913. p. 338.

Se va animando nuestra vida teatral. En Payret, donde actúa Regino López, se ha estrenado con notable éxito la zarzuela original de Sergio Acebal, el ocurrentísimo negrito, titulada *Soñar con la gloria*. *El Fígaro* 29. 20 de julio de 1913. p. 362.

Absolutamente nada digno de mención ocurre por nuestros teatros. En Payret donde finaliza su temporada la compañía de Regino preparan el estreno de *La revolución sayista,* última producción de los ingeniosos hermanos. Ha sido pintada para esta obra una hermosa decoración debida al pincel de José Gomís. J. de la G. *El Fígaro* 30. 27 de julio de 1913 p. 374.

Payret nos ofreció el viernes *El bajá se divierte o tiburón se pasea*. ¿Qué de nuevo puede decir el cronista de la obra de referencia?

Que siendo de Villoch, ya se sabe, abunda en toda ella la crítica política hiriente e ingeniosa. Francamente, no somos partidarios de estos mítines en la escena de los teatros. Por lo demás, la obrita entretiene y satisfizo al público que colmaba el teatro. *El Fígaro 32.* 10 de agosto de 1913. p. 398.

La compañía bufo-política de Regino López ha finalizado su temporada sin pena ni gloria. [...] Anotemos en el haber de la *troupe* exalhambresca, un solo y verdadero triunfo: el del joven y meritísimo escenógrafo, señor Pepe Gomís. *El Fígaro 33* 17 de agosto de 1913. p. 414

.

Conde Kostia (1914-1916)

1914

El ducado de la argolla. 20 de marzo de 1914
de Ruper Fernández

Yo creí que la obra, anoche, acababa en la primera escena, interviniendo la policía y desbaratando el cotarro.

Al alzarse el telón, Eloísa Trías –estrella de octava magnitud– empezó a insultar a Luz Gil yéndose encima y arrancándole medio moño. El público hizo lo que yo: preguntó qué pasaba.

Esta Trías, –me dijo Ricardo Gras– abusando siempre que es la más antigua en la compañía. No deja vivir a nadie. Por causa de ella se fue la Jiménez y por causa de ella se va a ir la Gil.

–La Gil se irá, –le repliqué– pero por lo pronto se defiende bien. El galletazo que le acaba de aflojar a Eloísa ha acabado la pelea.

Efectivamente, la Trías se había retirado limpiándose la cara y la función comenzó entrando en escena Cocina. Bueno bajo los rasgos fisionómicos de Regino.

Me pareció después de seis años de eclipse mío en la Alhambra, tan buen actor como antes. Si algo tengo que añadir, es que ha ganado su manera de emplear la voz hinchándola ahora y destacándola vibrante por prodigios de respiración. [47] La gracia es la misma, inagotable y pareciendo siempre nueva.

Me encontré con algunos artistas escriturados durante mi ausencia: Luz Gil, la Diana, la Argotti, Anckermann –a quien tomé solo por músico– a Guillermo y no al I, ja. La Gil me agradó: es fina y elegante –y baila con gracia, la Diana, brillante y joven, la Argotti, esbelta en un disfraz de paje bien vestido...

---

[47] Sus últimas críticas en *La Lucha* aparecen en 1909. En estos años ha sido, entre otras ocupaciones, Embajador.

De los conocidos, Robreño, siempre delicado artista aún en las exageraciones gruesas que el papel a veces le impone; Regino, el *champion* invencible de la gracia. Castillo, hecho un castillo y Sarzo, tan sangre ligera como antes.

La obra es una revista, sin nada de fantástica, aunque diga "fantástica" el programa. (Habrá querido decir pintoresca, pues la acción pasa en un recodo de fantasía).

Muy aplaudida y con esa razón, pues es muy movida, muy bien presentada y muy bien interpretada.

La sala llena en peso no es habitual a la Alhambra, teatro sin pretensiones y que tiene para el público la ventaja de que la empresa y los actores no creen presentar obras tan maravillosas que sean eternas. Regino, Villoch y Arias miran todas las obras, por excelentes que sean, bajo el aspecto del momento. Ausencia de variedades estultas. Por eso triunfan.

El tío Vicente. 31 de marzo de 1914
de Federico Villoch y Jorge Anckermann

Empezó a las nueve y media, terminó a las once y cuarto. No por más extensa que las otras y sí porque dos números de música –rumbas, *couplets* del testamento, etc. fueron repetidos. Esto solo bastaría para decir el gran éxito que ha tenido la obra si no fuera necesario insistir sobre la orientación nueva que en el gusto del público parece imprimir la nueva producción de Anckermann y Villoch.

La idea del aplaudido libretista, la de escribir un libreto sin pornografía y en donde la gracia fluyese solo en los caracteres y las situaciones en que se encuentran, ayudado por el *esprit* sano de un diálogo verdaderamente escénico, y de hacer aceptar esa innovación al público de la Alhambra, ha sido coronada de un triunfal éxito. El público –me lo figuro yo y anoche parece haberme dado la razón– hastiado y gastado de las frases grotescas, chocarreras y de color excesivamente rojo que servían noche tras noche, durante largos años, ha respirado con pulmones abiertos la ancha ola de fresco aire que acariciaba blandamente todo su ser. Villoch le había dado en la yema. Y agradecido, el simpático monstruo lo aclamó anoche.

Ya tienen los libretistas de la Alhambra el sendero abierto para nuevas victorias, por un maestro del género.

El asunto de la zarzuela no es nuevo. Ha jugado ya en muchas obras en un acto, originales y arregladas. El tío rico –o a quien se cree rico y que al morir resulta que ha sido más pobre que las ratas– desvaneciendo con su muerte, y con su testamento, el castillo de naipes alzado sobre la base de esa fortuna por los herederos, ha sido bastante explotado por los autores de comedias y *vaudevilles*. Pero Villoch ha sabido rejuvenecerlo con la maestría que todos reconocemos en él.

En la ejecución distinguióse en primer término, Regino, excelente siempre. Bien Bas y la Trías, en sus tipos de novios enamorados que Berquin envidiaría; Acebal, muy cómico y tan *sangre ligera* como Raúl del Monte y Luz Gil, buena cantante y actriz discreta.

Pero el encanto de la obra fue la Diana, arrogante figura de mujer, llena de curvas voluptuosas y que, sentada en el sillón, ceñido al cuerpo su flexible traje de casimir blanco, bien modelado sobre su carne de contornos marmóreos que acusaban audazmente una firmeza maciza de *andrógine* –de cabeza a pie– con un relieve escultural, semejaba ante nuestros ojos de artista semi antiguo y semi moderno, la ninfa florentina. Musa y modelo de

Botticelli. Con la superioridad, sobre la bella Simonetta, de estar viva, aunque no sé si *colea*, en la tribuna armónica, de la Alhambra.

Gustavo Robreño tenía un papel insignificante. Se limitó en él a ser correcto. Blanca Vázquez hacía un embolado. Se resignó a ser en él, bella.

Camarón que se duerme. 7 de abril de 1914
de Sergio Acebal, música de Anckermann

Dos obras se estrenaron anoche en la Alhambra. Es la primera vez que tal cosa pasa en el alegre teatro. También la primera vez que se da en un beneficio de Gil.

—Y váyanse las dos por el uno.

Las dos obras: *Camarón que se duerme* y *La toma de Ojinaga*, son del negrito de la Alhambra —o de otro modo: del actor que interpreta en ese teatro los papeles de color. Se llama Acebal— no sé su nombre, lo cual no impide que escriba con gracia y mueva donosamente las figuras.

Camarón que se duerme, a la que ha puesto música Anckermann, es una comedia de enredo, con dos o tres trozos de música, *couplets* y rumbas. El Camarón dormido es un esposo —y la corriente del adulterio se lleva a la cónyuge. Este episodio es reforzado por una figura de zafio jardinero que, por arte de birlibirloque, resulta elevado a la categoría de yerno, por el camarón, hombre riquísimo y que hará de aquella pieza berroqueña una figura del gran mundo. Lo que no asombra a quien sepa que una alta protección lleva al pináculo al más zote. Michel Ney fue en sus primeros años tonelero y protegido por el inmortal corso, llegó a mariscal de Francia. Y subiendo más: Joachim Mural —esto me lo dijo anoche el historiador de Cuba en *El Gráfico,* Gustavo Michelet–Robreño– fue mozo de la cuadra y más tarde, rey de Nápoles.

La obra, bien ensayada, fue muy aplaudida, distinguiéndose en ella la Trías, Regino, Acebal –el Moliére de la Alhambra (autor y actor)– y Sarzo.

La toma de Ojinaga es un pasillo de actualidad vecina. Dos personajes: un negrito chévere y una actriz mejicana que celebra su beneficio. El negrito (catedrático y sinvergüenza por todo lo alto), se propone arrancarle un asiento de tertulia (gratis) para esa función, y fingiéndose mejicano, le hace un cuento chino. Pretende llegar aquel mismo día de México y le narra sus proezas al lado de Pancho Villa, en la toma de Jalapa y Ojinaga. La mexicana no cae en la red; pero finge creerle, se entretiene con los apuros que pasa para hilar sus mentiras y acaba por darle el asiento de tertulia.

Poquita cosa, como se ve; pero sangre ligera y rellena de chistes, demasiados. Aligerada algo, sería digna del elogio, sin restricciones.

A esta obra siguieron tres números de baile, bien realizados, sobre todo, las Granadinas y la rumba final.

Ramón el conquistador. 21 de abril de 1914
Debut de Blanca Becerra
de Agustín Rodríguez[48]

Cualquier novedad por ligera que sea, llena el teatro en que se anuncia. La empresa Villoch-Regino-Arias señaló para anoche el debut de una tiple y media hora antes de empezar la primera tanda, se habían vendido todas las localidades.

---

[48]Kostia no sabe quién es el autor, le interesa el debut de la Becerra.

La nueva tiple es muy joven —en la escena parece una niña, delgadita; menudita, un boceto de mujer. Saludada de aplausos a la salida, en el penúltimo cuadro. Después de unas réplicas breves —brevísimas— como un pretexto para estar en escena, cantó una balada, con mucho arte y linda voz, combinando la ternura a la gracia. Un nuevo número: una canción criolla, acompañada de la Vázquez acabó de hacerla aceptar totalmente por el público. Un buen debut.

En la obra hay tantas mujeres como hombres. La Vázquez —ya citada—, la Forteza, linda línea de cuerpo esbelto y fino, Eloísa —no la Nueva; pero menos pretensiosa que la del filósofo ginebrino, por lo de la ginebra, dice Regino; la Velasco, la..., la... no acabaría nunca. Y todas muy ajustadas a su papel.

El protagonista —Don Ramiro de Covielles— tipo de tenorio, de vanidoso y de imbécil, halló buena encarnadura en Robreño; Sarzo, un *cocu* graciosísimo, aún en sus escenas trágicas. Acebal, atiborrado de vis cómica y Bas, no tan bas como otras veces.

La Becerra promete ser para la empresa del Alhambra una buena adquisición.

El cabaret de la plaza. 24 de abril de 1914
de Manuel de Mas-Antonio López, música de Anckermann

En la plaza del Polvorín ha abierto Pepón —el más honrado de los imbéciles— un café, a imitación del que funciona en el hotel Plaza. A la inauguración ha sido invitada una familia pobre, pero sin vergüenza, y compuesta de padre, madre, hija casadera, el novio, un criado, gallego y una criada, mulata, amante de este, como es natural.

La inauguración termina como el rosario de la aurora, con la intervención de la policía que se lleva al vivac a todo el mundo.

¿El motivo? Que un *bruja*, haciéndose pasar por empresario francés, ha timado a Pepón, le ha hecho pasar (para el tango ofrecido) a una cupletista de Bahía Honda por la Corio, le han bebido todo el *champagne* (sin pagarlo) y para colmo de escándalo, un carterista (de frac) le ha robado a un míster la cartera, mientras que la hija de la familia invitada al cabaret, se ha escapado con su novio.

Todo esto, presentado de una manera lo más audazmente cómica y con situaciones a cual más divertida.

Una música agradable –de las más picarescas entre todas las de Anckermann– ha tenido por resultado un gran éxito de risa.

En la presentación distinguiéronse, en primer lugar, Eloísa Trías, una mulata espléndida; la Vázquez, graciosa y delicada como siempre; Bas, que progresa de día en día a pesar de su desagradable tipo isleño y Acebal, el más «sangre ligera» de todos los que forman hoy la compañía de la Alhambra.

El buen humor de Mamerto-Regino inició los primeros aplausos, bien sostenidos por el público en la canción picaresca de la Becerra, quien sustituyó a la Gil, indispuesta a última hora. La Becerra –merece consignarse, porque prueba su madera de actriz– aprendió y ensayó el papel en una hora. Y lo realizó con tal desenvoltura que parecía haberlo aprendido y ensayado con tiempo.

Obra muy cómica y éxito muy franco.

El jardín del amor. 2 de mayo de 1914

La primera escena es Noticia fresca, la segunda, El poeta de guardia, y los cuadros siguientes *Ki-ki-ri-ki*. Todo el libro muy lánguido –llegando hasta el fin gracias a Acebal y Regino –y al dúo del The, bien cantado por la Becerra y la Vázquez.

La música es ligera y agradable, sin nada que pueda citarse, una vez señalado el dúo de que hablo.

Tuve en la obra una sorpresa, y que me compensó de la decepción traída por el libreto: la de ver a Castillo aún en la Alhambra. Yo creía que la edad lo había hecho tomar sus cuarteles de invierno, pues lo tenía por matusalénico, casi. Pero lo vi en el prólogo de *El jardín del amor*, dirigiendo su *speech* al público y lo hallé más joven que hace cincuenta años. Mi asombro fue enorme y solo me sacó de él un comentario de Gustavo Robreño, quien adivinando mi estupefacción, murmuró me señalando a Castillo. "Como Cambronne, muere y no se rinde".

Muy acertado Regino en su tipo de Tenorio asturiano, de verdugo de corazones, inagotable e inacabable. Díganlo sino, Chichipó y la Mulata.

Entre las del sexo adverso –que diría Acebal– muy simpática Blanca Vázquez, cuya mirada tranquila, vacía y satisfecha, cualquiera que sean los conflictos que la envuelvan, es uno de los grandes enigmas de mi ya larga vida de cronista teatral.

Resumiendo: la obra fue aplaudida en el dúo citado, en la escena del molote entre los cubanos y los japoneses y reída en muchas frases sueltas. Pero mi opinión es que, a pesar de las risas y los aplausos, en *ne collepas.*[49]

---

[49] No ha pegado.

Lo que me apena por la Alhambra, teatro simpático, si los hay, en La Habana.

Diana en la corte. 5 de mayo de 1914
de Federico Villoch, música de Anckermann
Reaparición de la bella Diana

Todo el mundo conoce más o menos vagamente –¡la cosa pasó hace tanto tiempo!– la anécdota de Phryné, la linda sacerdotisa de Venus, acusada de lo mismo que se acusó a Sócrates: de impiedad, y absuelta por un bello gesto de su abogado Hispéride; quien, dejándose de historias: —es decir, de discursos— la desnudó ante los jueces, quienes asombrados de su perfección de formas –impecable– la absolvieron entre aplausos y exclamaciones.

Tráigase a la edad actual ese episodio gracioso y puro de la antigüedad helénica, cámbiese el nombre de Phryné, la hetaira griega por el de Diana, la bailarina-actriz cubana, llámese a Hispéride, Gustavo Robreño; al tribunal de los heliastes, Corte correccional y al acusador Chritias, Regino López y se tendrá el episodio antiguo en toda la realidad –cómica– moderna.

La obra debida a la pluma –y a la *pointe*–del popular Villoch, podría –mejor dicho: debería llevar como título *Diana en la corte* (el que lleva), *La Phryné criolla*, que hoy no tiene. Porque una Phryné más graciosamente hecha y más armoniosamente formada que la de anoche, no ha pasado nunca por la Alhambra.

La obra desde su primera representación se ha hecho cerca de cien noches en Alhambra, y a teatro lleno. Y el atractivo principal ha sido la escultural intérprete de la resucitada Phryné.

Hasta la figura de la bella Diana es griega —como soñada por Villoch para el personaje de su obra— con su frente estrecha estrechándose ligerísima hacia las sienes, sus ojos del color cambiante del Egeo, cuando quiebra sus olas, al caer el crepúsculo, contra las costas del Helesponto, sus mejillas como talladas en el mármol rosa de Montalto, que semejan un jazmín teñido ligeramente de rojo —la línea del cuello que incurvándose hasta el busto, traza contornos de relieve purísimo, la forma de las copas en que bebía Pericles el vino de las voluptuosidades... Pero observo que detallo demasiado y que la Phryné del Alhambra puede tener dueño y que estoy perdiendo el tiempo en cosas que ni me van ni ...

Pero nada de pecaminoso arrastraba mi pluma. La razón de mi insistencia al señalar en la crónica esta bella y graciosa figura era que, a pesar del tiempo que lleva trabajando en la Alhambra, no la veo citada por los cronistas de teatro. Lo que me parece injusto. Y para reparar en algo esa injusticia, he querido hacer con ella lo que el inolvidable Meilhac hizo por su ahijada, la bella artista Clara Tambour. La crítica, por indolencia inexplicable, no hablaba de la graciosa actriz y el autor de *La Belle Heléne* se hizo periodista y crítico para ponerla en el lugar que debía —a su juicio— ocupar, y que, al fin, ocupó. Sí ya oigo decir a mis compañeros y a mis sucesores:

—¡Pero usted, *salao*, no es Meilhac, ni la que sé yo del guanajo! Métase en su crónica y deje a los demás que digan lo que quieran y citen lo que les de la gana. [50] En la República de las letras caminamos sin andadores y apreciamos las cosas como las

---

[50] Henri Meilhac (1831-1897) fue durante más de veinte años, autor con Ludovic Halévy de decenas de libretos y piezas pare el teatro musical, entre estas, *Carmen,* con música de Bizet y *La bella Helena*, de Offenbach.

entendemos. ¡El que más y el que menos, es tan cronista como usted!

Verdad, incontrastable verdad, por lo cual no insisto, y me limito a decir, créanlo o no, que la parodia del juicio de Phryné llevada a la Alhambra por Villoch y su colaborador musical, es interpretada por Regino, Acebal, Feliú, la Velasco, Robreño e iluminada por la belleza física de Diana, uno de los espectáculos más deliciosos que ha ofrecido en sus largos años de existencia, la Alhambra.

Los dioses del día. 12 de mayo de 1914
de Agustín Rodríguez [51]

¿Recuerdan ustedes –¡ya lo creo que lo recuerdan!, es inolvidable– el muy ático *Napoleón* de los saladísimos, en el sentido español, no criollo, hermanos Robreño? Pues eso es en líneas generales y hasta en la división de escenas, *Los dioses del día*, la obra estrenada anoche con buen éxito en el Alhambra. Claro, que no fue el éxito excepcional de aquella –que no ha sido igualada en el bullicioso *redoute* de Villoch-Regino-Arias; pero, en fin, pasó entre aplausos, repeticiones de números y llamadas a escena.

Los verdaderamente triunfadores en la obra de anoche fueron Regino, Acebal –y Arias con sus decoraciones nuevas– de las cuales dos, *La corte de Flora* y *El templo de Vesta*, son verdaderamente escénicas.

La corte de Flora es la apoteosis de la reina Primavera, con su profusión de flores, aunque innumerables, armónicas y brotando como los bellos pajes y embajadores, primeros heraldos de la realeza cuyo cetro se tiende sobre todo el verano.

---

[51] Cuando se anuncia en *La Lucha*, se identifica como *Los dioses se van*.

El templo de Vesta en una nota discreta, reviste todos los caracteres de la monumentalidad que son dos hermosas páginas del envidiable historiador del pincel que es el no superado pintor escenógrafo don Miguel Arias.

Muy bonitas y graciosas la Vázquez, la Gil, la Forteza; muy triunfalmente imponente con su actitud de Melpómene del Olimpo, la Trías y hecha una tarasca, la veterana Velasco, con su cara color malva, hecha para dar contracciones de estómago. Hacía el amor: un amor que suprimiría todos los himeneos y alentaría todos los divorcios.

La aparición de ese amor en escena produjo un efecto inesperado. El horror fue tan enorme que el teatro quedó a oscuras. Regino salió como salían antiguamente los arúspices de su antro, anunció al público que se había fundido un hilo pero que se arreglaría. En efecto; echó de la escena a Velasco-Amor y el teatro volvió a iluminarse. Y no hubo más interrupción porque no hubo más salida de Velasco.

Anoche, la empresa pensó quitarle el papel a la actriz y dárselo a Castillo.

Yo creo que, entonces, se apagará –a la salida del reemplazante– no el teatro: toda la manzana.

Porque Castillo puede ser –si no lo ha sido alguna vez– padre de la Velasco.

Y es que –me dice la Becerra– es más feo que la intérprete, anoche, del amor.

Así será pero yo no lo creo... Aunque... ¿quién sabe?

Tango-manía. 22 de mayo de 1914
de Miguel de Luis, música de Anckermann

No responde al título. Se esperaba, al menos yo, una sátira contra la filoxera del baile importado hace poco y cuya boga ha decrecido, porque ya se habla muy poco de él.

Pero si no es una sátira –y no lo es– hemos aplaudido una comedia, bordada de un número de baile y otro de canciones, que reúne todas las condiciones para gustar en la Alhambra: mucha gracia y excelente interpretación. "La privación es la causa del apetito"–dice un refrán. Y ese refrán lo ha puesto en práctica –en escena– el autor de *Tango-manía.*

Toda una familia –excepto el jefe de ella, un *tabou* semicalambuco– se despepita por el tango, y ante la oposición del padre, de una intransigencia feroz, hace lo imposible por aprenderlo. Auxiliada por Santiago, un criado gallego, deliciosamente interpretado por Regino, y por Filomeno, un negrito chévere y «tenorio», excelente creación de Acebal, logran las dos hijas de la casa aprender de una profesora –en ausencia del padre, naturalmente– el pecaminoso baile. Todo esto en medio de escenas episódicas escritas en tinta roja, gozosamente roja.

Cuando ya el mal está hecho, es decir: aprendido por las niñas el baile, entra el dueño de la casa... y ¡*tableau*! Enfurecido ante la desobediencia familiar, abandona la casa para siempre –lo que alegra desmesuradamente a las niñas– y a la madre, que podrán dedicarse alma y vida a la diversión argentina.

Sarzo interpretaba el jefe de la familia. Un verdadero «matungo» con su cara de débil *qu'on rudoie* y su energía final, que se resuelve en la fuga, fue un concienzudo servidor del personaje.[52]

Regino, épico de gracia. Uno de sus mejores papeles.

Acebal, lleno de humor, como siempre.

Blanca Vázquez muy natural y mejor que nunca en su articulación clara y sonante.

La Trías, bien, en un papel bueno.

Y no elogio a Robreño porque no trabajaba anoche.

***La toma de Veracruz*. 5 de junio de 1914**[53]
de Agustín Rodríguez-Julio Díaz, música de Eliseo Grenet

La obra estrenada anoche en el teatro *garçonnière* de Regino, Villoch y Arias, es de las que han realmente gustado.[54] Desde la primera escena hasta la última, ha sido en el público un continuo reír y aplaudir y hacer repetir los números de música –desde la canción del pulpero, bien interpretada por Sarzo– hasta el dúo amoroso del capitán Becerra y la artista Luz Gil, una Barrientos, más la belleza.

El viaje cómico-lírico escrito por Rodríguez y *musiqué* por Grenet, no tiene, a pesar del título, asunto. Pero hay tal derroche

---

[52]Un enfermizo, matungo, rudo.
[53]El Conde no sabe que Julito Díaz colabora con el texto. "En 1913 ocurrió el incidente internacional, resuelto después favorablemente, en que fue ocupado el puerto veracruzano por la escuadra norteamericana y el presidente Wilson ordenó la persecución de Pancho Villa. Aprovechó la coyuntura Agustín Rodríguez en colaboración con Julito Díaz, que todavía no pertenecía al elenco alhambresco, para ofrecernos, con música de Eliseo Grenet, *La toma de Veracruz*. Regino hizo el gachupín de la obra y Luz Gil compuso con acierto un tipo de su propia tierra". "Apuntes breves del buen tiempo viejo." *Bohemia*. Sección La farándula pasa. 18 de julio de 1954. p. 114.
[54]Una de las últimas referencias a Arias quien se retira y muere en 1915.

de gracia, tanto desgrane compacto de chistes, tal pintoresco diálogo que, en verdad, es imposible pedir más.

El *quid pro quo* del *buche* habanero con el gallego naturalizado criollo –tomado por un general mexicano– son una serie de incidentes deliciosamente cómicos y a los que dio aún más fuerza la interpretación a cargo de Regino.

La escena del cuadro "Entre pelados" fue un triunfo para la Gil, Robreño, Regino y Acebal.

El final internacional con su nota ardientemente patriotera, fue aclamado, así como la apoteosis. Sarzo, un Huerta muy chévere; la Trías, una Cuba atonelada; Diana, una argentina jugosa; y Castillo un Sambenito muy reposado en su fuerza.

Las decoraciones muy simpáticas. La que representa El paseo de la Reforma, muy bien presentada, con la bella estatua de Guatemoc lanzando su flecha de bronce contra la invasión.

Obra destinada a dar muchas entradas y a entretener pacientemente al público hasta el estreno de *La guerra universal*, la esperada obra de Villoch, cuyas decoraciones –las de la obra– están ya terminadas.

Alhambra va.

De guardia a motorista. 9 de junio de 1914

Reaparición de Pilar Jiménez. No es verdad en absoluto que el público olvida a sus ídolos cuando se alejan más o menos temporalmente de él. La reaparición anoche de la muy graciosa –delicadamente graciosa– Pilar Jiménez, destruye esa afirmación. La celebrada actriz ha recibido anoche entre aplausos –y de su público– un brillante boletín de resurrección.

Para ella la representación de anoche ha sido una verdadera fiesta y ella para la concurrencia que llenaba el teatro, ha sido fiesta de esa fiesta. Desde que entró en escena, sonriente y decidida, arrastrando la cola con una gracia conquistadora, hasta que cayó el telón sobre la rumba final, las manifestaciones de afecto se sucedieron encadenadamente. Y eso que la obra *De guardia a motorista* no es de las que una artista elige para una reaparición. Más bien parece escrita para el lucimiento de Diana o de Bas o de Regino. Diana simboliza en esas escenas vivas el panteísmo en el amor, que hace verosímil la desenvoltura a toda ala de la voluptuosa *mime*.

La guerra universal. 17 de junio de 1914

de Federico Villoch. Música de Anckermann. Decoraciones de Pepe Gomís.

Es la primera vez que después de haber reído, aplaudido gozosamente una obra por la gracia inagotable de los chistes y el derroche cómico de las situaciones, he salido profundamente entristecido del teatro. *La guerra universal*, la última obra, hasta ahora, del señor Villoch, aplaudido libretista de la Alhambra, es no solo una obra encantadoramente satírica, sino un toque de llamada alarmante para todos los que tienen abiertos sus ojos sobre las realidades de la vida universal contemporánea. Bajo el velo ligero de gozosa y suprema ironía transparéntase el símbolo amenazador de un porvenir, quizás muy próximo. Efectivamente, quizás sea la nueva verdad de mañana, la conflagración de conflictos de que pueda salir mañana la guerra mundial, preparada por todas las concurrencias –guerras aparentemente pacíficas de la industria, el comercio, las profesiones, reforzadas por las rencorosas doctrinas modernas que bajo los nombres de socialismo, anarquismo, individualismo, sufragismo, disfrazan su sanguinaria sed de conquistas a fuerza de humo y llamas. Sí; el mundo marcha hacia la destrucción, arrastrado por la pendiente de los apetitos inconmensurables. Todo cuanto se descubre en nombre del progreso, es un coeficiente de aniquilamiento. Antes eran los individuos aislados o en grupos fáciles de contar los que miraban amenazadoramente y arriesgaban su vida en los *steeple-chase* de la ambición y la codicia. Hoy son las naciones, mañana son los continentes. Europa mira desconfiadamente a la América, celosa de la preponderancia enorme adquirida por el Águila y América robustece con prohibiciones de doctrina todo intento europeo, sobre el área inconmensurable que encierra sus límites. Tal estado de tensión, sorda pero evidente, como el vapor acumulado en una caldera, hallará en un estallido apocalíptico un fatal y pavoroso alocamiento. La perfección del aeroplano apresurará la catástrofe. Los pueblos —siempre de vista corta— alzarán al ruido aterrador que raja en los aires, los pálidos ojos para ver pasar en su inmenso caballo lívido, sin cejas y sin ojos, como lo describe la pluma de fuego de Juan, el de Patmos, a la Muerte, de hoz ensangrentada por la hecatombe. Y esa cabalgadura de Apocalipsis llenará desconsoladoramente implacable como el Infierno todo el cielo trágico del mundo moderno. Todo anuncia el próximo y universal cataclismo. El fuego de la tierra, más horrible y más desatado que el del cielo, caerá de todos lados: del aeroplano —pájaro funesto de las nubes, como ellas encerrando en su seno el rayo— y de la mina subterránea, donde la bomba, apostada como un topo fatídico, reviente en fragmentos ígneos arrancándolo todo. De norte a sur, de este a occidente, un inmenso telón de púrpura inflamada cubrirá el azul manchado y consumido por las lenguas de hidra del incendio conquistador...

Y mi alma, triste como una noche infinita sobre un mar sin orillas, vacilaba y se bamboleaba como un ebrio saturado del vino de las alucinaciones.

La obra de Villoch simbolizaba sarcásticamente todas las profecías de guerra y muerte, de lucha y de anonadamiento lanzadas por los ecos impresos de la opinión pública. Y esas profecías casi bíblicas en un mundo nada bíblico, se encarnaban en los personajes, cómicos unos, bufones otros, serenos algunos, trazados en el juguete planeado escénicamente por el señor Villoch con pluma casi vengadora en sus rasgos de choteo. Y cada uno simbolizaba una nación ansiosa de homicidios colectivos: el chino, espoleado por la miseria, incendiando de reflejos de muerte sus ojos de dragón; Rusia, soltando sus osos en ayunas sobre el festín del mundo; Inglaterra, azuzando su leopardo contra todas las crestas que separan los pueblos; España, azotando su viejo león con páginas salpicadas de sangre que hablan de Cortés, de Vivar, de Cisneros, de Prim y de Cabrera; Alemania, volviendo al teutonismo que ahogaba en sangre todo derecho de gentes y hollaba bajo el puño de Genserico todo respeto humano...; y Austria y Francia –y todo lo que el antiguo continente es bajo el pálido sudario del hambre y el orgullo la condensación de un atavismo fecundado por el afán de expansión.

Y figura central de ese agregado de razas unidas y prontas al dislocamiento. América, el continente nuevo como el Goliath de la sagrada leyenda, la honda en la diestra y la diestra en los ojos, ¡pronta a medir las fuerzas con el colosal filisteo!

¡Dios coja a nuestros nietos preparados! porque ellos también caerán en el abismo abierto por ese choque no igualado en la historia y donde acabará, con el mundo, con la historia.

La guerra universal es de lo mejor que ha escrito Villoch. Tiene principio, medio y fin; es decir, exposición, nudo y desenlace.

La reunión de los delegados para tratar del futuro conflicto mundial, es una obra maestra de ironía. Los episodios de guerra alegran y aterran. La participación de los aeroplanos vomitando fuego sobre los acorazados de la tierra en la bahía de Río, son admirablemente presentados en una decoración que es un milagro de exactitud. El famoso Corcovado queda destruido por la lluvia de dinamita caída del seno de los pájaros de hierro y tablas; los acorazados ruedan desmigajados al fondo de las olas, y entre el pavoroso estruendo se pasea la desolación universal.

La decoración es una maravilla de color y perspectiva, y valió al pintor –el señor Gomís– tres llamadas a la escena. Las otras rivalizan en mérito con esta. La final –la apoteosis del socialismo, representado por Diana, de pie como una estatua de la Venus sansimoniana– es de una fulgurancia pasmosa. Diana, blanca y deslumbradora como un Páros, se alzaba en óvalo de luz con toda la indolencia majestuosa de una diosa de Jean Goujon.[55] Vestida de una diadema, sideral en sus sueltos cabellos, rivales de los de la noche. Un triunfo plástico.

En la interpretación distinguiéronse todos, y especialmente Regino, más actor que nunca en los tres o cuatro papeles que interpretaba; Acebal, superior a todo elogio; Luz Gil, trigueña como una hija de Lima –con reflejos azules hacia las sienes; [...]

---

[55]Escultor de las figuras de ninfas en la Fuente de los inocentes en el Museo del Louvre, París.

Blanquita, un vals refinado; Robreño, Sarzo. La Becerra, hecha una perla en el Perlita.

Y el autor —cosa rara en la Alhambra— llamado a escena repetidas veces.

Hay "guerra" en la Alhambra... y quizás hasta se declare la Universal. Que deseamos sea lo más tarde posible.

La zona infecta. 30 de junio de 1914
de A. López y M. Mas. Decoraciones de Gomís

El cómico juguete lírico estrenado anoche, es solo un pretexto para una bella decoración, muy aplaudida y muy festejada anoche por el público en la persona del escenógrafo, llamado insistentemente a la escena.

A mí me parece que la serie de escenas cuyo título es *La zona infecta* está hecha solo para ese brillante efecto final.

Sin embargo, en el activo de la obra debemos señalar la facilidad del diálogo, muy cómico, y con el doble atractivo, de la actualidad. La parte cómica, que todas las cosas —aun las más serias— tiene, ha sido muy bien tomada y muy bien expresada por los señores López y de Más —autores del sainete barriotero— como ellos le llaman.

No diré que es una obra sin pie ni cabeza: solo, sí, que le faltan pies. Acaba bruscamente, sin la preparación para un final.

Pero la decoración del incendio del establo de Figuras, con sus magníficos efectos de llamas, humo y ruinas que el público ve desplomarse sobre la hoguera, llena vivamente todo el escenario hasta tapar las deficiencias del libreto. Esa decoración es un alarde espléndido de color y brío pictórico. Se ve comenzar el incendio, tomar cuerpo e invadir, en una aterradora red roja, todo el vasto circuito que forma el fondo bien prolongado hasta su último límite, de la escena. Los muros caen roídos por las lenguas de escarlata del arrasador dragón, y pronto queda reducido todo el edificio a un montón indescriptible de traveas rotas y de vigas hechas cartón. Lo repetimos: una decoración de primer orden, *clou* de la obra, y que llevará la misma enorme concurrencia de anoche, curiosa de ver ese efecto de devastación.

La obra ha sido un éxito para sus artistas intérpretes... En primer lugar Regino, un Pancho Villa más cómico que el otro; segundo, Acebal, un Bicloruro graciosísimo y más "sangre-ligera" que nunca; Bas, insustituible en los chéveres asturianos, tenorios de mulatas... La Becerra, un buen Pepín; la Trías, discreta en un papel de riesgo; Feliú, excelente en Clavelito y Robreño, insignificante en un papel... que lo es. Castillo tenía a su cargo un tipo de "yankee turista" fotógrafo. Se hizo la cara de profesor de literatura en la Universidad de California, que estuvo de paso en La Habana hace cinco meses y a quien fue presentado en un *grillé* de la Alhambra. El veterano actor debe haberlo visto a menudo en dicho teatro. Ha copiado –muy bien– su vera-efigie.

No terminaremos esta rápida nota sin hablar de la Velasco, una Carlota, cuyo Werther no pisa, ya bonito, las tablas de la Alhambra.

La Velasco cada día me parece más joven. Anoche insultó, le gritó y casi le pegó, a Avilés el bodeguero, con toda la fuerza, la expresión y la volubilidad de una adolescente. Nada en ella de los gestos pesados y temblorosos de la senilidad. ¡Que lección para Castillo, un característico que hace característicos! La característica de la característica de la Alhambra, es hacer de las viejas, dueñas del teatro, damas jóvenes. De tal modo que se ha pensado pedir a

Villoch una refundición en un acto del Tenorio de Zorrilla haciendo de doña Inés la Velasco.

Y se repetirá el milagro de la Roma antigua, donde una actriz, Galeria Coppiola, interpretó a los ciento dos años, la joven Antígona de Sófocles.

A no ser que le den, como quiere Regino, el de don Juan, porque según se afirma: ¡es mucho hombre esa Velasco!

Lo que acaso sea una verdad, porque anoche tenía ¡hasta bigote! Tres cerdas horizontales como púas de jabalí.

—O jabalina, como afirma Sarzo que debe decirse, atendiendo a eso de que la Velasco es femenino.

Yo la creo... neutra.

Y entonces, un verdadero carácter para Ciutti.

1915

1, 8, 21. 6 de marzo de 1915
de Sergio Acebal, música de Anckermann

El título sólo era para llenar, como llenó anoche, la segunda tanda de la Alhambra. Título que ha atormentado y obsesionado a grandes autores —Flamel, el antiguo y Balzac el moderno. Una de las mejores novelas del autor de *La comedia humana*: la maravillosa *Recherche de L'absolu,* tuvo por primer título tres cifras como la zarzuela de Acebal y Anckermann. Y lo mismo la muy interesante que lleva por título hoy: Z. Marcas. Balzac no les dejó las cifras primitivas por temor a que no se quedaran en la memoria del público, gran simplificador por excelencia. Pero la intención era la otra.

Se dirá que es mucha erudición pedante (y de segunda mano) a propósito de la Alhambra y sus autores, y yo diré que entre esos alegradores de la Alhambra figura Gustavo Robreño, escritor muy cultamente gracioso, con sus puntas (de alfiler) de humanista y sus ribetes (de seda) de *charliste*. Así es que no ha estado de más ese comienzo «cursi-pedantesco» siquiera para que le hagan reír mis crónicas.

La obra, y entramos en lo que interesa al lector (si algo le interesa), es muy cómica, con su voluptuosidad instintiva que se comunica a todos los personajes, desde Pelele y Cativía, a quienes el erotismo juega una mala pasada (la prisión, en una celda de la Punta, bien pintada por el señor Gomís, hasta don Pancho, el «cocubino»), como él dice, de la mulata Mercedes por quien se dejaría pelar vivo y a la que no abandona ni pierde pie ni pisada, hasta el punto de poder hacer suyo con toda verosimilitud la famosa frase latina: *"Nec sine te, nec tecum vivere possum"*.[56] Peleley Cativía, apuntando a Mercedes –de quien está apasionado– dan en Chucha y en Teté y de rechazo en la cárcel. ¿Por qué, dirá el lector? Por el terrible *1, 8, 21* al frente del libreto.[57] Y si esta explicación no le basta, vaya el lector esta noche a primera hora (ocho y cuarto) al teatro de Villoch y Regino y se enterará bien y aplaudirá mejor.

La música es de lo más brillante que ha escrito Anckermann. El punto de clave en el que toman parte casi todos los artistas de la compañía, está cincelado deliciosamente y arrastró los sufragios del público.

Un detalle de la interpretación. Sobola dobló un papel. Primero, un guardia, después un escolta. Esto, que parece sin importancia, la tiene. Feliú, terminada la obra, pidió su cuenta y costó trabajo hacerle volver sobre su acuerdo.

Feliú se consideraba humillado. ¿Sobola dos papeles en una misma obra y Feliú solo uno?

[56]Ni puedo vivir sin ti ni contigo, de Ovidio.
[57]Uno, ocho y veintiún días. Las sentencias más comunes en los juzgados de la época.

La cuestión la decidió Bas.

—¿Tú eres mejor que Sobola?

—No, respondió sorprendido Feliú.

— Pues entonces ¿de qué te quejas? ¿Qué culpa tiene la empresa de escoger en la *troup*e los más valiosos?

—Efectivamente, Sobola, en papeles insignificantes y borrosos, es un sol.[58]

—O una fiera, como él, modestamente, dice.

Linterna Mágica. Para ejemplo... 7 de marzo de 1915[59]

Ayer hablando en *La Lucha* de la obra estrenada ante noche, señalé la decoración pintada por el señor Gomís, sucesor escenógrafo en la Alhambra del desaparecido Arias.[60]

La primera persona con quien topé ayer, lo primero que hizo fue aplaudirme en mi aplauso al joven pintor y anunciarme la innovación realizada por él en el teatro donde pinta sus bellos telones.

—¿Qué innovación?, le dije.

—No se habla en los corrillos teatrales más que de ella. El pintor Gomís ha abierto en la Alhambra un salón enorme, un *hall* espléndido, un taller de pintura digno por su comodidad y su amplitud de las más celebradas capitales escénicas.

—¡No juegue!

---

[58] Arturo Feliú, Francisco (Pancho) Bas y Tomás Sobola. Ver Actores en Alhambra de la A a la Z.
[59] Nace el salón Alhambra, concurrido por políticos, gente de teatro y mencionado entre otros por el historiador Eduardo Robreño. El acondicionamiento de Gomís preludia el que realizará en el Molino al convertirlo en Teatro Cubano.
[60] Valdivia y otros escriben Gomíz.

–¿Quiere usted convencerse de ello? Venga esta noche a la Alhambra.

Y fui anoche a la Alhambra.

Y vi el salón y me convencí de su existencia.

Al costado mismo del escenario, paralelo a la larga faja tendida de Consulado a Industria, en un espacio de veintidós metros de largo y unos seis de ancho, se halla el salón que el señor Gomís ha transformado en usina escenográfica. Para llegar a él comienza uno por descender las gradas al lado de dos cuartos en los que se visten las actrices, se llega a un vestíbulo y se entra en el *hall*. Muy alto de techo, muy liso de suelo hecho de tablas perfectamente unidas, blanquísimo de muros aunque artísticamente abigarrados por medallones polícromos en cuyo centro, a lo largo de los tres lados, se leen los títulos de las obras estrenadas con gran éxito en el gozoso teatro –*Tin tan..., La casita criolla, El primer acorazado, La revolución sayista*, etc.,– con la fecha de su *premiere* y que forman con sus colores bien casados como un mosaico polícromo de prestigio... En la parte superior del muro dominando aquel conjunto vistoso, un gran cuadro llenando todo el testero, imita (y muy bien) un tapiz gobelino representando la salida de Jeanne d'Arc para la reconquista de Orleáns. La cara de la bella egrégora, libertadora de la Francia, es todo un poema de misticismo guerrero admirable, sorprendido –más que copiado– por el inteligente sucesor de Arias.

Al pie de ese cuadro fijo monumentalmente al muro, una cortina de brochas enormes semejando, de lejos, cucharones colosales para soperas de Gargantúa, pendían brillantemente los útiles del pintor. A un lado cuencas enormes de hierro en donde duermen los colores pronto a ser traslucidos en las telas para obras futuras. Entre otras, *La niña bonita*, la cual ha empezado a pintarse.

A la izquierda de la entrada, a altura grande, un balcón para los estudios de perspectiva, principio culminante del arte escenógrafo.

Vi de noche el salón. Brillaba como si lo iluminara la radiosa claridad del día. No se echó de menos para nada el creador e la luz, entretanto durante aquellas horas en alumbrar otros continentes.

El salón no es solo un taller de trabajo. Durante el día sería eso. Pero de noche será lo que son los salones análogos en las grandes capitales del mundo: un *foyer*, punto de reunión para actores, actrices, críticos y amigos íntimos de la empresa, durante los entreactos y terminada la función. Allí fueron los autores a leer sus obras a la Empresa entre sorbos de café, *coñac* o refrescos inofensivos.

Allí se hablará y se disertará sobre todo cuanto suceda en el mentidero teatral habanero; se desgarrará a un autor, se choteará a un crítico, se murmurará de una actriz y se enjaretarán observaciones políticas. ¿Por qué no? ¿La política no es entre nosotros la comedia, a veces el drama... y la tragedia, de telón siempre alzado?

Solo se interrumpirán los flechazos y las sonrisas insidiosas –a veces las hay– para examinar algún trazo dejado sobre un telón en tierra por el pintor *attachée* a la Alhambra. Y observaciones correrán, como brochazos, sobre el trabajo ejecutado, observaciones atendidas unas y desechadas otras.

Esta decoración de Gomís será de un buen ejemplo para las otras escenas. Todas querrán tener su *foyer*, atracción de los *dilettanti*. Y el arte teatral ganará. Aparte de que el señor Gomís es joven y promete, su esfuerzo ... bellos días a la técnica pictórica teatral. Por o que ha hecho en el breve tiempo que actúa, puede juzgarse de lo que hará.

Al apagarse esta Linterna tiendo sobre su cristal como un brillante velo mi elogio y mi aplauso a Villoch y a Regino y saludo al notable pintor con la adorable frase dicha a todos los que les dan una limosna: "¡Pueda usted gozar largo tiempo de sus ojos!"

¡Para que a mí, asiduo concurrente a la Alhambra, siga dándome la limosna de su deslumbrante color en dádivas que se disfrazan de telones magníficos como cuadros de grandes maestros!...

Bobo, pero... 13 de marzo de 1915
de Agustín Rodríguez

Si yo he comprendido bien la idea del autor, a través de las hojas de diálogos y las ramas de chistes, en la vida se puede empezar siendo bobo y terminar siendo sinvergüenza. Esta es la historia de Periquito, el bobo –demasiado listo– de la muy graciosa obra estrenada con gran éxito anoche.

Zarzuela que puede parangonarse con la más aplaudida de las de Robreño y Villoch. No digo que valga tanto, entendámonos: hablo solo respecto al aplauso alcanzado.

Cuando yo vi que Regino tomaba parte en ella, me dije, obra tenemos. Y hubo obra. La historia de los amores dobles de Periquito con la mulata y la blanquita –la Jiménez y la Becerra– se desenlaza favorablemente para ambas, después de peripecias verdaderamente alarmantes para la tranquilidad del Bobo – llamémosle así, ya que lo marcó con ese epíteto el autor. La mulata se casa con el moreno Simón –nombre de mono, dice Luz Gil–, quien provocativa anoche como una Leda, fue el encanto de la tanda.

Regino, como siempre, detallando y cumpliendo como un excelente actor. Lo que es.

Bas, muy bien en su corto papel de camarero metesillas y sacabancos.

Robreño, correcto, en su única escena de galeno suministrador de vomitivos.

Acebal, menos exagerado que otras veces, y por lo tanto mejor que en muchas otras obras. (Esto no quiere decir que no debe «morcillear», puesto que al público le gusta. Yo sólo noto el defecto por conciencia de observador).

Un buen éxito: mejor dicho, un gran éxito, que se aumentará y redoblará cuando la compañía la ponga en Payret.

El viaje de Primoroso. 23 de marzo de 1915

Puedo, realmente escribir hablando de este juguete: ¡*Audaces fortuna juvat*! [61] No sé. Aunque casi podría afirmarse que esa audacia, la de presentar obra semejante a un público como el de la Alhambra, no tendrá gran fortuna de cartel. La obra no termina; acaba bruscamente y en el momento culminante.

Se anuncia como una sátira y a mitad del camino parece el autor temer las consecuencias de ella. Y las timideces, en arte, son deplorables.

Lo saliente –lo único saliente– de este viaje; lo verdaderamente primoroso, es en primer lugar, la música, digna de mejor libreto, en segundo, la figura de la Becerra vestida irreprochablemente de Benjamín criollo y la gracia llena de sal de Bas, la Trías y Acebal; en tercero, la belleza cada vez más bella de la Gil y la desenvoltura, verdaderamente artística de las

---

[61] La fortuna favorece a los audaces.

sacerdotisas de la voluptuosidad, la Vázquez, la Forteza y la Jiménez II.

La decoración de la playa me pareció más bien un brazo del Ganges –río búdico– que un trozo de marina cubana. Eché de menos

"las palmas ¡ay! las palmas deliciosas"

de que sollozaba el gran Heredia en el país extranjero.

El viaje de Primoroso tiene para mí la ventaja de recordarme el otro viaje: el que hará el día 4 del próximo mes a Payret, la compañía, llevando al tope, como primera flámula *Aliados y alemanes*. Viaje cómico de la guerra que parece no acabar nunca.

Correo de teatros. 4 de abril de 1915

La compañía de la Alhambra ha tomado el Payret –y esto ya lo sabe todo el mundo, pero por algo había de empezar para dar cuenta de su éxito en este teatro– para unas cuantas representaciones: las de las zarzuelas y revistas de más éxito en la casa de Consulado.

La idea, a juzgar por la *soirée* de anoche, ha sido muy feliz. Una sala llena en las dos tandas. *El bombardeo de Amberes* y *El Patria en España*, aquella de los Robreño y esta de Villoch.

La curiosidad del público (del que no asiste a la Alhambra y sí al Payret cuando a él se muda provisionalmente) ha quedado satisfecha y complacida. A tal punto que las dos producciones han sido muy reídas en las frases y situaciones y muy aplaudida su música. Los pregones cantados por la Gil y Fernández repetidos entre aclamaciones. El monólogo de Pilar Jiménez, quien vestida de la túnica blanca de Camila, bordada –la túnica– en el pecho, con el escudo de Cuba, muy aplaudido.

Acebal, el actor-benjamín del público, su *chou chou* preferido, graciosísimo en todo el viaje sobre la gallarda nave.

Pero lleváronse anoche la palma, la Becerra que cada día gana en gracia y arte. Tanto en la hija mora del catalán Martorell, como en la *ti-tin* de Carburo, deliciosa por su finura exquisitamente amanerada de negrita leída e instruida... y enamorada.

Regino, excelente en *El bombardeo de Amberes* y detestable en *El Patria*. La seriedad le sienta como a Castillo un par de pistolas.

En resumen: primer combate, primera victoria.

Los osos. 13 de abril de 1915
de Manuel de Mas y A. López con música de Anckermann

¡Como se parece a *El kaiser del solar*! Conforme salían los personajes, los iba saludando como a antiguos conocidos. Y aplaudiéndoles también porque todos son muy cómicos, y la trama deliciosamente tejida. Se han arrancado algunos chistes –demasiado fuertes para Payret– y añadido otros para más gozo del público. Sin embargo, el mosquetero Sánchez Agramonte –bien interpretado por Bas– no sufrió corte alguno. El papel ha quedado igual al de la noche del estreno en la Alhambra. Al *cette fripouille* de Polito (Fernández) también se le ha respetado. [62] Dice las mismas palabras y hace los mismos gestos que en sus lares cómicos de Consulado.

Como siempre, muy aplaudida la graciosa Becerra, la interesante Luz Gil, la agradable Vázquez y más artista que nunca, Acebal, "el negrito de la bulla teatral". Regino, bien en su muy completo personaje. Y Robreño hecho un Kaiser delicioso de ciudadela. O de solar, que es lo mismo. Repetida la canción de la

---

[62] Sinvergüenza.

negrita, y digno de ser repetido –aunque no lo fuera anoche– el bolero Jiménez-Gil.

Vidrios de colores. 1⁰ de julio de 1915
de Federico Villoch, música de Anckermann
Beneficio de Regino

La actualidad teatral lo dibuja en mi Linterna. Mañana da su beneficio en Payret. Y podía darlo esta noche porque desde ayer todos los palcos y casi todas las lunetas han sido adquiridas. Es difícil una boga más grande. Y tanto más difícil cuanto que en la compañía dirigida por él, hay artistas que han entrado también de lleno en la simpatía del público: Acebal, la Becerra, Eloísa Trías... Pero ninguno como él. Y cosa asombrosa, a lo largo de los años, capaces de cansar, por su monotonía de meses y horas, la paciencia tornadiza del espectador.

Regino, cada noche, es más amado de su leal hueste; la que corría –y correrá pronto– a verle en la Alhambra y la que corre ahora a verle en Payret. Muchas cosas se unen para formar ese bloque de inexhausto cariño. Su bondad y su perfecto ángel como hombre y su conciencia –escrupulosa en la gracia– como artista. Escrupulosidad que no impide el desbridamiento. Nadie diría que todos esos chorros de gracia –refinada unas veces hasta el exquisitismo, y otras veces empujada con firme diestra hasta la bufonada– salen del largo martirologio de trabajo que es la vida de Regino López, empresario, actor y director. Se ha dicho que los excelentes actores cómicos son, fuera de la escena, melancólicos, amargados y misántropos. Se ha contado muchísimas veces la célebre consulta de Debureau –el payaso inmortal– con su médico y es cosa pasada al estado de hecho incontrovertible que a gran fuerza cómica ante el público corresponde una gran fuerza de tedioso humor en las relaciones particulares.

Regino es, en todo caso, la excepción. Él es un par de castañuelas –asturianas–; las que meten más ruido, lo mismo en la escena que fuera de ella. Sobre el tablado como en el pavimento de su casa, cuando se divierte, es totalmente, de los pies a la cabeza; y capaz de suspenderse, hasta a la cola misma del diablo. ¿Cómo entonces, no corresponder a esa empatía que alta, se desborda y nos empapa como en las olas de sidra dulcemente espumosa?

¿Sin enemigos, entonces, dirá el lector?

Con enemigos, naturalmente; pero sólo del oficio –que en este caso son los otros empresarios. Cada vez que un exitazo a la *Titta Ruffo*... o a lo *Casita criolla*, llena con rugidos de *maelstrom* gozoso, la sala de la Alhambra, como ahora la del Payret, la bilis corre del hígado y del bazo de los empresarios fracasados de La Habana. Es espuma negra encrestando siempre la ola de las bajas pasiones.

Regino oye a veces algo de lo que grita de impotencia y a veces sonríe y a veces se calienta. Cuando la aberración externa zumba demasiado rudamente en sus oídos, su disgusto estalla en sus frases cortas y siempre pintorescas.

–Cualquiera diría, oyendo al *salao* ese –me dijo un día– que yo soy un depravado; un bajo-romano (digo: cubano) un Piñán, un Juan José... Y no hay nada de eso: yo soy Regino, un hombre que le da muy dulce a Casita... criolla y un trabajador dejando siempre a los demás que trabajen.

Y tiene razón. Y como tiene razón triunfa –y triunfará porque no dejará nunca de tener razón.

Lo que sí tiene también es preocupación por la guerra actual. Tiene al alemán en la punta de la nariz y a los aliados en el forro del sombrero. Hablando mete alguna palabra sobre el Kaiser; comiendo, traga con los frijoles guisantes de Bélgica y cuando sonríe, se parece a Bryan.

Hasta cuando recita versos –no en la escena, entre amigos, sus obsesiones austro-alemanas-rusas-inglesas le persiguen. Anoche en su cuarto recitaba a Bécquer, distraídamente, en esta forma

¡Hoy como ayer, mañana como hoy
y siempre igual;
un cielo gris, un horizonte eterno y el alemán!...

Obsesión de la que solo podrán curarle las pilas –enormes– de centenes que serán mañana por la noche el noble premio de un esfuerzo bien realizado.

El 1 de una Compañía que formada de elementos al principio medianos, es hoy, lisa y llanamente, de primer orden.[63]

Correo de teatros. 3 de julio de 1915

Antes de que se me olvide, quiero cumplir un encargo de Regino López –especie de mensaje hablado y dirigido –por intermedio de *La Lucha* a toda la prensa de La Habana, representada no sólo por la crónica teatral, sino por la social, la de sport y la política misma. Según se manifestó con voz conmovida por la gratitud, a la prensa habanera, en primer término, debe la

---

[63] En el beneficio se estrena *El demonio es el dinero*, de Sergio Acebal y *La casita criolla reformada*, de Villoch, junto a *Titta Ruffo en La Habana*.

mayor parte del éxito –de público– alcanzado anoche en su beneficio.

Pocas veces el amor propio intransigente que es un actor militante, inclina su penacho ante los que coadyuvan en mayor o menor grado a un éxito enorme. Por regla general el actor cree que él solo se basta para el resultado satisfactorio. En esto se parece a los políticos que después del triunfo, rompen, olvidadizos, los borradores de las súplicas dirigidas, *pro domo sua*, a los representantes del cuarto estado. Por eso es tan grande, tan elevada y tan noble, la gratitud de Regino López, uno de los semi dioses, que no necesitan, en realidad, apelar más que a su nombre para ver el favor popular ir en masa hacia ellos. Y por eso es también tan grande la gratitud con que la prensa de todos los matices devuelve hoy a Regino López, señalando su gran éxito artístico y económico, sus adorables frases.

Nosotros, anunciando su beneficio, no hemos hecho más que cumplir con nuestro deber de notificadores públicos. Él, demostrando su agradecimiento con frases tan cordiales, ha rebasado espléndidamente el suyo. Hay orgullo y modestia en ese testimonio de conmovedora estimación [...] y si hubiera más orgullo que modestia, tendría el estimado actor la total de las justificaciones. Rara vez se ha ofrendado a un actor conocidísimo y del cual, por lo tanto se debería estar ya cansado– una manifestación tan cariñosa y de sello más espontáneo. ¿Prueba de esto que afirmamos? Regino López no ha enviado a un solo amigo una sola localidad. No estableció preferencias. Anunció el beneficio y puso las localidades a la venta. Y tres días antes del señalado para la función, las localidades habían desaparecido de Contaduría y anoche no había una localidad desocupada en el Gran Teatro, de perímetro enorme. ¿No es eso el verdadero triunfo para quien depende de los caprichos del público? Y el público, prescindiendo de caprichos en contra, hizo lo que no se verá en mucho tiempo en La Habana, —excepto quizás cuando anuncien un beneficio, si lo anuncian, Acebal y la Becerra: llenar el teatro, pagando sobreprecios exorbitantes.

Pero dejemos esto, que yo no tengo por qué hacer reclamos inútiles. Y después de felicitar a Regino como periodista, como crítico y como amigo suyo, pasemos a narrar en cuatro rasgos la sustancia del espectáculo.

Comenzó con *El demonio es el dinero*, un juguete muy cómico de Acebal, de tema demasiado endeble, pero avalorado por la gracia de que está entretejido —gracia a ríos— en la que nadaban la espiritualidad del autor-actor, de la Trías y de Regino.

Un hombre viene a comprar una casa y por un *quid pro quo* del que se aprovecha el negrito de la casa, lo que hace (el hombre) es casarse con la viuda (muy fea) a quien cree muy rica. La viuda halla que el hombre es peor que un cocorioco, pero lo acepta por marido, creyéndolo rico. ¡El demonio es el dinero! dicen casi a coro los tres personajes (en lo cual estamos todos conformes).

Como se ve, el asunto casi no lo es. Pero la salsa, muy gozosamente aromática, hace pasar la ausencia de liebre en el guisado.

La casita criolla reformada, es casi en su totalidad la misma que fue tan aplaudida hace unos dos años. Pero en el último cuadro cambia, cuadro totalmente nuevo. El don Hilarión, que ha sido sacado de su casita —criolla— para conducir los destinos del pueblo, no ha podido con la carga. No le han ayudado a llevarla, ni mucho menos. Todo el mundo quiere vivir de sabroso bajo pretexto de haber ayudado a la subida del propietario de la casita. Y a tal punto han llegado las cosas, que carteles en todo el palacio anuncian que no hay una sola plaza vacante. De ahí disidencias, protestas, gritos, amenazas y una gritería tan infernal que Don Hilario acaba por renunciar el puesto, anunciando la vuelta a sus lares. Lo que resume Cañita en estos (o parecidos) versos, que cito al vuelo.

Y ahora, señores
que otro prepare la olla,
que él sin odio ni rencores,
se vuelve con sus honores
a la casita criolla.

Y el telón cae sobre la tristeza de lo irreparable.

El público, en el entreacto de *La casita criolla* a *Titta Ruffo en la Habana*, cambiaba impresiones sobre este final.

—¿Y quien preparará la olla durante cuatro años?

Y se mezclaban nombres. ¿A qué citar este o aquel? Lo mejor es no devanarse los sesos. Como no es posible adivinar, lo mejor es abstenerse de profecías. ¿El futuro presidente? Llamémosle H.

Unos cuantos liberales, la minoría allí, torcimos el gesto.

¿H? Se escamaron de ella.

La interpretación de *La casita criolla* fue un gran éxito. La *mise en scéne*, admirable; —¡honor a Regino! La ejecución musical, de primer orden—¡honor a Anckermann! Más graciosa que nunca la Becerra, que cada día entra más al público, Acebal, ya nombrado y Regino, espléndido en el Cañita.

La Velasco, excelente, en un papel muy corto. Es una actriz que yo no acabo de clasificar, sobre todo, como plástica. ¿Es gruesa? ¿Es delgada? No sabría afirmarlo. A mí me parece una una costilla vieja, sin carne, roída por un hambriento.

Pues así y todo –como dice Gustavo Robreño–: simpatiquísima.

Correo de teatros. 10 de julio de 1915

Ya la hueste de Regino ocupa de nuevo la Alhambra. De Payret saltó a Güines volviendo rápidamente a La Habana como la liebre vuelve a su madriguera.

Cuando entré anoche en la Alhambra empezaba la primera tanda, creí quedarme sordo. Coincidió mi aparición en la sala con la salida a escena de Regino en *La casita criolla*. No eran aplausos los que saludaban su presencia en el palco escénico, fue un estruendo formidable como si Elohims se batiera a *howitzer*s de truenos.

Aquellos aplausos me sonaban a mí como reproches; como si el público quisiera decirle con ellos: ¿por qué nos dejas *salao*? y te vas a divertir a buches que no te adoran como nosotros. Déjate de obras y haz aquí las obras.

Y Regino, conmovido casi hasta la lágrima, parecía con sus saludos, quererles dar la razón. En fin, una reaparición a todo meter.

—Eso no es nada, —me dijo Villoch a quien felicitaba por el triunfo de su intérprete. Si hubiera usted visto cómo han recibido a Acebal siete minutos sin poder ligar la obra a causa del ruido asordante de los aplausos.

Aún no habían salido a escena ni la Becerra ni Mariano. Y me fui para la calle por temor a echar sangre por los oídos. Esos sacudimientos en el tímpano son muy peligrosos para débiles como el que firma estas líneas.

La serie de los grandes éxitos es ininterrumpida en la Alhambra.

Lo que nos proponíamos demostrar.

Los concubinos. 16 de julio de 1915
de Ruperto Fernández y Jorge Anckermann

La rivalidad enorme entre Caruso y Constantino, los dos grandes tenores, ha trascendido hasta La Habana. Y servido de asunto a un sainete, disparatadamente gracioso y que por su música y libreto ha sido muy bien recibido por el público. El autor de la obrita ha acumulado sobre Caruso su prodigioso vigor de choteo. Es el que paga los vidrios rotos en la contienda de doble amor entre Constantino y Rini y Narciso y su romántica amiga.

Al revés de lo que en La Habana, es Constantino el triunfador.[64] (Creo que previniendo eso no ha querido Caruso venir a La Habana). Caruso pierde hasta a su mujer; Clara Marta, arrebatada a él por Zángano, un segundo barítono rubio y algo entrado en años. Y las cosas vuelven a su ser y estado con la variante sola de Caruso hecho un Ecce-Homo.

La música tiene un concertante —género rumba— aplaudidísimo. La ejecución, excelente, distinguiéndose en primer lugar —lado de mujeres— la Trías y la Becerra; o sea, la veterana y la nueva. En su papel de pardita romántica, casi admirable, la Becerra. Una romántica «hiper-estérica», con la mirada fascinadora que se adquiere inmovilizando los abiertos párpados. Encantó tanto la joven actriz que fue llamada a escena insistentemente.

Bas, Acebal, Robreño y Mariano, contribuyendo al excelente conjunto.

---

[64] Florencio Constantino fracasó con el público habanero.

El primer estreno en la nueva etapa de la Alhambra (vuelta de Payret) ha sido una primera victoria.

A tres lápices. **Blanca Becerra 19 de julio de 1915**

Como nadie ignora, el éxito de la Compañía de Regino fue enorme durante el mes de Payret. El encanto del fruto que se tenía prohibido determinó, en primer lugar, el gran resultado obtenido por la *troupe*. Añádase a esto el brillo simpático que rodea a algunos de los artistas que actúan en la Alhambra, muy conocidos y muy apreciados fuera del circuito teatral abierto en Consulado: Regino, los Robreño, Acebal y algún otro.

A esos nombres que el afecto rodea, únase hoy más –desde la prueba de Payret– el de la joven actriz cuyo nombre, casi ignorado hace dos meses, es ahora como una bandera de gracia y encanto entre la hueste fraternal del gozoso teatro. De Payret –y no hay que darle vueltas– ha salido ese juvenil renombre que el aplauso amplía noche tras noche en las representaciones de la Alhambra.

Ninguna hija de Thespis apareció ante un público nuevo, y que la ignoraba totalmente, como ante Payret la muy modesta (y muy valiosa) Blanca Becerra. Casi insignificante de cuerpo, feúcha, de aspecto raquítico, tímida como un abejorro que no sabe a dónde dar con la cabeza, reunía en sus manos para la partida que iba a jugar, todas las cartas falsas que pueden reunirse en la diestra de un jugador a quien la salazón asusta burlonamente. Al lado del prestigio ruidoso de la Trías, del «ángel» que emanaba de la Jiménez, de la popularidad sublimemente grotesca de la Velasco, –contemporánea del general Tacón– y de la aceptación no discutida de la Vázquez ¿qué podía hacer la Blanca Becerra, casi nueva para el público y de una novedad cuyos atractivos eran para ella misma letra muerta? El terror de la joven es fácil de explicar. Estuvo –se me dice– por devolver el papel la víspera de la primera representación. No lo hizo porque el conflicto hubiera sido de tal magnitud que la Compañía hubiese tenido necesidad de plegar nuevamente la tienda y retornar a la Alhambra, envuelta en el oprobio y el descrédito. Blanca es una valiente incapaz de dejar a sus compañeros en el atolladero. Resignóse y apareció en escena.

El público, al principio, no apreció ni siquiera la presencia en escena de la joven. La actriz respiró ante lo que ella tomaba por una expresión de deferencia – y de espera. Y en las tablas se rehízo. Toda la savia rica del arte que corre por su cuerpo consumiéndolo, subió de la raíz de las uñas a la raíz de los cabellos agitándola como a un arbusto en donde se cuajan muchos botones que apuntan a ser rosas.

Y la transfiguración se hizo, rápida, instantánea, a la manera sorprendente. La feúcha se hizo linda, la raquítica amplió el busto, la Cenicienta desdeñada por las hermanas mayores sintió que el público –príncipe galante– le ceñía el zapatito de cristal que la transfiguraba en soberana. Y a su lado palideció el nimbo de la Vázquez, se eclipsó la aureola de la Jiménez, fue orla de talco la diadema plateada de la Trías. Y la Velasco desapareció como una comadreja al paso de un obús. Y se vio, al primer aplauso –bien ganado– sonreír a la nueva favorita del público, con toda la adorable ironía de una gracia inédita. Y los recursos artísticos que yacían en aquel temperamento de triunfadora dormida hasta entonces, se desplegaron, imponiéndose. De un salto, como el ardiente *clown* de Theodore de Banville, saltó a las estrellas que tachonan el cielo del teatro de la Alhambra. Y allí se mantiene imantada por el magnetismo ininterrumpido del aplauso.

Y con la aprobación de Payret —reforzadora de la de su sano público de la Alhambra— sus facultades se han desenvuelto de la manera más amplia. "Ya es una personalidad escénica". Entrecomo la frase, porque no es mía; es de Pancho Robreño, que las tiene siempre lapidarias, como lo prueban sus obras en colaboración con Gustavo. Ya tiene audacias a lo María Guerrero, o la he visto recientemente, muy recientemente, en el último estreno, el del viernes, haciendo una romántica de traje bien ceñido y de rostro bien pintado, jugar admirablemente en escena con Gustavo Robreño, repasar alrededor de su Narciso, con crujidos del corsé —como un fino «pur-sang» que sopla y resopla bajo sus arneses de lujo— y mezclando con una sensualidad verdaderamente artística, el paroxismo candente de Astarté a la languidez desmayada hasta el desvanecimiento de Paracleto.

Y ¿hay nada más gracioso que sus diálogos de negrita apasionada con el graciosísimo Acebal, cuando hecha un Don Juan negro, seduce despampanantemente magistral a su Doña Inés de puro ébano?

Pero el recuerdo más hondo que creo ha dejado en mis ojos de cronista teatral, fue su aparición en la relambida seudo aristocrática de *El Patria en España*. Vestida con un abigarramiento que recordaba la época del Directorio, su alta sombrilla de puño largo como una *marveilleuse*, su sombrero empenachado y todo el traje en una gama de colores que partían del fuerte negro de marfil quemado de su cara, hasta los grises tonos de sus zapatos atados como un coturno. Al verla así metamorfoseada en negrita *chévere*, vinieron a mi memoria los versos del *couplet* de Sardou, populares en París hace algunos años:

Ah, ah, ah,

J suis Pamela!
la reine du chic.
Quand on me voit en public
tout le monde cric: ¡Ah!, ¡Ah!
¡Pamela!
¡La voila![65]

Porque eso es la iniciada en la Alhambra y consagrada en Payret: la *reine du chic*, de la modestia y de la viva gracia.

Reinado que promete ser largo, porque apenas si cuenta Blanca, trescientos meses. Aunque ella afirma que más, también por modestia.

Liborio en el limbo. 28 de julio de 1915
de Agustín Rodríguez-música de Anckermann

Yo vi el estreno de anoche en compañía del estimado doctor Souza, quien al terminar la obra, me dijo, esto no es *Liborio en el limbo*, esto es más bien El diablo suelto o El desengaño en un sueño o Martí inoportuno. Aunque de los tres títulos el que le ha puesto el autor al segundo cuadro, me parece convenir mejor a la revista: El diablo suelto.

Sea lo que sea –y creo que tiene razón el sabio amigo –la *pochade* del colaborador musical del señor Rodríguez– me parece una bufonada enorme, llena de alusiones políticas y una sátira del régimen cubano desde los comienzos del siglo XX.

El pretexto es trivial, aunque de efecto seguro en el público. Una cuarterona –María– literata romántica, casada con Juan,

---

[65]Ah ah ah. ¡Soy Pamela! La reina del chic. Cuando me ven en público todos lloran: ¡Ah! ¡Ah!¡Pamela!¡Estoy aquí!

prosaico comerciante, se empeña en envenenar a su esposo y para ello implora el auxilio de Cheíto, un pardo chévere, enamorado de ella. Ante la proposición criminal de María – ser execrable y gozoso (como muchas, en quien la vida a *deux* es imposible más allá de 48 horas, aún contando la noche (el pobre Cheíto se muere del susto.) Y su alma recorre el infierno, al purgatorio, el limbo y el cielo. En el infierno se encuentra con seres conocidos de visu y de nombre; entre otros, el Kaiser Guillermo, revisando con hojas de humo el mapa de la Europa actual que él recorta y rehace a su capricho; en el limbo, a Zayas y a Liborio (de ahí el título) y en el cielo, a San Pedro –de sienes de plata– y a Magdalena, muy bella, bajo las facciones de Pilar Jiménez.

Por este recorrido puede juzgar el lector de las incongruencias y las agudezas que entrelazan toda la obra, y que fueron reídas y aplaudidas. En el cielo están y pasan ante nuestros ojos, proyectados cinematográficamente, Martí, Maceo, don Pepe, Estrada Palma, de un parecido exactísimo.

En la obra toma parte casi toda la compañía (hay más de treinta personajes). Los números de música son muy inspirados, sobresaliente el concertante ñáñigo.

Muy aplaudidos la Becerra, Bas, Robreño, la Gil, y en primer término, Acebal.

Flor de The. **7 de agosto de 1915**

de Sergio Acebal y Guillermo Anckermann[66] con música de Jorge Anckermann

Al llegar anoche a la Alhambra, aproveché el entreacto primero para preguntarle algo a Regino sobre la obra que iba a estrenarse.

—No sé nada, porque no tomo parte en ella. Pero el título es bastante expresivo: *Flor de The...* reventaste.

Cuando un actor cree que una obra no va a gustar, resulta todo lo contrario. Por esa razón, al alzarse la tela, me senté tranquilo en mi asiento.

La obra es en verdad, una opereta, casi con más música que libro. Hasta ahora Acebal había escrito solo zarzuelitas muy cómicas: ya aborda triunfalmente la opereta. ¿Cuando una ópera?

En realidad *Flor de Thé* es un viaje al Japón realizado por tres jóvenes transformados en detectives a causa del robo de veinte mil pesos hecho por dos criados a uno de los jóvenes. Dionisio y Nicolás —los dos ladrones— toman primero los veinte mil pesos, y luego un barco que semi naufraga y los arroja en una isla del Japón. Allí viven Flor de The —hija de Okay— Mandarín de la isla, mandarín para el autor, novia de Kolisen, abaniquero y pirotécnico. Estos amores no son nada agradables al padre de Flor de The, quien quiere casar a esta con uno de los tres cadetes japoneses que acaban de llegar a la isla. Pero la muchacha se fuga con su novio del palacio mandarinesco, ayudada por Dionisio y Nicolás. El padre, furioso, corre con toda su corte y los cadetes a buscar a los fugitivos a quienes halla en casa del pirotécnico raptor. Los cadetes, como el espectador habrá comprendido anoche, son los tres

---

[66] De acuerdo con Robreño en la introducción a su Antología.

jóvenes disfrazados de cadetes, estos se arrancan las narices y los bigotes postizos y se confiesan por lo que son: tres jóvenes cubanos perseguidores de los ladrones allí presentes. Estos demuestran de tal modo su arrepentimiento, que son perdonados por el mandarín, la Corte y los cadetes.

La obra es muy graciosa y tiene el atractivo de empezar como *La dama de las camelias* —con una orgía— y terminar como *Ki ki ri ki* (casi).[67] La música es excelente: de verdadera opereta y el libreto no decae un solo instante. Se ve que está escrito por uno que conoce bien los gustos y las preferencias del público de la Alhambra.

La mandarina Flor de The da nombre a la obra y fue interpretada por la Jiménez, sencillamente adorable de cándida enamorada. Ketison era la Becerra: muy aplaudida en sus apasionadas escenas de Tenorio amarillo. La Trías hacía un embolado (lo cual no me extraña, porque en la Alhambra el compañerismo es una verdad y se acepta un papel, por insignificante que sea, para coadyuvar al mejor éxito de la obra). El público se desquitó oyéndola decir y decir muy bien, los versos, pronunciados por ella desde el disco de la luna. Luz Gil cumplió bien, así como la Vázquez, dos niponas deliciosamente aceptables.

De ellos, Robreño, muy correcto, tanto en la primera escena del primer cuadro cuando hecho un *souffard* por las copas sucesivas de *champagne* que se traga, olvida la cartera con los veinte mil pesos, como en la escena del reconocimiento de los rateros. Bas, como siempre, excepcionalmente incoherente y así más cómico.

Sarzo hacía el Okay, el mandarín. Con sus bigotes *filinos*, su frente desguarnecida, y su rictus trágico, era más que el mandarín trazado por Acebal, una verdadera efigie del Rey de Sussa, el

---

[67] Opereta francesa estrenada en Barcelona en 1887.

horrendo Sapor, cuyo busto he visto en mis visitas al piso bajo del Museo Británico, sección de escultura antigua. Era él mismo, rasgo a rasgo y expresión a expresión.

Feliú, muy bien. Hacía un chino y parece nacido para esos papeles.

Acebal inimitable. Fue la carcajada de toda la noche. Un doble triunfo de actor y autor.

Los demás —son muchos personajes— llevando a la victoria el gracioso combate que fue la representación de *Flor de The*, gran éxito de la Jiménez.

La decoraciones, vistosas y espléndidas.

¿Cómo me dijo usted que era *Flor de the...* reventaste? le pregunté a Regino, al terminar la obra, y en voz muy alta porque los aplausos, llegaban hasta el cuarto del artista, asordantes.

Bah, lo *diji* – me dijo– porque Acebal estaba en la puerta del cuarto cuando usted me hizo la pregunta. Y quería ver la cara que ponía.

–Entonces fue broma.

–¡Claro que broma!

Ah, entonces es otra cosa.

Si es broma puede pasar.

–Eso es del Tenorio, murmuró Regino.

–También son del Tenorio algunas frases de *Flor de The*.

¡Ah, bueno!

¡Ah, bueno!

Nuestra felicitación más sincera al libretista y al músico de la deliciosa opereta japonesa, tan reída y aplaudida.

La reina de Carraguao. 18 de agosto de 1915
de Miguel de Luis, música de Jorge Anckermann

La reina del barrio de Carraguao –mejor dicho– de un solar en el conocido barrio, es una graciosa y muy pervertida morenita llamada Lola, a quien galantean dos policías –Mamerto y Victorino– y dos chulos –Curazao y Panetela. Ella coquetea con los cuatro pero sin rendirse a ninguno, pues está enamorada de Cachimba, un negrito muy «sangre ligera» a quien se declara en el último cuadro –la obra tiene tres. (Hay que saber que Cachimba está también loco por los pedazos de la reina). Pero ninguno ha revelado su pasión hasta el momento necesario – el del desenlace.

Los que lean estas líneas, comprenderán las escenas muy cómicas a que dan lugar los celos de los policías y los chulos y las perplejidades de Lola entre esas cuatro fieras. Ella parece darle preferencia durante los tres cuadros a Panetela, pero esto es solo por perversidad femenina: Panetela es el amante de Teté, amiga íntima de Lola. Y como es natural, hay algo de voluptuoso en este empeño de quitarle a la amiga su hombre. Pero por un juego de cubiletes que el autor no explica bien, en el momento álgido de las confrontaciones, cuando los cuatro pretendientes ponen a Lola entre la espada y la pared del solar, ella confiesa su pasión por Cachimba. Ese día es el santo de Lola y la acción termina con baile y comilona.

¡Gaudeamus! como dijo no recuerdo bien.

La obra es animadísima. Basta decir que en casi todas las escenas hay en escena más de quince personajes. Y que todos hablan, *gestean*, intervienen directamente en la acción. Esto da a la música pretexto para coros y rumbas, que realiza de un modo excelente la deliciosa *partinionnette* de Anckermann.

Como imparcial anotador de éxitos grandes y fracasos estruendosos, diré que ha sido una de las obras más aplaudidas de la temporada. Cosa digna de señalarse, porque en la Alhambra el público ríe más que aplaude.

Anoche risa y aplausos se fundieron en un *tutti-*que no era *frutti*.

Todo lo contrario.

Líos de solar. 25 de agosto de 1915

[....¿]

El asunto de la falsificación de los billetes premiados hace unos meses con el gordo, es el de la obra estrenada anoche en la Alhambra. Ya sabemos lo que fue. El premio le tocó a Atanasio –un gallego habitante de un solar. Domingo, un negrito del mismo solar –un ocioso, de existencia sedentaria y que se ocupa de enamorar a todas las mulatas de la *casamala* –acción porque es casado– aprovecha el momento en que favorecido por la suerte, deja sobre una silla el saco que tenía puesto –y en donde está el billete premiado– (para ponerse otro, no sé por qué ese capricho) y se lo roba, poniéndole otro con el número falsificado. Vuelve Atanasio, que ha salido un momento, saca el billete del saco y sin pérdida de tiempo, corre a cobrarlo. Lo demás ya lo sabe el lector: pues ha seguido en la prensa la marcha del proceso.

Lo que sí ignora este –el lector– es que Atanasio vive con Luisa, de quien –es natural– está enamorado Domingo. Atanasio, que ha sorprendido a este a los pies de Luis, se arroja sobre él y se arma el primer lío del solar. En la pelea el negrito le da una mordida en la cabeza a Atanasio y en plena nariz un *pgnon* que le hace ver las estrellas, Luisa, al enterarse de que Atanasio ha ido a cobrar un billete falso, deja al gallego (Atanasio es gallego) por

Domingo, quien atiborrado de billetes americanos (los que ha cobrado gracias al billete) recorre La Habana hinchado de vanagloria, con el orgullo de un duque de Teseo vencedor de los Amazonas. Luisa y él se encuentran, charlan y Luisa cae en sus brazos, preguntándole de donde viene el dinero. Este confiesa todo: el robo del billete a Atanasio. Durante la confesión entra la esposa de Domingo quien, sin ser vista, se entera de todo y furiosa por la mala partida del ingrato, va a la Corte a tirar la manta.

Y en la Corte, en el último cuadro, se desenlaza la obra ante el juez –tipo de doctor abogado «juris utroque»– bien hecho por Sarzo.

Sarzo (el juez) y Sobola (el secretario) abren el diálogo. Sarzo y Sobola son dos actores de género, aquel superior en sus cualidades positivas, y este, notable en sus cualidades negativas; –es decir: iguales y solidarios en su combinación, como un álcali y un ácido en una sal.

En la vista presidida por el juez, se aclara todo, la mulata de Domingo canta clara, da las pruebas de la felonía y Domingo sale condenado. Pero Atanasio, quien si bien en el caso del rapto de Purita, con indulgencia, perdona a Domingo quien también es perdonado por su esposa.

En esta vista se resuelve también el caso del rapto de Purita, inocente, conforme con su nombre, pero ostentando un candor de perversidad que hacía deliciosamente cómico el personaje bien interpretado por la Becerra. El raptor (Mariano) se casa con la raptada y aquí no ha pasado nada.

La obra tiene poca música; pero muy ligera y agradable.

La Trías, la Vázquez, la Jiménez, Acebal, Feliú y Gutiérrez, ayudaron bien a hacer muy divertidos para el público, los líos del solar aquel.

1916

De la piel del diablo. 2 de mayo de 1916
de Sergio Acebal y Jorge Anckermann

La frase hecha "de la piel del diablo" tiene un sentido diferente al que le da el autor de la obra representada anoche en la gran cocuyera de Consulado. Se aplica a los incorregibles, a los malditos que no hay quien los convenza.

Y el don Baltasar de anoche, que arrastrado por una pasión ciega está a punto de dejar familia y bienes por la operaria de quien está senilmente enamorado, canta el *mea culpa* y vuelve al hogar como un borreguito en cuanto la esposa acompañada del hijo lo llama al orden. De la piel del diablo. ¡Cá! De esa piel no se hacen zapatos en el establecimiento de Baltasar.

La obra de los señores Acebal y Anckermann —más de aquel que de este porque hay más libro que música (mucho más libro)— parece una trasposición criolla de *Mujer gazmoña y marido infiel*. Y yo hubiera querido que *De la piel del diablo* fuese escrita en verso, porque el asunto, ligero de por sí, se prestaba más al vuelo rápido de la rima.

Sin embargo, de la prosa en un asunto que pedía verso, la obra gustó. Distinguiéronse, Fernández, en el simple bruto elemental que responde al nombre de Toribio; Bas, de gracia natural; Acebal en su contrafuerte (la acción de la obra pasa en La Praviana, peletería elegante); Sarzo, inimitable en su canción cubana con los motivos obligados de «albedrío» y «pasión», la Trías, eminentemente cómica y la Becerra, un pobrecito limosnero a quien el público arrojaba limosnas y besos.

Nunca he visto a la Vázquez tan ciscada como anoche. Hacía de madre y de madre de Robreño. Cuando salió del brazo de este, la linda actriz no sabía donde esconder la cabeza.

–¡Yo, madre de un hombre que puede ser mi padre!... decía entre bastidores Blanca mirando con ojos de leona resentida al director de escena. ¡Yo madre de Gustavo!

Y furiosa, metiéndole los puños en los ojos al director que la había repartido ese papel, se puso seguido a mentarle el padre.

Blanquita Vázquez sí que era anoche y no en escena *De la piel del diablo*.

Las tres monjas. 16 de mayo de 1916
de Federico Villoch y Jorge Anckermann

Mejor dicho: las seis monjas. Porque ese es el número de las que figuran en esta obra de Villoch y Anckermann, obra que parece sacada de un cuento de Boccaccio. Tal es la ingenuidad de las situaciones y la gracia de los diálogos. Las seis monjas son la Becerra, la Forteza, la Sorg, la Gil, la Trías y la Vázquez. La comunidad del choteo.

Yo iba a consagrar unas líneas a la labor de la Forteza en la escena de la conjuración ideada por las tres mulatas en contra de Carlos, Regino y Gustavo. Pero he cambiado de parecer. Y la razón es sencilla: Yo amo a la Forteza como se ama un vicio y mis vicios son para mí y no para la galantería.

Prefiero señalar la linda creación hecha por la Becerra de la monjita que interpretaba. ¡Con qué gracia segura del efecto cantaba después del *champagne* su canción de giga, vacilando como una mascavidrio auténtica, vacilando sobre sus «quilles» hechas a torno! Muy bien la Vázquez en su personaje frío, de enamorada de

Gustavo y a quien no sacaban de su corrección flemática las caricias del adorado.

Hecha un diablillo, Luz Gil, un verdadero «rafael» bajo sus tocas a de Virgen de la silla (la silla en la que se sentó al lado de Mariano, muy artista en sus convulsiones espasmódicas de herido salido de su madre).

Exuberante de gracia, la Trías, una sor superior a todas las torneras de *Don Juan Tenorio*.

Regino, creando verdaderamente su papel de conquistador por carambola.

Un gran éxito toda la representación, que fue una carcajada ininterrumpida del público, quien ante la facilidad lógica del desenlace, comprendió y aplaudió la idea culminante de la obra, idea que puede resumirse en dos líneas.

No hay alma más amante que la de una buena religiosa.

En la obra de anoche, eran religiosas.

Seis.

Mercado de mujeres. 1⁰ de junio de 1916[68]
de Mario Sorondo, música de Anckermann

Los primeros cuadros son de revista, el último de comedia.

Tres brujas emprenden una especie de trata de blancas y hacen desfilar ante los ojos del público toda una serie de bellezas femeninas cazadas con el espejo justo... del oro ofrecido. Entre ellas el espectador ha aplaudido americanas simpáticas, inglesas, aristócratas (en ruptura de blasón), una española torera a la que sacó partido Blanca Becerra, vestida deliciosamente y evolucionando y toreando como vistió, una mexicana seductora

---

[68]En el libro de Sorondo, aparecen fragmentos.

(Luz Gil) quien dobló el papel y se nos presentó como la más encantadora de las mulatas criollas que pisan una escena habanera. Y como grotesco contraste –y el no menos aplaudido– una reina de embeleso que con decir la interpretaba la Velasco, era su apoteosis. Sobola, elegante *club man* de la Alhambra hacía *pendant* a la admirable estampa de la herejía que es entre nosotros la Serenísima doña Inés Velasco.

Esta exhibición se completaba en lo que tiene de revista por un cuadro de *music hall*, donde la Sorg, la Forteza, Blanca Vázquez luchaban de irradiaciones voluptuosas con la luz eléctrica que las bañaba como deleitándose.

La parte de comedia comienza en los cuadros últimos con un lío de seducción. Circunstancias, uno de los empresarios del "mercado de mujeres", se ha robado a la sobrina de una tía y el primo de la sobrina venga la injuria con el brío de un castellano de la Edad Media. Poniendo al cuello de Circunstancias el cuchillo que lleva en la mano enorme como los antiguos puñales de Misericordia, le obliga a casarse con su víctima. Este papel de justiciero lo interpretaba Blanquita Becerra. Todo un fiero hombrecito, con en la cabeza una *tignasse de maí*s que se enrizaba a cada instante de horror y de cólera. [69] El talión casi salvaje que usó como ley contra el libidinoso violador de su prima, fue muy del agrado del público. El delicioso vengador de su honra, me inquietó un poco. Maneja el cuchillo como si hubiera hecho ya muchas muertes. La verdad es que si yo fuera amante de la joven y graciosa actriz, lo que es yo, me divorciaba. ¡Porzia! No fuera a sospechar en mí una infidelidad y aguijerearme el cuero. ¡El diablo son las actrices animadas del fuego del arte!

[69] Fregona de maíz.

Ella y la Gil fueron las más aplaudidas de una obra donde todas lo fueron.

El final de la obra nos sorprendió agradablemente por lo humano. Rosaura, la mulata, que se había reunido a su negrito, lo deja de súbito por el muchacho valiente interpretado por la Becerra. El negrito –nada heroico– es olvidado, como si no hubiera nunca existido.

La cosa es corriente y pasa a diario todos los días. *"Varium et mutabile semper... femina"*, decía en la antigüedad Virgilio.[70] Y en la Edad Media, el regio amante de la bella Duchesie d' Estrampes rayó estas palabras en el vidrio de Chambord.

¡Souvent femme varie![71]

La música es agradable y casi toda tejida de números de baile.

La obra, bien interpretada, fue aplaudidísima.

Las mulatas en el Polo. 10 de junio de 1916
de Federico Villoch, música de Anckermann

Cada obra de Federico Villoch es un boletín de triunfo, *Las mulatas en el Polo* no ha quebrado el apotegma. Al gran éxito alcanzado anoche por la fantástica creación del autor, hay que añadir del decorador escenógrafo, señor Gomís, digno heredero del inolvidable Arias, cuyos procedimientos sigue –y con aplausos del público. Anoche, antes las decoraciones "En el fondo del mar", "La caza del oso", y sobre todo ante "El deshielo" donde la decoración helada del Polo se cambia en un jardín de flores tropicales, lleno de luz y de perfumes, el público le hizo salir prodigándole los mismos aplausos que a los autores del libro y de

---

[70]Variable y mudable siempre es la mujer.
[71]¡Esa volubilidad de las mujeres!

la música –Villoch y Anckermann– llamados a escena al final de la obra.

El asunto de esta –bien repartido en los siete cuadros que traman la intriga–, es que ni el polo resiste el ardor criollo. Cierto es que este ardor estaba representado por la Gil, la Vázquez y la Sorg, fundidoras de témpanos llámense viejos en la vida o ventisqueros –en la naturaleza. La idea es ingeniosa y el Sr. Villoch –el Julio Verne de la Alhambra– la sacó a flote, a pulso, a lo largo de toda la revista.

La obra es toda de detalles y vale más por estos que por el asunto en sí mismo, que en otras manos hubiera caído en lo monótono.

Los sabios –mejor dicho los seudosabios– no salen bien parados en esta farsa cargada de grageas de dinamita... gozosa.

Un negrito chévere, que viaja en la expedición al Polo, organizada por Mr. Cameloff, se aprovecha de las circunstancias para seducir a la joven esposa del viejo sabio.

¡Ah, le saligot! [72]

La viste de esquimal, se viste él de lo mismo y ambos –¡qué salaos! se ponen a entonar ante el público el cucurucu boreal, que es en el fondo, una desviación excesiva del famoso ¡Hogotoho! ¡Herará! ¡Heiachá! que cantan los antropoides de La Walkyria. Es uno de los hallazgos más felices de la obra. La joven esposa era la Becerra, a quien debe agradecer mucho Villoch, las dos horas que la mujer pasó ahogada –y con el calor que hacía anoche– bajo una peluca de león que debía ser un horno y entre las pieles de focas que cubrían su delicado cuerpo. ¿Pero qué no se hace en aras del arte? Regino, inimitable en un papel hecho a su medida, y de donde ostentaba todas sus facultades cómicas que son inagotables.

[72] ¡Ah, el bastardo!

Bien acompañado por la Trías, notable en cuanto interpreta. Su Micaela fue una creación.

Acebal (como siempre) excelente. Y una de las cosas más aplaudidas, la conocida canción italiana cantada entre bastidores por un tenor de exquisita voz y exquisito fraseo –Carbonero– a quien el público hizo salir a escena a repetirla, entre aplausos que aún deben atronarle en los oídos.

En resumen: un estreno a todo aplauso para autor, compositor, *mise en scène* y actores.

El más ruidoso desde que la Alhambra transformada reabrió sus puertas.

Regino en el convento. 16 de junio de 1916

Yo estaba en Río cuando se estrenó. Por lo tanto, para mí, era nueva esa *reprise.* Y me alegro de haberla visto, porque me hallé con una obra que a su gracia enorme, une una verdadera idea psicológica: la de que no hay mejor convento para lo que a seguridad de una hija se refiere, que el hogar paterno. La verdadera superiora del claustro-lugar, es la madre, y a falta de esta, el padre, con todas las disciplinas morales que la esposa muerta lega al padre, vivo.

Esta verdad meridiana se prueba y se comprueba en los cuadros diversos que forman *Regino en el convento.*

No hablaré del argumento que teje la obra, porque la prensa ha hablado mucho de ella y además, todo el público de la Alhambra lo conoce bien, pues se ha hecho mucho. Solo diré que el mismo gran éxito de cuando el estreno, ha obtenido la *reprise.*

No sé cómo la representarían los que la estrenaron pues algunos papeles han cambiado de actores. Por ejemplo: el de la

Trías. La sucesora de la Obregón ha dibujado bien la cómica Abadesa de Regino en el convento. Es una actriz cada noche más notable.

Regino, admirable en su tipo de gallego y en su caricatura del monje de Brautonie. En estos últimos años nunca más aplaudido que anoche. *Quare causa* porque el público cada vez lo quiere más.

La Becerra, tan graciosamente discreta como siempre. El papel no es gran cosa. En ella resulta de primer orden.

La Gil, para comérsela de linda y sandunguera en sus mulatas que tan bien ejecuta.

Hasta la Velasco, anoche aplaudidísima. Hacía la portera del convento. Su cara de reina de los congrios, era todo un poema inenarrable de grotesquedad épica (sic).

La obra tiene poca música, pero excelente. Su mérito podría definirse en una sola frase: una obra original que parece inspirada en fuentes *vaudevillescas* francesas.

Los autores de *Mam'zell Nitouche* hubieran firmado, gozosos, el libro. Y esto nos parece —en cuanto a la gracia que por él chorrea— el mejor elogio.[73]

Postales de actualidad. 23 de junio de 1916
de Manuel de Mas, música de Jorge Anckermann

Postales de actualidad. Yo esperaba la actualidad política, que es la dominante hoy. Lo que desfiló en la cartulina de las escenas fue un haz-corto de postales de moralidad o inmoralidad criolla.

Un trabajo hábil, pero aproximativo— *va comme en vient*, donde pasan jugadoras de Garden Party muy graciosas (la Becerra, la Gil, la Forteza, la Sorg y la Sandoval) el eterno pagador de vidrios

---

[73] Opereta de Meilhac y Millaud con música de Hervé.

rotos –Liborio–, la ley del divorcio, aplaudida por el público, "la *carte postale* con su canción de la carne de caballo" (por la Vázquez y Acebal), el número repetido tres veces, vistas en el cine con una bailarina deliciosa –la Díaz– y la rumba final donde aparece como un *leitmotif* la canción de la carne de caballo, esta vez por la Becerra.

Lo que quiere decir que la música es superior al libro, lo que no es raro –o no debe serlo– en una zarzuela.

La interpretación, excelente.

1917-1924

Crónicas, anuncios y gacetillas de
Enrique Uhthoff, Antonio Ábalos, Oscar Ugarte,
Gerardo de Noyal y Gómez Navarro.

1917

La cortesana por Enrique Uhthoff[74]
de Mario Sorondo, música de Anckermann

Cinco mozas del partido y otros tantos mozalbetes banales, andan de rumba. Uno de esos paseos estúpidos, alegrados a fuerza de ginebra y ron: espirituales bebidas. En uno de los altos del camino, tropiezan con una infeliz vieja, hampona, borracha, sucia; un guiñapo del vicio.

Los alegres juerguistas se ríen de la vieja; las mujeres la motejan, los hombres la escarnecen, menos uno que, no obstante ser un atolondrado, susceptible es a la piedad.

La vieja agradece la acción y parla:

"Se ríen de mí –a las mujeres– ¡Infelices! Yo he sido más bonita que todas ustedes, y he visto a los hombres a mis pies; a los hombres, que me colmaron de riquezas y de lujo. Tras una vida fastuosa, aparentemente alegre, porque bajo el barniz de los placeres, corría siempre el veneno de la amargura, hecha de desengaños y de traiciones."

"Oigan ustedes mi historia, vean pasar el triste *film* de la existencia dorada de Pilar Lozana, aquella hetaira famosa, codiciada por faunos de frac y pollinos casquivanos o estudiantes románticos...

---

[74] Enrique Uhthoff (1885-1950). Periodista y escritor mexicano, conocido como Manito. Llega a Cuba como actor de la compañía de Fuentes y se queda por dos años como cronista de salones y colaborador de varias publicaciones. Alhambra era el teatro del regocijo, decía. Estrena *Vacaciones de Fradrique* en el Principal de la Comedia. Muere en México después de una larga estancia europea. Cf. Ichaso, Francisco. "Apuntes"... *Diario de la Marina*. 9 de julio de 1950. Villoch, Federico. "Manito". Viejas postales... *Diario de la Marina*. 1º de octubre de 1950.

"Oigan ustedes".

Estas o semejantes palabras expresan los labios resecos de alcohol; se hace una mutación y comienza a desfilar ante los espectadores el proceso siempre repetido y doloroso siempre, de la caída de una mujer desde la seducción canallesca hasta el último escarnio; hasta el marchitar de la belleza, con su secuela de abandono, hospital y miseria.

Tal es a grandes rasgos el pensamiento capital de *La cortesana*, zarzuela de Mario Sorondo y Jorge Anckermann, estrenada anoche en Alhambra.

Un argumento que no carece de arte es el de *La cortesana* y hasta con su miaja de tendencia moralizadora, al exponer el triste fin a que llegan las mujeres que ciegan sus ojos –pobres mariposillas– en la cruzada del vicio.

En la cortesana vale mucho el argumento y por otra parte Sorondo se nos revela como autor no carente de gracia y hábil conocedor de la técnica teatral.

El gato negro. 15 de marzo de 1917
de Mario Sorondo

Los artistas todos se esmeraron en la interpretación de *El gato negro* sobresaliendo Gustavo Robreño, que hizo la imitación del genial humorista Rafael Arcos; la Trías, que parodió graciosamente a la Tórtola de Valencia; la Gil, que hizo una Cachita deliciosa, la Vázquez, la Sorg, Mariano, del Campo y el siempre ocurrente Acebal.

El número del balón agradó mucho. Las tiples del Alhambra jugaron a la pelota con el público y a este le agradó mucho el juego pues rió y aplaudió de lo lo lindo.

Muy bien bailado el *cake walk* por la Sra. Enedina y el profesor Durango. Por su modestia y excelente disposición para todo, merece la protección de los autores. Ya hemos tenido oportunidad de aplaudirla varias veces.

El gato negro durará en el cartel de Alhambra. Es seguro hoy otro lleno durante la tarde en que se lleve a escena.[75]

***Papaíto.* 21 de agosto de 1917** por El del Grillé[76]
de Federico Villoch, música de Anckermann, decoraciones de Pepe Gomís

Una de las noches típicas de Alhambra. La galería semejando uno de esos telones que los escenógrafos pintan para el dúo de *La africana* en los que no se ven más que las cabezas; cientos de cabezas simétricamente colocadas que apenas si dan otra señal de vida que brillo de los ojos encandilados y fijos en la escena. De cuando en cuando rompe esa monotonía algún espectador rezagado que trepa aquella muralla humana, buscando un puesto. ¡Hasta en la galería de Alhambra hay trepadores! En el patio de lunetas todas las categorías sociales del género masculino, tienen su representación. ¡Cuántas caras conocidas y cuántos rostros severos esperan gravemente el comienzo del espectáculo! Entre siseos y dicharachos, la orquesta preludia un danzón y la tela del proscenio se alza...

La obra

Se trata de un sainete lírico de Villoch, el fecundo, el incansable Villoch, con música del maestro Anckermann. Villoch nos ofrece el segundo fruto literario de su nueva orientación,

---
[75]Tomadas del libro *Mis treinta años*, de Mario Sorondo y cotejadas con la gacetilla de *La Lucha* de la misma fecha.
[76]El del Grillé. *La Lucha.*

mezcla singular de crudo realismo y románticos anhelos. La obra lleva por título *Papaíto,* mote que el mundo del pecado ha puesto al protagonista, rico solterón que gasta las rentas de su cuantiosa fortuna en los despilfarros domésticos de un sirviente sisón, las celestinas y demás vividores de mundo galante. Veamos cómo se desenvuelve la obra.

La escena representa un elegante comedor, en primer término; y en segundo y tercero, el *hall* y otros salones de la casa de don Fernando, Papaíto. Las decoraciones nos dan el primer acierto de la noche que corresponde a Pepito Gomís. El sirviente, Bartolo (Acebal) se dispone a arreglar el almuerzo. El dueño del restaurant, Toribio lee la lista de la comida. Don Fernando se contenta con un par de huevos y flan. Sin embargo, Bartolo nos da las primeras muestras de su picardía, encargando de seis a diez raciones de cada plato. A fin de mes, el fondista y él reparten al serrucho las demasías de la cuenta. Igual ocurre con el sastre y el peletero, que vienen a presentar sus comprobantes. El avispado negrito tiene uno de sus más seguros ingresos en el papel de interventor que hace en el abono de las cuentas. Por la lectura de ellas, nos enteramos de la clase de vida que hace don Fernando. Con una tarjeta suya, basta para que se provean de lo más necesario celestinas «horizontales» y sus apéndices. Después de los detallistas, hacen su aparición dos tipos interesantes. Emerenciana, la alcahueta vulgar, escandalosa, que solo le falta ponerse a pregonar su mercancía en las esquinas y Laura, dama encopetada entrada en años, lo que vulgarmente se llama un «jamón», aunadora de voluntades pero por el terrible lado del matrimonio. Opera singularmente con mercancía averiada. En ponerlas a flote, cifra sus mejores éxitos. La escena entre las dos celestinas, a nuestro juicio, la mejor de la obra, es edificante gracias a las verdades que allí salen a relucir. Emerenciana viene a ofrecer una novicia; Laura, a trabajar el codiciado partido de don Fernando, para cierta empingorotada señorita. Don Fernando (Regino) llega oportunamente para poner paz entre los contendientes. El almuerzo está dispuesto en la mesa. Bartolo se resguarda en la suposición de que las celestinas almorzarán también. Emerenciana le habla a don Fernando de las cualidades de su nueva pupila. Al oír que es hija de una sagüera, el solterón recuerda la única aventura de su vida, en la que puso un pedazo de su corazón. La víctima era de Sagua; de allí había desaparecido con una hija fruto del desliz. Después, ha sabido que unida a unos titiriteros, ambos corrían por el mundo... La alcahueta balbucea el nombre de la niña, Rosalía. Rosalía ¿qué? dice don Fernando. Rosalía la Calle. El solterón pierde la cabeza; quiere volar al burdel donde la última espera el resultado de los manejos de la celestina. Quiere arrancársela a un perdido que la ronda. Precipitadamente sale de su casa con Emerenciana. Mientras tanto, Bartolo nos descubre el secreto del menú pródigo. Llama a Eleuteria, una mulatica, para que su madrina la Conga y Anastasio, un gallego que funge de «padrino postizo» disfruten del suculento almuerzo. Bartolo, que ha sido testigo de los remordimientos de don Fernando, idea un plan que expone a sus comensales y que estos aceptan en firme. Se trata de hacer pasar por hija de don Fernando a Eleuteria. El solterón, llega preocupado por la aparición de su verdadera hija y por quitárselos de arriba les da albergue, mientras se comprueba la veracidad de los datos que ofrece el gallego Anastasio, datos apoyados en un garrote de a metro.

Un grupo de fáciles muchachas y sus inevitables acompañantes, hacen irrupción entre la mayor algazara. Vienen a presenciar la entrada de la nueva víctima, cuya presencia anuncia

Emerenciana. Rosalía (Hortensia Valerón) aparece. Toda esta escena la compone un número de música inspirado y efectista. Mielecitas (Sarzo) el rufián que ronda a niña, se presenta de improviso. Viene por su presa, amparado por Laura, que ve en él un eficaz auxiliar de sus planes. Con la sorpresa de todos, don Fernando declara que Rosalía se quedará en la casa, bajo su protección y arroja a Mielecitas a cajas destempladas.

El segundo cuadro, es un telón corto. Un trozo de la calle de Cuarteles, Bartolo y Anastasio comentan la nueva situación. El tiempo va corriendo y don Fernando vive solo preocupado de la suerte de Rosalía. Anastasio confiesa que ha hecho alianza con Mielecitas para que este logre salirse con la suya. Para ello, se ha provisto de partidas de nacimiento por orden alfabético de todas las hijas de pardas y padre desconocido que vieron la luz en los pueblos donde él supone que ha estado don Fernando. Mielecitas en compañía de Laura nos hace saber que diariamente recibe cartas de Rosalía, en las que dice mantiene vivo su cariño, pidiéndole al propio tiempo que se regenere. Él se siente desconocido.

Ha abandonado su accidentada vida: trabaja en su oficio de platero. Vive solo pensando en los medios de hacer suya a Rosalía. Laura le ayudará. Dispone del dinero de una joven rica que necesita casarse. O don Fernando o Mielecitas; poco le importa, alguno caerá. Don Fernando y Rosalía atraviesan la calle; aquél, de intento, deja caer una carta que Mielecitas recoge. Es de Rosalía. Le anuncia que aquella noche es la señalada por don Fernando para consumar el sacrificio, le pide que la redima. Que acuda a la casa para evitarlo. Mielecitas se promete ir. La arrancará de los torpes brazos del solterón. Una comparsa hace huir a la pareja. Los congos carnavalescos entonan el canto africano y el desenfrenado tango pone a la muchedumbre en vilo. Cuatro veces tiene que salir la comparsa a satisfacer los deseos de repeticiones del público.

En el último cuadro vuelve a aparecer el comedor de la casa de don Fernando. Don Atilano, un preceptor anticuado, se entretiene en traspasar sus conocimientos a Eleuteria y a Rosalía. La mulatica, más que las áridas lecciones de solfeo, prefiere las coplas populares. Un bonito número entona Amalia Sorg, pleno de lascivia y picardía. Don Fernando acaba con la escena y dispone que cada mochuelo vaya a su olivo, menos Rosalía, a quien hace esperar en una habitación cercana el resultado de su entrevista con Mielecitas. Este llega en el paroxismo de su rabia. Don Fernando lo descubre todo. Las cartas son obra suya. Él es el padre de Rosalía y quiere poner término a todo aquello casándolos, si es que se quieren. Una escena cómica de crudo realismo de la que son protagonistas Eleuteria y Bartolo, pone fin a la obra. El público pasó por todas las alternativas. Se emocionó en las escenas patéticas y rió con ganas los mil incidentes cómicos. Villoch, Anckermann y Gomís fueron llamados a escena.

La interpretación excelente. La compañía de Alhambra se ha adaptado a las exigencias de la nueva orientación con acierto. Todos, maravillosamente caracterizados: Regino, la Trías, Mary, Amalia Sorg, la Renée, la Valerón y del Campo. Bas y Sarzo con sus papeles habituales.

El misterio de un fotingo. 31 de agosto de 1917
de Pepe del Campo-Anckermann

Una vez más ambos autores han puesto de manifiesto, primero, su gracia y experiencia teatral para acumular chistes, preparar nuevas situaciones cómicas y el segundo, su talento para componer música criollísima e inspirada.

Esta obra figurará largo tiempo en el cartel de Alhambra y dará honra y provecho a sus autores y empresa. En la interpretación se distinguieron Pepe del Campo, Acebal, Pancho Bas, Sarzo y Robreño, como siempre encantaron al público con su gracia picaresca, Eloísa Trías, la genial característica, Amalia Sorg, la cada vez más estudiosa actriz cómica, Blanquita Sánchez también muy discreta y la argentina Consuelo Castillo, la artista de siempre. Se repitieron varios números de la obra siendo de un gran efecto la habanera que cantan Amalia Sorg y Blanquita Sánchez.

Creemos que este "fotingo" es para muchas carreras.

Bohemia criolla. **21 de septiembre de 1918**
de Pepe del Campo-Anckermann

Anoche, ante un lleno desbordante, se estrenó la zarzuela de Pepe del Campo y Anckermann titulada *Bohemia criolla*. La obra desde las primeras escenas entró de lleno en el público y tanto en el libro como los números de música, que son varios, cada cual más bonito, fueron aplaudidos a rabiar por la concurrencia. De los intérpretes se distinguieron todos. La Sra. Navas que se encargó del papel de Torpedo en lugar de Luz Gil, pues estaba enferma, hizo una creación en este papel. Está insustituible, Amalia Sorg, muy bien. De ellos, Pepe del Campo cantando como en sus mejores tiempos. Acebal, Mariano y Sarzo, colosales. Hay obra para rato.

La señorita Maupin. 31 de octubre de 1918
de Villoch-Anckermann

No puede pedirse nada más fino y elegante en clase de opereta: libro amenísimo, música inspirada, bellísimas decoraciones y rico vestuario. Basándose en la idea principal de la famosa novela de Teófilo Gautier, *La señorita Maupin,* el señor Villoch ha creado casi todos los personajes del libreto para buscar entretenidas situaciones cómicas que han sido reídas por el numeroso público de Alhambra.

Anckermann, escribiendo música delicada, ha sabido adaptarse al ambiente del libro y el aplaudido escenógrafo, señor Gomís, ha conquistado con cuatro bellísimas decoraciones uno de los más ruidosos triunfos como escenógrafo.

Puede decirse que *La señorita Maupin* constituye hoy la actualidad teatral habanera por su rica presentación y el interés y la comicidad de la obra. Alhambra camina de triunfo en triunfo en la renovación de su género.

En la interpretación alcanzaron triunfos los principales artistas de la compañía: Amalia Sorg, la protagonista, demostró las innegables condiciones que posee, belleza, elegancia y gracia picaresca. Cada día, bajo la acertada dirección, se le ve marchar con mayor acierto y firmeza y ya es hoy una de las predilectas del concurrido teatro.

Luz Gil, elegantísima y muy segura y atinada en su interesante papel de Rosita, también adelanta y triunfa y va camino de ser una buena tiple de opereta. Escuchó muchos aplausos.

Acebal, muy cómico en su papel de negrito chismoso que todo lo sabe y lo cuenta, y Pepe del Campo, muy discreto en su Alberto, el principal papel de la obra pudiera decirse. Es un actor que la empresa quiere y distingue por su acertada labor y el empeño que pone en su trabajo.

Regino López, un maestro en su cómico papel de viejo Carcamal y Eloísa Trías, la Castillo, Blanquita Sánchez, Robreño, Garro y Pancho Bas muy aplaudidos en los suyos.

Nuestra impresión es que *La señorita Maupin* lleva camino de alcanzar el mismo gran éxito de *Papaíto*. Un aplauso para el Sr. Díaz por un rico y elegante vestuario y nuestra enhorabuena a López y Villoch.

Las chancleteras. 8 de diciembre de 1918
de Armando Bronca (Cacharrito)[77]

El sainete barriotero está visto y probado es lo que más gusta a los asiduos del verde coliseo de Regino López.

El negrito bullanguero y guapetón, el dulce asturiano, eterno aspirante al amor de la mulata, el lindo de café con leche, el bobo sinvergüenza, el gallego verraco, la vieja chismosa y enredadora, y la mulata jaquetona de ademanes exagerados, son los tipos usados en el sainete porque ellos son los que viven la vida del solar. Son siete únicos tipos que el autor tiene que barajar alrededor del asunto y sacarle el mayor partido posible.

Luz Gil, la jacarandosa tiple a quien un autor llamó encarnación genuina de la sabrosura criolla, ha sido la única actriz del género bufo que ha sabido interpretar admirablemente ese tipo tan conocido de mulata zafia y escandalosa, constante visita de los juzgados correccionales, que con sus chanclas de cuero de venado puesta en la punta de los pies y su chal terciado, se para con aire

---

[77]Aparecida en *El Imparcial.* s/firma, cuya sección Teatros está a cargo de Tomás Juliá.

napoleónico frente a la puerta de la casa de Lloviznita, dispuesta a dar la función con todas sus consecuencias, si su querer que se encuentra en el interior, bailando sabrosamente, no se dispone a seguirla inmediatamente.

Las chancleteras, sainete de Armando Bronca, con música de Anckermann, estrenado anoche con buena aceptación en el teatro Alhambra, es un desfile de tipos ya nombrados, llevados a la escena admirablemente por el autor de la obra.

Aunque el asunto tratado es muy conocido, el diálogo está escrito con gracia y el libro abunda en situaciones cómicas.

La música, netamente criolla, celebradísima, teniéndose que repetir todos los números a petición repetida del público.

Blanquita Becerra, que interpretó el papel escrito especialmente para Luz Gil, supo salir airosa, escuchando aplausos y teniendo que bisar el son en el cual cantó y bailó admirablemente.[78]

Eloísa Trías, como siempre, hizo gala de su vis cómica sin par.

Blanquita Sánchez y Consuelo Castillo muy ajustadas.

Los héroes fueron Acebal, Pancho Bas, Mariano y Del Campo, los que hicieron cosas suyas y no suyas, manteniendo al público en un reñir constante.

Muy bien Pepe Serna, supo sacarle partido a su pequeño papel.

---

[78] La Gil está en México con *Las mulatas del día* de Mas y López, música de Anckermann. El periódico *La voz de la Revolución* de Mérida escribe sobre su "belleza, voluptuosidad y vibración corporal máxima". Se publican notas muy elogiosas sobre Luz, "maga del género criollo". El 14, Juliá, a cargo de la sección teatral de *El Imparcial*, dice que su «ataché halambrino» ha venido a dar cuenta de los triunfos de Luz en el extranjero por su amor platónico por ella gracias al cual algún día anunciará que la veremos en ¡la ópera de Silingardi o de Salvati! No he podido precisar quién es el enviado. Halambrino, de halar por Alhambra ¿es una errata y debió decir alhambrino?

Los coros afinados y a tiempo. Nos llamó la atención.

Cacharrito debe estar satisfecho de su triunfo anoche. Hay Chancleteras para rato.

Ponchinyurria en New York. 29 de octubre de 1919
de Federico Villoch-Anckermann

Una bonita obra en la que una vez más han alcanzado elogios y aplausos sus autores: Villoch del libro, Anckermann de la música y Pepito Gomís del decorado. Se trata de dos familias cursi que están de veraneo a la vertiginosa ciudad norteamericana y allí pasan la mar de entretenidas y cómicas aventuras, dando ellas motivo para que el libretista haga ostentación de su vena cómica y los actores muestren su gracia única, otros de su *esprit* y todos las simpatías de que gozan en el numeroso público que acude al regocijado teatro de la calle de Consulado.

Obtuvieron abundantes y ruidosos aplausos Luz Gil, una preciosísima criolla; Blanca Becerra, una comiquísima barriotera metida a elegante niuyorkina dentro de una estrecha falda que la obliga a caminar como los gorriones del Prado; Amalia Sorg, una elegantísima y bella profesora de baile que haría danzar de coronilla al santo más severo y pudibundo; Consuelo Castillo y Eloísa Trías poniendo de relieve una vez más su talento artístico en el desempeño de sus cómicos y difíciles papeles y todas en fin, Blanca Sánchez, la Valerón, la Candita[79] y el coro de señoras. En el elemento masculino se distinguieron como siempre Regino López,

---

[79] ¿Quién es *la* Candita? Respiraría si fuese la Quintana, pues aunque no lo se lo pregunté, daba por sentado que si actuó con todos los negritos y gallegos del género cubano, como me dijo, pisó alguna vez Alhambra. "Yo soy una artista silvestre." Con sesenta y tres años en 1970, –como me dijo– nace en 1907 y sería casi una niña en el coro.

Pancho Bas, Acebal, el inimitable negrito Pepe del Campo, muy sobrio y correcto en su papel de suboficial del ejército revolucionario americano y muy aplaudido en la brillante e inspirada relación en verso que hace de su vida de soldado. Todos desempeñaron sus papeles a conciencia.

Las cinco decoraciones que ha pintado Gomís, son de lo mejor que ha pintado su rica paleta y así se lo demostró el público, llamándolo otras tantas veces a escena para prodigarle ruidosas ovaciones en unión de Villoch y Anckermann.

Resultó de un gran efecto escénico la alarma de incendio en un hotel, con la que termina el primer cuadro. Muy hermosa y de una perspectiva admirable, la Plaza del *Times*, con todos sus focos eléctricos encendidos; de una bella y agradable visualidad, la sala del cabaret Palais Royal que parece ocupar el escenario doble al del Teatro Nacional, la del Aquarium también es muy bella y de gran efecto, así como la de la cubierta del vapor México en el que regresa a sus patrios lares la familia de Pochinyurria.

El libro de Villoch está sembrado de chistes de buena ley y de situaciones cómicas de gran efecto. Muy inspirada la relación en verso que dijo Pepe del Campo y que el público premió con sus aplausos.

El maestro Anckermann, además de escribir varios números de música originales y muy bellos, acomodó al gusto criollo otros tantos de música americana muy bonitos, tales como el de las Mariposas de Brodonay y el de los chinos del cabaré. La obra ha sido vestida con gran lujo.

Felicitamos a la empresa López-Villoch por el triunfo de anoche.

Ponchinyurria en New York constituye la actualidad teatral habanera.

Teatros. 22 de agosto de 1920
por Gerardo de Noyal[80]

La temporada de Regino en el Payret como ya es costumbre inveterada, se desarrolla sin contratiempo alguno y con éxito muy halagüeño.

La compañía nos presenta en el rojo coliseo lo mejor de su repertorio, haciéndose aplaudir con entusiasmo. *La alegría de la vida* proporciona a las huestes que capitanea el popular Regino, lisonjero éxito, sobresaliendo mayormente Luz Gil, Blanquita Becerra, Eloísa Trías, Regino, Robreño, Acebal y el simpático actor y director de la compañía, Pepe del Campo, a quien el público aplaudió en las principales escenas de las obras. Próximamente estrenarán *El encanto de las damas*, gran éxito de Villoch-Anckermann en Alhambra.

Debajo de la foto de Acebal, este pie de grabado: "el artista más popular de La Habana. Dondequiera que va Acebal va el público tras de él". Debajo de las de Villoch y Regino, "talentoso escritor y magnífico autor teatral del género criollo; Regino, primer actor y director de la compañía que lleva su nombre".

En la *Bohemia* siguiente del 29 de agosto, en la misma sección, se manifiesta que en *El encanto de las dama*s sobresalen Eloísa Trías, en la Vendedora de muñecas de trapo; Sergio Acebal, en el negrito de yeso, Alicia Rico, Regino López, Luz Gil, Gustavo Robreño, Pancho Bas y Consuelo Castillo.

---

[80]Noyal es el encargado de la sección Teatros de *Bohemia*. 22 de agosto de 1920. p. 14.

28 de julio de 1921[81]

Con un lleno rebosante, comenzó la temporada actual. Santos y Artigas pueden estar satisfechos de su cartel. El público habanero concurrió al coliseo rojo como en los memorables miércoles instituidos por los empresarios cubanos: lo más granado de muestra sociedad ocupaba palcos y lunetas. Las huestes de Villoch cumplieron como siempre. *El teléfono submarino*, la preciosa revista, resultó completamente nueva. Villoch es un prodigioso mago para convertir sus producciones manteniendo siempre la actualidad.

Al hablar de la compañía de Regino es difícil señalar distinciones, no obstante merece señalarse en *Arreglando el mundo* la labor de Blanquita Becerra, Luz Gil y Sergio Acebal en la escena del cabaret.[82] Los *couplets* de *Flor de The* cantados por una Mayendía de cutis de ébano, creación de Blanca Becerra.

Locuras del siglo. 28 de julio de 1921[83]
de Pepe del Campo

Es una obra bien escrita de fino y delicado corte. El desarrollo de las escenas se desenvuelve fácilmente con diálogos graciosos llenos de ingenio. Los cuadros son los que siguen: El doctor Camelo, la ley seca, antesala de la locura, locos de remate, el invento prodigioso, laboratorio y apoteosis del amor.

La música es alarde de buen gusto del maestro Anckermann, mereciendo citarse especialmente el *potpourrí* de las bebidas en el

---

[81]Tomadas de *La Lucha*.
[82]Estrenada el 23 de marzo de 1921.
[83]Tomadas de *La Lucha*. Información Teatral en las fechas indicadas hasta que no se cite otra fuente.

cuadro de la ley seca, la mazurca que sirve de presentación a los metales en el cuadro del laboratorio y el número que canta Crisálida, la mujer ideal, que llega a la vida pletórica de alegría y amor, terminando en coro de rosas en tiempo de vals.

La parte fantástica de la obra está ingeniosamente desarrollada.

Todos los actores de Regino se distinguieron en la interpretación. Pepe del Campo puede estar ufano del éxito alcanzado como autor y director.

Las enseñanzas de Liborio. 1º de agosto de 1921
de Pepe del Campo

Bella revista de Pepe del Campo, uno de los éxitos de Alhambra, nunca representada en Payret. Netamente cubana con muchos números de música criolla del maestro Anckermann. La amenaza del cometa, cuya estela recuerda la intervención, es desvanecida por el poderoso que trae una estela que reza "patriotismo". Un desfile de muchachas bonitas y lucidos trajes. Una bella música y una franca comicidad. Último día de Regino en el Payret.

5 de agosto de 1921. *Montada en flan, La trancada del gallego* y el debut de Adolfo Otero. *Tira, si vas a tirar,* de Armando Bronca, en la tercera tanda.

14 de septiembre de 1921. Beneficio a Pepe del Campo con la reprise de *Se acabó la choricera* y el estreno de *La mulata Tomasa* de Guillermo Anckermann, música de su hermano Jorge. Y de Pepe del Campo con música de Anckermann, *Los cubanos en Marruecos.*

7 de mayo de 1922. Si Regino López ofrece una temporada a las familias de la Habana para que conozca las últimas obras estrenadas por su compañía, tiene asegurado el éxito más satisfactorio. Más de seis nuevas figuran en el repertorio y todas ellas aplaudidas frenéticamente por los que han tenido la oportunidad de verlas en el teatrico de la calle Consulado. *Cristóbal Colón gallego*, *La verdad desnuda* y *El otro yo*, están llamadas a triunfar ruidosamente si Regino se decide a complacer a cuantos están ansiosos por reír con la Trías, Acebal, Robreño, Pancho Bas, Otero, Pepe del Campo, Consuelo Castillo y la escultural Amalia Sorg. El 13 de mayo en Payret se anuncia *Delirio de automóvil* y *Cristóbal Colón gallego* de Gustavo Robreño. Anuncian *Los misterios de La Habana*, obra policiaca de Federico Villoch, el *clou* de la temporada. Fernando Anckermann dirige la orquesta de la compañía de Regino.[84]

28 de mayo de 1922. *Bohemia* teatros. p. 13.

Regino con su compañía en Payret ha obtenido éxito con el estreno de *Los misterios de La Habana*. Aparte de la crítica intencionada que hay en su argumento, tiene situaciones cómicas deliciosas, destacándose en ellas el detective negro y el policía gallego. Además, el público no se cansa de admirar la maravillosa labor de Pepito Gomís. En Payret, habrá misterios para rato.

1923.
***La risa loca.* 2 de noviembre de 1923**
de Mas y López
El acontecimiento teatral del año será el estreno de la fantasía lírica-bailable de gran espectáculo titulada *La risa loca* de los

[84]Gerardo de Noyal. *Bohemia*. 7 de mayo de 1922. p. 11.

celebrados Mas y López. El inspirado Jorge Anckermann ha compuesto para esta obra una partitura bellísima, plena de bailables dislocantes que han de gustar extraordinariamente.

Estrellita Mexicana, la subyugante *divette* reginesca, tiene a su cargo la protagonista de la obra. También tienen papeles la «soberana parda» Margot Rodríguez, la escultural Amalia Sorg, Ofelia Rivas, Celia Fernández y todo el elemento masculino de la compañía.

El éxito de la compañía de Regino López en el Payret.[85]
por Gómez Navarro

Cinco decoraciones pintadas por el joven y notable escenógrafo Nono Noriega para *El empréstito* de Villoch y Anckermann, estrenada en días pasados en el Teatro Payret. Según el cronista se han destacado mucho Pancho Bas y Arnaldo Sevilla. ¿No le teme a la popularidad de ellos? pregunta el periodista a Regino.

-No, la popularidad mía, la de mi compañía, la del género de Alhambra, la del teatro de la calle Consulado, no es más que el producto de una suma de popularidades que yo soy el primero en estimular y ayudar a crearlas. Todos mis artistas son populares y en mi dirección, en mi conducta particular y en mis esfuerzos han visto siempre facilidades para el desarrollo de su arte y para la conquista de su público. Prueba de ellos es que la celebridad no ha sido sólo para Villoch o para mí. En Alhambra se hicieron famosos muchísimos artistas, algunos desaparecidos ya, desgraciadamente, y otros, ahora son favoritos del público:

[85] Gómez Navarro. *Bohemia* 28 de enero de 1923. "El éxito de la compañía de Regino López en el Payret". ob. cit. Decoraciones de Nono Noriega para *El empréstito,* caricatura de Anckermann. Foto de Villalón.

Robreño, la Becerra, la Trías, la Sorg, la Rodríguez, Bas, Mariano Fernández, Otero, Julito Díaz, Acebal, Pepe del Campo...[86]

Homenaje a Regino. 14 de diciembre de 1923

Esta noche a las ocho y media se celebrará en el Payret el festival de arte cubano que en honor a Regino han organizado los artistas cubanos como un tributo de cariño y admiración al popular actor por su constante labor como actor, director y empresario. Los artistas entregarán a Regino una medalla de honor por sus treinta años de labor en favor de la evolución del género criollo. El programa lo integran *La isla de las cotorras* y la reposición de *Delirio de automóvil*.

Se presenta un dueto de Luz Gil y Pous, con graciosas alusiones al festival, titulado *No me detengas mulata, que voy a ver a Regino*. Paquita Escribano cantará sus mejores *couplets* y estrenará una guajira original de Anckermann dedicada a Regino. Arquímedes Pous le impondrá la medalla de honor. En este acto pronunciará una breve alocución Gustavo Robreño y el ingenioso redactor de "Casos y cosas", el popular Acebal, recitará una composición original. Termina con un discurso de Regino.

La revista sin hilos. 18 de febrero de 1924

La revista sin hilos, sin duda alguna, es la mejor de las revistas del Alhambra. En ninguna de las anteriores, los empresarios López y Villoch han gastado tanto dinero para el montaje. Valen una fortuna el decorado y el vestuario. Verdad es que la obra lo

---

[86]La obra se estrena durante la primera Guerra Mundial y en ella se presenta el naufragio de un barco. Germinal Galaor en "Recuerdos de Alhambra" en la muerte de Villoch. *Bohemia*. 21 de noviembre de 1954. pp. 66-68, sup.10, 76.

vale, ya que en ella se suceden los cuadros plenos de luz, gracia y movilidad.

La revista sin hilos consta de diez cuadros. El segundo, es una maravillosa alegoría del amanecer de La Habana. Con las del alba se va despertando la ciudad. De la lejanía llegan canciones y suaves rumores. Las campanas repican ruidosamente, como en un desperezo glorioso y musical. Los noctámbulos pasan por graciosas incidencias y alguna que otra mujer soñadora, harta de vivir placeres y amores, levanta su canto al cielo anegada en el gozo de un santo arrepentimiento. Se hace una mutación y aparecen grandes campanas de oro sobre las que tajan el encanto de sus danzas, preciosas mujeres desnudas. Sale el sol y se hace la alegría en un colosal concierto de cantos, música, rumores y campanadas.

Otros cuadros son de una gran novedad y de un colorido y animación extraordinarios.

El del domador de tigresas (Acebal) tiene la gracia por arrobas. El domador, curtido por los peligros, ha logrado reducir a la obediencia a siete tigresas (las viceniples), más fieras, según Acebal que las panteras de las selvas vírgenes. El de las garzonas por su *sprit* llama poderosamente la atención del público: el grupo de los cabarés, es también de gran visualidad y la apoteosis es vistosísima y muy novedosa. Se titula, la escalera de la luz. [...]

Por cortarse la melena
de Miguel de Luis y Federico Villoch. 12 de marzo de 1924

La obra es el tipo clásico del sainete criollo, pleno de gracia en la distribución escénica, el movimiento de los personajes, en los incidentes surgidos de la trama y en el léxico genuinamente popular empleado por los personajes. Y además de todo eso, por lo perfectamente observados que están los tipos que intervienen en la acción.

Federico Villoch y Miguel de Luis, son ante todo, grandes saineteros. Los más grandes triunfos de estos grandes escritores en la escena, los deben a sus sainetes inconfundibles, cuadros primorosos arrancados a nuestro ambiente, pleno de color local, dialogados con ingenio y soltura inimitable y planeados con un gran conocimiento de las costumbres, los giros del lenguaje u las modalidades del alma criolla. Así, no tiene nada de extraño que, sobre asunto, aún pintoresco de por sí y que se presta al comentario sabrosísimo, hayan compuesto una obra en la que la intención satírica campea sin molestar en lo más mínimo las tendencias de algunas damas chochas y ridículas que desean ocultar su decaimiento físico con un recorte más o menos artístico de su pelo ya canoso y poco espeso. [...] La música, del maestro Anckermann, fue celebradísima. Es tan criolla como criollos son los tipos y las escenas del sainete. Sirve la partitura, de manera brillante, a las exigencias del libro. Fueron objeto de grandes aplausos y algunos de los honores del bis.

25 de junio de 1924

La noticia de la breve temporada de la Compañía [...] ha causado excelente impresión en el público, que espera con impaciencia el 5 de julio. Está destinada exclusivamente a glosar la actualidad, los temas favoritos del día. *La garzona* y el intrincado asunto de las melenitas.[87] Villoch, que siempre ha sabido conquistar la popularidad para sus tipos, fue el que puso en boga

---

[87]*La garzona* se estrenó el 6 de junio de 1924, en medio de la polémica por la película basada en la novela de Víctor Margueritte. Luis Gómez Vangüemert rompe lanzas por esta en *Carteles* 7 1923 pp. 16, 60.

entre nosotros el extraño tipo creado por Víctor Margueritte y que tanta sensación causó en París... condenándolo a no vivir en nuestro ambiente por hostil a la moral y a nuestro temperamento. A esta campaña regocijante de Villoch debió la película su auge. Villoch ha añadido una nueva escena, a causa del interés demostrado por el público. En cuanto a las melenitas, " hizo una gallarda defensa de esta conquista de la mujer de nuestros tiempos"[...]

1924-1926: Conde Kostia

El cañón Ordóñez. junio-julio de 1924[88]
de Sergio Acebal

Temo comenzar este artículo porque sospecho que la compañera del popular autor-actor rastree en estas líneas algo que fuera a desagradarla. Debía abstenerme, pues ya en sus "Casos y cosas", a propósito de un artículo bien inocente, me llamó al orden en nombre de su paz hogareña –no pongan: ocarina–, que yo, parece, había inquietado algo.[89]

No me contrarió mucho la observación del chispeante amigo y esposo alarmado con mi escrito, porque mi conciencia no me reprochaba nada. La índole excesivamente bufonada del semanario en que salió el artículo, la manera cómo estaba dicha la frase y el ignorar la graciosa artista de quien se hablaba, que tal afirmación iba a salir, explicaban mal la observación que carecía de toda importancia. Comprendí en seguida que la buena esposa de Sergio creía a pies juntillas –lindos pies, seguro– todo lo que se imprime en letra de molde, sea real o absurdo, en este caso absurdo.

Como mi intento no es dar quebraderos de cabeza, me prometí ser más cauto tratándose de Acebal. Y esa cautela brillará meridianamente en este artículo que haré corto para que no se me desboque el caballito en que monto mis crónicas.

---

[88]Incluida por Acebal en el capítulo XXII de su libro *Mis memorias*, pp. 101-104, no pertenece a *La Lucha*, sino a la sección El Retablo del Diario ¿cuál? Indeterminada la fecha de su estreno, ¿el 7 de julio de 1924? en el Martí de acuerdo a una gacetilla de *La Lucha* que adelanta que la obra es como *La chulapa*, una incursión en las costumbres asturianas. Pudo referirse al cañón Ordóñez que disparó al crucero Montgomery por última vez el 13 de junio de 1898 durante la Guerra hispano cubana norteamericana.
[89]Sección de Acebal en el *Diario de la Marina*.

Y hablo de Acebal hoy porque hoy es la actualidad artística. No encuentro a nadie que no me diga: "¡no dice usted nada de Acebal!" El día 9 o 19 estrena, el más fecundo de los escritores ligeros, una obra en el Martí: *El cañón de Ordóñez*. Y repitiendo frases de *La Noche* me grita otro desde lejos: Va a tronar el cañón. (Comprendí que era el de Ordóñez. No digo: el de Acebal para que no me arme otra bulla la familia).

Para librarme de esa obsesión y para complacer a sus numerosos partidarios, tanto en la Alhambra como en Payret, como en Martí, como en el *Diario*... escribo estas líneas anunciando el próximo estreno, del cual no sé más que lo que leo en los programas y lo que me dicen los muy pocos que conocen el libreto.

Se afirma, lo que creo, que es para desmayarse de la risa y que cada frase resulta una percha de donde colgará un aplauso. Quien conoce los trabajos de Acebal no dudará un momento de esa afirmación. Sergio Acebal se emborracha de *quid pro quos* y de *boutades* y de cómicos localismos, como otros se embriagan de vino. Robreño hace reír a veces; Villoch, muchísimas: Acebal continuadamente. Parece no buscar los chistes, rehuir los retruécanos, desdeñar las salidas de tono: pero parecen venir a él como un reproche tercamente cariñoso a su indolencia idiosincrática, a su *spensieratezza* esencial —como diría Pennino.[90] Los chistes van a él como las abejas a la colmena, seguros de hallar miel cómica. Aristófanes se encogería de hombros, pero Fígaro aplaude celebrando en él a un moderno. Las anillas de la actualidad están siempre en sus manos para sus volteos que un volatinero de mucho talento ejecuta diariamente en Cosas y casos.

---

[90]Su despreocupación esencial.

Sin embargo, como todo escritor muy cómico, no es, en su foro muy interno, muy alegre. Una vez más este hilarante nos enseña que la tristeza está oculta en el fondo de todo placer. Es que la risa y la burla inspiran un estado de intranquilidad social y política donde el malestar obra y se acera. En los unos conduce a una misantropía amarga, en otros, a una jocosidad quizás desgarradora. En ambos modos, una protesta. ¡Hay nada más desgarrador que Beaumarchais! Y sin embargo, oyéndole, la risa se posa en los labios. Pero esa risa trajo como residuo la Revolución más formidable que han tenido los tiempos.

Yo no me fío mucho de los satíricos –como César tampoco se fiaba de los flacos–. En todo buen escritor cómico hay un Timón de Atenas, después de la ingratitud ajena.

Pero me he perdido y vuelvo a Acebal. Hay en él mucho que admirar. Modesto, laborioso, muy inteligente, autor de obras todas aplaudidas y con razón: buen compañero, buen amigo, –con las desgracia enorme de ser un observador prodigioso que como el Fígaro de que hablaba hace un momento, se ríe de todo por temor a tener que llorar de todo.

Y como tiene balanzas en el cerebro –balanzas muy justas– todo lo que en ellas pesa tiene su medida equitativa.

Yo no sé si el *Cañón...* que ha fabricado tronará bien o no, pero tengan la seguridad de que el acero en que lo forma es de la mejor ley.

El cisne blanco. 18 de junio de 1925
de Arnaldo Sevilla, música de Anckermann

El Cisne Blanco es un *petit* café cuyo dependiente recibe una herencia de ochenta mil pesos. Antes de saberlo él, se han enterado de esta herencia el dueño del café y un *reporter* y entre los dos maquinan una treta para arrancarle algunos centenares de pesos. Pero la cosa marra porque el dependiente burla esos propósitos casándose con la hija del dueño. El asunto es insignificante; pero está sostenido por los chistes que visten la obra. Hay un tipo episódico: el de una húngara que es amante del dependiente y se canta de vez en cuando una canción *Chleuh* que produce nostalgia en el libertino dependiente recientemente enriquecido. Importuna tanto al pobre Manuel (es el nombre del dependiente) que uno de los asiduos concurrentes al café le da dos o tres mojicones. ¡*Ca te calmera le derriere*! pensé al contemplar esos golpes. Y efectivamente, la húngara abandona el café choteada por todos.

Un solo número de música: un coro, hecho, parece, para cambiar la decoración.

En la obra distinguióse Otero (el dependiente). Mantuvo en constante hilaridad al público, del que es hoy, con Acebal, el favorito.

Muy acertada la Pardo en su tipo de griseta montmatrense. Lástima que solo se ve cuando le da la empresa algún papel que la señale a la estimación del público del Alhambra.

El cisne blanco ha sido bien presentado. Muy pintorescas las húngaras contratadas por el dueño del cabaret elegante que llenan el segundo cuadro. Y sobre todo, bien repartida. Más de treinta personajes, lo que hace de la obra un muy divertido álbum cinematográfico.

Correo de teatros. 3 de julio de 1925

Por tres días pasa la hueste de la Alhambra a Payret. "Ya lo sabemos" dirá el lector, "la prensa de La Habana lo ha repetido durante varios días y en todos los tonos. Sobra su aviso".

Pero es que si no lo anuncio se me enfadan Villoch y Regino que como celosos empresarios creen que todo anuncio es poco y que se cae el mundo si un noticiero –por ínfimo que sea– olvida decirlo.

El primer día es hoy e irá a la escena la más aplaudida de cuantas revistas ha escrito Villoch, la de más trascendencia satírica y la de más alcance moral bajo su forma paródica. Un ataque a fondo al *snobismo* cubano y una lección de buen gusto, menos desaprovechada de lo que parece. ¡Nunca ha demostrado mejor el moral sonriente de *Voilá l'Havane!* la cualidad madura de su observación que en esta agridulce requisitoria contra el desenfreno moral –o inmoral– de la vida contemporánea. La brillante lacería actual no puede ser mejor mostrada entre ruidos de cascabeles. Bajo la censura, bajo la burla, serpentea la severidad que acaba por imponerse a la reflexión. Y siempre es así Villoch en todas sus obras. Un látigo adornado de rosas. Por eso, estamos siempre a su lado viendo la nobleza del fondo a través del follaje cínicamente abigarrado, a veces de la forma. Oyéndole, el público ríe y piensa, como en Moliere.

Juzgarle y censurarle superficialmente es una injusticia: más aún: una falta imperdonable contra el *espirit*, sal y gusto de sus obras.

¡*Voilá l'Havane*! es una brillante contra-réplica de *Voilá París*! Hay la misma gracia en aquella que en esta: igual presentación lujosa, igual encadenamiento en la presentación de los tipos –y con la ventaja de estar en castellano, para el público, la originalidad suprema.

Con *Voilá l' Havane*! basta para volver loco –de alegría y entusiasmo– al público de Payret.

De mala vida. 9 de julio de 1925
de Armando Bronca

Un animado sainete que podría titularse Una riña en el solar o Una bulla en el cabaret, que eso trae la rivalidad de los dos nidos de pecados que se llaman María Luisa y Concha. Es una exposición al desnudo del gran vicio bíblico, eje del mundo, de triunfos tan enormes que espantan: la lujuria, la reina del mundo. En la risa del público había algo de alarma ante el paso incesante de Primoroso y «primorosas» mórbidas y espectralmente seductoras. Como sedativo a esas fototipias del mal, un fino y encantador ballet que era como una afirmación de que no todo ha de ser en la vida la membrana viril.

Un animado sainete, he dicho y se me olvidó añadir: un poco largo. Duró hora y media –lo que me parece mucho para un acto.

Muy aplaudidos la Becerra, la Trías, Acebal y Otero, aunque éste no pudo dar todo su mérito porque no sabía una sola palabra del papel.

Lo suplió con gestos.

Y esto añadía plomo a la pesadez de la obra.

Estrenada en la tercera tanda, acabó a la una menos cuarto de la madrugada. El sueño nos hace caer la pluma de las manos.

El nombre del autor justifica las dos broncas: la del solar y la del cabaret.

Teatro cubano. *Criollerías.* 29 de julio de 1925 **
de Arquímedes Pous.
Música de Jaime Prats y Eliseo Grenet. [91]

Estaba anoche muy tranquilo en el Unión leyendo unos versos de Hugues Delorme, cuando se me acerca un compañero y me dice:

—¿No va al Cubano?

—¿A buscar qué?

—Hay un estreno.

Di un brinco y se me cayó el periódico donde están los versos. ¿Un estreno? Si yo he leído el diario de la tarde y en la sección de espectáculos no anuncia tal estreno.

—Pues sí. Y se titula *Criollerías* y es de Pous.

¿Letra y música?

—No: solo la letra.

Miré el reloj. Las nueve y media. Salí disparado. Llegué al teatro. La obra terminaba. Lo poco que vi del cuadro me preció animadísimo: mucha gente en la escena, de todo pelo y de todo color. La música brillante y la animación extraordinaria.

A pesar del calor, lleno el teatro: lo que me hace creer que cuando el público prefiere un espectáculo no hay infierno que lo detenga.

Criollerías, como su título indica, es muy criolla. La obra parecía bien ensayada. En lo poco que vi no había tropiezos ni pausas de las que imponen no saber su papel.

---

[91] Un estudio exhaustivo de la obra y personalidad de Pous, en Río Prado, Enrique. *Arquímedes Pous. Una vida para el teatro.* La Habana: Tablas-Alarcos, 2016.

Un *paix de nonnes* que parece un contrapeso a la canción del olvido.

Los caprichos de las solteronas 5 de agosto de 1925
de Guillerno Anckermann, música de Jorge Anckermann

Un pase y la estocada. Así trastearemos hoy el torete soltado anoche en el circo de la Alhambra. El primer espada es un loro que arregla el lío formado por las sinvergüencerías de Rodolfo y las reivindicaciones de María de la Luz.

Las solteronas caprichosas, o mejor dicho la solterona, es Clara, de ojos llenos de deseos y labios llenos de besos, a quien una hiper- agitación mantiene en estado espasmódico toda la noche.

Tiene poca música: dos números, pero bien cosidos al libreto que parece recortado de un *vaudeville*.

Las tribulaciones de Rodolfo entre sus deseos de casarse con Clara y la oposición que hace a este matrimonio una querida abandonada por el seductor, llenan los tres cuadros. Por fin se efectúa la boda y ya la cosa hecha, no hay remedio.

Los honores de la representación, para la Trías y Acebal, la solterona y el negrito hermano de la querida abandonada. Canuto es su nombre y lo creemos dibujado con los matones de boquilla de Javier de Burgos.

Bien tramado el enredo; pero el final es frío y la rumba que lo termina no logra salvar este descuido que revelaba cansancio en el escritor. El cuadro más animado, el primero, en un juzgado municipal, bien reproducido.

El lobo segundo. 13 de agosto de 1925
de Federico Villoch, música de Anckermann

La obra mejor construida de Villoch y para que la obra aun sea más completa, vestida de una música brillante y originalísima. Las decoraciones a la altura de la obra. El primer cuadro ¡Allá va la nave! es una encanto de *mise en scène*. La nave en primer término, con un fondo a todo ancho que es la fachada del Yatch Club, admirablemente fotografiada en colores. Llamado a escena el señor Noriega, quien se presentó acompañado del señor Villoch. [92] Ya esta decoración predispuso a favor de la revista que aún mediana hubiera agradado, encantados los ojos con la vista ofrecida por el escenógrafo.

El Lobo segundo es Cuba: –la de Machado y Carlos Miguel (que en la obra se llaman Gervasito y Juan Miguel). El viaje de cuatro años que da la nave a lo largo de las escenas es el periodo presidencial con las mejoras anunciadas en el proyecto de Juan Miguel. El viaje empieza en el primer cuadro, –viaje a lo largo de la isla– empezando en La Habana y terminando el periplo en La Habana. Los que tripulan la nave son los secretarios de Gervasito, cada uno con su plan de reformas en el cerebro.

El primer proyecto empieza en la Ciénaga de Zapata que Juan Miguel quiere convertir en un apeadero espléndido, sustituyendo esos pantanos y esas dunas semejantes a las de Zenlandia por magníficos paseos bordados de edificios soberbios. Las sirenas y sirenos que llenan aquellas extensiones, son los símbolos de los vicios que infectan La Habana y de las enfermedades que la

---

[92] Nono Noriega, escenógrafo que se une al Alhambra a la salida de Pepe Gomís.

consumen. En esas tarea de Hércules interviene uno de los secretarios de Gervasito y logra extirparlos.

La nave sigue rumbo a Cienfuegos y al salir de esta ciudad surge un terrible viento del *zud-west* –vulgo, ciclón– que la lleva en doce horas a Santiago de Cuba. Ya es el cuarto año y toman a La Habana cumplida la travesía lírico naval. Ya el humilde Lobo Segundo es un espléndido acorazado de siete puentes y ocho máquinas, desplazando 700 toneladas; o lo que es lo mismo: Cuba ha sufrido una transformación tan suntuosamente enorme que se coloca al nivel de las primeras naciones del mundo.

La obra, con sus pinceladas satíricas, es un himno patriótico brillantemente concebido y admirablemente encajado en el marco escénico. Hay exageración en algunas pinceladas, pero no malevolencia. Gervasito y sus secretarios trabajan evidentemente por la felicidad de Cuba. El autor no duda de los proyectos de Juan Miguel, pero aconseja pies de plomo porque la realización es el catorce trabajo de Hércules. La prueba de que no duda es que al final de la revista, está realizada la obra y entra en los ojos del público por la magia de una decoración rival de la del primer cuadro. Hay en la obra hallazgos de primer orden, como la parodia originalísima de *Marina*, donde se ganó muy largos y merecidos aplausos del Campo con sus *Costas las de...* deliciosamente cantadas.

Será la obra de la temporada, por muchas razones: el libro, el decorado, la música, la *mise en scène*, las figuraciones y el lujo en los trajes femeninos.

Terminaremos repitiendo lo que decía el público al salir anoche de la Alhambra: —es un teatro europeo, mejor dicho parisién–, en lo que respecta a la presentación de las obras.

Muy aplaudidos la Becerra, Acebal, del Campo, Otero y la Pardo, una sirena ante la cual Ulises no se hubiera tapado los oídos.

Vistió muy bien y dijo mejor. ¡Lástima que en la Alhambra la tengan casi siempre en la Ciénaga!

El Lobo II o la vuelta a Cuba en cuatro años
25 de agosto de 1925

Alhambra se muda por unos días –o noches– a Payret. Es ya una tradición. Obra de Villoch estrenada en el teatro de Consulado pasa a ponerse en el de Zulueta. Esta vez la obra anunciada es *El lobo II*, el éxito más grande que ha tenido Villoch en su larga carrera de autor cómico.

Una revista donde la política cubana viste de gracia y de fina sátira en todas las escenas. El autor conoce bien el asunto que trata y trama las escenas deliciosamente. Gradúa el interés de un modo magistral. Es un autor. La música ciñe bien la obra: ligera y brillante. El reparto acertadísimo. El trío heroico de la Alhambra: Otero, Acebal y la Becerra, es en su género de primer orden.

Obtendrá el mismo gran éxito que en el *redoute* de Regino y Villoch.[93] Pero es lástima que la gran temporada en Payret sea corta, a causa de que la *great atraction* sea solo *El lobo segundo*. He oído decir que la empresa pensaba, antes de presentarse nuevamente en Payret, estrenar tres o cuatro obras que tiene en cartera –todas, se afirma, excelentes– y con ellas hacer lo que hace ahora: presentarlas en Payret. Pero es tal el deseo de ver al *Lobo*... que Villoch no ha tenido más remedio que rendirse a la súplica general.

Cierto que *El lobo segundo* dará tantas entradas en el teatro de Zulueta que hará innecesario renovar el cartel. Es mucho lobo el lobo timoneado por Villoch.

[93] El reducto de Regino y Villoch.

Quizás se estrena algo en la breve temporada. Pero no es muy seguro. Son *on dit* quizás ignorados de la Empresa.

En *El lobo segundo* hay materia para tres actos. El talento de Villoch la ha condensado en tres. Por cierto que notando esto un crítico teatral le preguntó a Villoch.

¿Por qué no escribe usted obras en tres actos?

A lo que este, sonriendo, respondió:

—Porque obras en tres actos son más fáciles de hacer.

Vencer dificultades parece ser la misión del celebrado autor de *El lobo segundo*.

El lobo II. 28 de agosto de 1925

Como siempre, la reaparición de la *troupe* Villoch-Regino en el teatro Zulueta, es un acontecimiento. Esta afirmación hace innecesaria toda glosa. Atestiguando el hecho, el punto final. Pero desgraciadamente no se contentan con una sola línea lector y autores. Se exigen detalles de la representación, opiniones sobre el mérito mayor o menor de la obra, proceso de la función y alguna que otra anécdota de los actores favoritos. En esto sobresalía el olvidado Hermida que con granos de sal, más o menos gruesa, sazonaba sus leídas crónicas. Pero yo no tengo el verbo del veneciano *lanceur* de la Conesa. [94] Respecto a anécdotas no conozco ninguna y por lo que respecta a la ejecución de *El lobo segundo*, anoche, en el Payret, si hablara no haría más que repetir lo que escribí al día siguiente del estreno en la Alhambra. Los actores son los mismos: la obra es la misma —desde Blanca Becerra, la

---

[94] Francisco Hermida en *La Discusión* fue uno de los miembros de la trinidad de la crítica teatral.

creadora sin rival de las últimas obras de Villoch y Anckermann– hasta Acebal, el *non plus ultra* de la gracia criolla.

El lleno era enorme, porque al público selecto congregado en el Payret se había unido el público incontable que asiste en la Alhambra todas las noches a la exhibición del lobo. Su fiel público había seguido a don Federico hasta el teatro que habitualmente toma para sus *tournée* urbanas.

El mismo gran éxito obtenido por *El lobo segundo* en la Alhambra alcanzó la obra en Payret. La gracia inagotable del libro, la brillantez ligera de la música, el lujo del decorado, la policromía seductora del *attrezzo*, la seguridad impecable de los actores explica el triunfo.

Si el libro es lo más notable que ha escrito Villoch, la música no le va en zaga. El malogrado compositor de los *Gymnopédies* hubiera firmado los extraños bailes que enlazaban las principales escenas.[95]

Villoch y Anckermann se han anotado una nueva victoria y ante conocedores exigentes. Yo, el apologista *quand méme* de estos dos colaboradores, dos hermanos siameses unidos por el cordón umbilical del arte, uno mis aplausos a los estruendosos del público que admira a los dos maestros de la escena cómico lírica, a los precursores del teatro cubano, teatro que si quiere existir y fortalecerse en lo futuro, tiene que continuar la vena cómica en un país donde todo es cómico. Desde las imitaciones a las creencias.

Porque no es con *La leona de Castilla* ni con *La vida es sueño* como se se puede fundar un teatro cubano: es con *Un baile por*

---

[95] El autor es Erik Satie, compositor francés.

fuera,⁹⁶ *La revista loca, Tin tan...* y *El lobo segundo*, de espíritu criollo, de lenguaje criollo y de tendencias criollas.

Villoch, los Robreño, Acebal, se ajustan al marco modesto de la escena cubana: Jorge Ohnet, Dumas hijo, Benavente, Linares Rivas, etc. hacen estallarlo. Para cumplir con la cultura europea bastan las compañías dramáticas extranjeras que de vez en cuando surgen en nuestros teatros. Una excepción que consideramos cubano: los Quintero y Muñoz Seca. Estos son cubanos en arte dramático cómico. Son el choteo... , muy en su casa en el país del choteo.

¡Sin embargo, lo que son las cosas! Cuando la diosa Duse estrenó en La Habana, con la suntuosidad artística que sabemos, *La Citta Morta*, un espectador, terminada la obra, me dijo al oído.

—¡Qué choteo!

—¿Quién nos entiende?

¡Arriba con *El lobo segundo*, amado Villoch!

Cayo verde. 3 de septiembre de 1925
de J. Miraflores y Jorge Anckermann

Empieza como *El lobo segundo*, continúa como *La isla de San Balandrán* y acaba como *La toma de Veracruz*: y en tono paródico, por lo cual no gustó, porque parodiar lo cómico es el colmo del absurdo. De una pobreza de invención casi paradójica. Otero, la

---

⁹⁶Según Villoch, en una de sus "Viejas postales"... Ignacio Sarachaga sacó a escena un órgano en *Un baile por fuera*. Cuando un transeúnte salió a la calle para silenciarlo porque le molestaba con su tocata, el organista dejaba de hacerlo, pero al dar la espalda, este volvía a darle una vuelta al manubrio. El caballero preguntaba ¿Y eso? Y el organista contestaba "No se ocupe, señor, es que le queda el impulso". Ese chiste ingenuo hacía reír a carcajadas a aquel candoroso público de entonces. "El órgano de la esquina". *Diario de la Marina*. 28 de mayo de 1950. p. 44.

Becerra y María Pardo hicieron que el público la soportara algo. La Pardo no tenía más que una escena, la primera de la obra. Un marinerito que abre el espectáculo cantando un cuplé e interrumpiéndolo con pases de baile, admirablemente realizados, seductora y púdica. Es una artista que yo no me canso de recomendar a la empresa, que podría utilizarla en papeles de mayor importancia. Vistió ayer el traje de marinero, irreprochablemente. El *travesti* de hombre cuadra bellamente a su estatura esbelta y fina. Exquisita, fotogénica, toda blanca y rubia, de sonrisa deliciosa, conquistó al público a pesar de la obra, que de otro modo hubiera naufragado al emprender el viaje la nave a Cayo verde. Al desaparecer la Pardo de la escena, al terminar el primer cuadro, la obra se eclipsó.

Es que la muy graciosa artista salvaba con su fino y delicado talento las deficiencias enormes de *Cayo verde*. A intervenir en los restantes cuadros, no hubiera caído en la indiferencia letal de un público dispuesto a aplaudir cuanto se pone en la Alhambra.

Otero en el garrote. 25 de septiembre de 1925
de Federico Villoch y Gustavo Robreño

Yo creía agotadas la risa y la curiosidad en los concurrentes asiduos de la Alhambra. Pero está visto que como en la naturaleza, en el popular teatro todo se renueva. Después de *El lobo segundo,* que parecía haber hecho imposibles más sorpresas cómicas, surge *Otero en el garrote*, que es la gracia, la originalidad y la fuerza cómica a ríos. Cierto que no debe extrañar esto al leer los nombres de los autores en el programa. Villoch y Gustavo Robreño, los maestros del género chico en La Habana, los cimentadores del futuro teatro genérico criollo en Cuba: los que han abierto la senda. Los huecos que pudiera haber –los hay en todo inicio de innovación– los cubre deliciosamente la alegre inspiración de Anckermann, el Offenbach del v*arietés* criollo. Lástima que la hora que terminó el "disparate cómico" estrenado anoche, me impida desenvolver este postulado y hacer de los seis cuadros en que está dividida la obra una apreciación detallada. El estreno en la tercera tanda es excelente para los autores, pero es un tarro para el cronista. No se espera en el periódico más que para el hueco breve que se concede a los retardatarios, cuando se espera.

Resumamos, pues. Los seis cuadros en los que se descuartiza el "disparate"–no hay tal disparate, coquetería de autores– son originalísimos, no sé bien si debido al diálogo, a la música o a las decoraciones; pero no se puede retirar la palabra: originalísimos. Rutilantes decoraciones.

(A este Noriega hay que darle la Gran cruz del color y la perspectiva). Pero como en todo hay preferencias, señalemos lo que nos parece los dos *clous* de la revista: el primero y el último, "Un gallego sin cabeza" y "Al garrote vil" (No me gusta el epíteto: el vil es, por regla general, el que va al garrote: brazo inflexible de la ley.) [97] En *Otero en el garrote*, una de las más graciosas novedades es la de los diminutivos: el Francesito, Pepito, Oligarito, Calunguito, el Galleguito, Ñiquito... y cada uno con su fisonomía especial, distinta, inconfundible entre tantos itos.

---

[97] El truco que más nos llamó la atención del público, fue el de la decapitación de Marimón (Otero), individuo que aparenta ser un histrión, unido a unos vivos, para explotar a un empresario de Corojo, con una compañía de variedades originalísima que es la que luego presenta, en sucesivos cuadros, plenos de alegría y animación, números de gran valor plástico y coreográfico. De una gacetilla sin firma del 12 de noviembre.

De las escenas brillantes, admirablemente ensayadas y que explican la tardanza del estreno —¡tan ajustadas y exactas han sido!, señalemos la de las *bataclana*s y las de las *corojera*s. Imposible exigir más a un conjunto. La Dulce María guiaba el coro de aquellas.[98] Esbelta, bella magníficamente semidesvestida con tres cuartas de tela, que enseñaba todo ocultándolo todo —milagro de modistería—; muy mujer con sus brazos torneados, su seno firme; de piernas finas y de amplias nalgas, fue la seducción, el encanto, el deseo, el apetito... Mi cuasi caducidad había desaparecido en la contemplación de esa escultura impecable. Lo cual no debe extrañar. En mi cara de medalla rugosa donde los goces y las inclemencias de la vida han pasado devastándola, queda un joven y joven seguirá hasta el fin de mi vida.

—¿Va a seguir? me dice el regente. Son las tres de la mañana.

—No. Ahora acabo.

La ejecución, brillante, en el garrote y en las escenas de la obra. Otero digno de indulto por su vis cómica. Robreño, mejor que nunca, como autor que defiende su obra, defensa innecesaria; Acebal, delicioso y la Trías, una maravilla de gracia; la Becerra, sicalípticamente acertada, como siempre. Del Campo, Sarzo, Sevilla, luchando a quien daría más realce el papel.

Un éxito enorme. Gustavo Robreño y Federico Villoch han añadido un triunfo más a la baraja de triunfos que son ases en sus manos.

Gustavo Robreño. Elogios. 6 de octubre de 1925

Anoche fue su noche. Su día, dirán otros. Un gran público, en un gran teatro, fue rendir a pleitesía a uno de los talentos más

[98]Dulce María Mola.

finos, más sutiles y más completos que posee en Cuba la literatura humorística. El excelente autor cómico, el muy interesante periodista que en *La Prensa* a diario vierte las sales de su ingenio, puede estar satisfecho de su triunfo en Payret como autor, actor y escritor. Pocas veces entusiasmó más y simpatías más ardientes fueron justificadas. *Otero en el garrote* obtuvo en Payret el mismo éxito que en Alhambra. El hermano de armas –corteses y damasquinadas– de Villoch, su colaborador en esta obra, es, confesémoslo, en lo que respecta a producción, lo que el admirable Julio Romano era en la pintura: un perezoso. Dejó tres o cuatro trazos inimitables borrándose deliciosamente ante Rafael y sus émulos. Así Robreño. Media docena de obras, encantadoramente áticas en su engruesamiento exigido por el público, han bastado a su renombre. Y ha dejado a Villoch –noble homenaje a la amistad– el cetro, bordado de cascabeles, de la gracia alhambresca. Pero de vez en cuando, como si la vocación se impusiera incontrastablemente, surge una obra firmada: Robreño. Y otro *jour de gloire est arrive*. Los laureles de Titán reverdecen súbito en la frente olvidada de ellos y el nombre del autor se dora nuevamente al rutilar del entusiasmo público.

Tal ha sucedido con *Otero en el garrote*, ofrecida después de largos años de silencio. A su mérito de gracia, únese la actualidad. Recientes sucesos son como el alma de la obra. Los personajes viven, saltan, gesticulan y los dardos van empenachados de brillante ironía dando en el blanco. *Marionnettes*, si se quiere: –pero nuevos. Y un fondo de seriedad entre esos arabescos cosquilleadores de risas.

De la obra no se sabe bien lo que pertenece a Robreño y lo que es de Villoch. Porque cuando uno le dice a Gustavo: "Bien tramado el proceso que trae como consecuencia la ejecución de

Otero. Robreño dice: "Es de Villoch" y si se hace la observación a Villoch, este dice: "Se le ocurrió a Robreño". Todo lo contrario de Hernández Catá, colaborador en *El bandido*, de Insúa, y que leyéndome la obra cada vez que le decía: "esa escena es floja, esa frase es prosaica", me contestaba: es de Insúa.[99]

No sé lo que preparará Robreño para la temporada que llamamos de invierno. Por ahora, nada, si es cierto lo que acaba de decirme un compañero de *La Lucha*. Terminada la manifestación cariñosa a Robreño anoche, un amigo le preguntó.

–¿Y qué vas a escribir ahora?

–Nada, contestó éste: –tengo que echar a un lado el peso enorme de gratitud que abruma mis hombros. Con esa carga no tengo fuerzas para nada.

Lo creo.

La revista loca. 10 de noviembre de 1925 [100]

Ante una concurrencia tal que un alfiler caído en la sala, hubiera quedado perpendicular, reapareció anoche ante sus leales el popular Regino –*retour* de España y Francia–. No nos sorprende nada esa muestra de popularidad: Regino, madurado cronológicamente, es el Benjamín de las escenas habaneras. Ahí está, alzado siempre como el dios Término de la simpatía. Todos los actores, a la larga, cansan. Regino parece debutar todos los días. Los afeites rajan el rostro, resecan la piel, arañan de arrugas las sienes y la

---

[99] En 1917 la compañía Guerrero-Díaz Mendoza estrena *El bandido* en el Teatro Nacional. "El estreno de *El bandido*, de Alfonso Hernández Catá y Alberto Insúa". *Social* 2 (4): 23 de abril, 1917. Kostia escribe el 3 de mayo de 1925 sobre *Don Luis Mejía* que en su opinión nació muerto.

[100] Incluida en *Mi linterna mágica*. pp. 187-189, cuyas crónicas no están fechadas.

frente, resquebrajan el mentón y hacen de la más bella cara la más adusta de las máscaras. Y en Regino nada. Despojado del albayalde y el lápiz de punta verde o negra, vestido para la calle, la cara es fresca, joven, rosada, lisa, de candor virginal, –como si acabaran de parirlo.

–"¡Me río yo del agua de Juvencio!"– nos dice cuando elogiamos su juventud eterna. Lleva más de treinta años trabajando todas las noches en su feudo de la Alhambra y cada noche hace efecto de haber debutado ayer. Una resistencia de bronce. Su pobre hermano, Pirolo, que parecía más fuerte, de baja estatura, trabado, de hombros, de piedra y osamenta de roca gijonesa, se quebró al trabajo y "se fue" en una semana. De su pena profunda por el hermano muerto salió Regino más hercúleo, como si la muerte le hubiera dicho: "Te quedas para hacer el trabajo de los dos".

Yo puedo hablar de todo esto porque he seguido a Regino desde sus primeros pininos en el arte en que hoy reina. Yo he sido algo hermano de las armas escénicas del aclamado nuevamente anoche... Juntos, ambos bohemios entonces. ¿Cuántos años hace? ¡*chi lo sá*! Hicimos en Martí, entonces Irijoa, un *Don Juan Tenorio* que fue el espolazo para la vocación de Regino. Desde esa noche se le clavó en la frente tener un teatro y hacerse actor-empresario. Y desde la primera noche que apareció en Consulado –de donde no se ha mudado– le sopló la buena suerte. Casi todos los que empezaron con él han desaparecido. Pirolo, la Velasco, Castillo, Arias, en la tumba; los otros –a excepción de Sarzo y Feliú– en el olvido, que es peor que la muerte. Del grupo de autores cómicos que le ayudaban, casi todos son sólo recuerdos: Laureano del Monte, René López... Sólo queda de aquella época Villoch: un roble. Los hermanos Robreño, actores-autores –actor y autor el primero, colaborador de su hermano, el segundo– vinieron más tarde; y el superviviente sostiene algo intermitentemente –¡maldita pereza!– el prestigio de su nombre. Su disculpa es que si da poco, lo da excelente. Lo que no convence al público que ve en Gustavo el brillante segundo de Villoch.

Regino ha reaparecido con el monólogo de actualidad que llena un entreacto en *La revista loca*. Parecía un estreno porque el monólogo resultaba nuevo en labios y gestos del excelente actor. El personaje es extravagante pero no vulgar. Y Regino lo elevó a cimas de originalidad. Su triunfo en esa creación tuvo líneas de apoteosis. Terminado su trabajo, me fue imposible acercarme a él. La masa de sus admiradores llenaba su cuarto y obstruía la entrada. Era tarde y yo tenía que venir a dar cuenta de la reaparición. Lo que resumo en una línea: sin precedentes. A tal punto, que después de oír el parlamento delicioso al expropietario de la Alhambra, me ha quedado una duda que me obsesiona con esta pregunta taladradora como un clavo:

–¿De quién es el monólogo? ¿De Villoch o de Regino? Porque si aquél lo firma, éste lo crea.

Hotel para garzonas. 11 de noviembre de 1925
de Carlos Robreño-música de Anckermann

El título lo dice todo. *Hotel para garzonas*, es un *boarding* donde no se admiten más que las del sexo que nos ha dado a María Pardo. El público, al leer ese título dirá, obra en un acto, en la Alhambra y por un Robreño ... pues de seguro que en ese hotel entran también garzones y que hay líos. Así es. Jóvenes enamorados de las chicas que se hospedan en aquel hotel, penetran disfrazados de mujeres. Figúrese el lector lo que resulta. Cada nueve meses se abren las clínicas. Pero como una obra en un acto, por larga que sea, no puede durar nueve meses, todo el gracioso simbolismo es esbozado por el autor.

Y esta vez muy bien por Carlos Robreño, legítimo heredero de la gracia de su padre. La obra es muy movida, sembrada de chistes, alusiones, situaciones muy cómicas, con *calembour a peu pres*, que el público saludaba con sus risas y sus aplausos. Buen comienzo de autor cómico. Lo que no extrañará a los innumerables que leen en *La Prensa* los áticos artículos del joven autor, el más joven de los que escriben para el teatro.

La interpretación, buena. Excelente, Acebal y como siempre, deliciosamente grotesco Otero, que haría reír hasta el garrote. Del Campo, de seudoamericana, clavó en la realidad el tipo. Peluda como un coco, su cabeza era todo un poema de encantadora insanidad. La Pardo, en su escena del duelo, hecha una magnífica tiradora, esbeltamente elegante: modelo de garzonas.

El autor ve bien lo cómico, lo marca bien y lo precisa audazmente. En el fondo el dardo fino de la sátira se dibuja a través de la florescencia paradójica.

Lo repetimos: un excelente comienzo.

Siempre triunfa el amor. 29 de diciembre de 1925

de Federico Villoch, música de Anckermann, decoraciones de Noriega

Verdad: triunfa siempre. Cuantos más obstáculos se ponen, más obstáculos vence. Tal es la idea madre de la obra estrenada anoche en la Alhambra (Federico Villoch, autor; Anckermann, músico, y decorador, Noriega). Yo no sé qué gustó más, si el libreto, la música o las decoraciones. El libro comienza como una comedia, se continúa como una revista y termina como un sainete –para todos los gustos–. La música llena el libro, muy animada y con números de bailes exóticos que fueron *trissés*; es decir, repetidos tres veces. Y las decoraciones muy bellas: sorprendentemente algunas, como la voladura de un tren y el incendio de un vapor. Delicadísima en su brillantez la del abanico, análoga a una estampa vistosa del siglo XVIII francés –de Fragonard o Boucher– abanico que llena, desplegado, todo el fondo de la escena y que es como un símbolo en la obra.

Las escenas de la revuelta mexicana en la Sierra entusiasmaron por su novedad. El general rebelde, hecho un sátrapa mexicano era interpretado por Robreño. Vuela trenes, fusila prisioneros y lleva la desolación por toda la comarca que ocupa. No es extraño, el despotismo y el terrorismo cortan muchas cosas, sin contar las cabezas. Bien el general Robreño.

Bien repartida la obra, con sus jefes de fila: Regino, excelente en el abuelo de la niña enamorada; muy cómico, –quizás más cómico que nunca–; Acebal, graciosísimo; Otero, e infinitamente seductora la Becerra, en su doble papel: la falsa y verdadera Elena.

Para ser justos, digamos que todos contribuyeron al buen éxito de esta obra, que como en todas las que escribe, "siempre triunfa Villoch."

Correo de teatros. 8 de enero de 1926

La compañía de la Alhambra pasó anoche al Payret para una función a beneficio... no sé bien, se me ha dicho que con objeto de adquirir, con el producto de la representación, votos para el concurso de la candidata de belleza, creo (abierto por *La Política*, el popular semanario). Se pusieron escena a teatro lleno: felicito a la candidata, *Otero en el garrote* y *El lobo segundo*, los dos grandes éxitos del Alhambra. En el intermedio se exhibió un coro de *jeunne silles* dirigido y precedido por Gustavo Robreño; el Vitry anoche del nuevo número de *Ba-ta-clán*. Pero un Ba ta clán con espesas hojas de parra hechas de muselina y batistas blancas realzadas con cintas azules. Un grupo de obreritas, muy bien ensayadas y de voz bien afinada. Gustó el número y fueron muy aplaudidas, y Robreño, entre bastidores, felicitado.[101]

Y más felicitado aún, al terminar el monólogo: *El 75 por ciento* ¡admirablemente interpretado por Regino, quien detalló minuciosamente cómico y supremamente artista, las graciosas alusiones al derrumbe de quioscos que han suprimido la frita, – reparación de estómagos pasada la media noche– y en *La ley del 75 por ciento*, que el personaje (un mascavidrio consuetudinario), juzga detestable para los cubanos amantes del «farniente». Su protesta es personal, algo alucinadora, efecto de que suprimido los quioscos no le queda más recurso que beber y vagabundear de parque en parque excitado por los espejismos atroces del hada blanca que es la ginebra. Pero todo dicho con la gracia que tiene el monólogo y la gracia que tiene el actor que lo recitaba. Como esta noche se estrena en la Alhambra un sainete titulado *El 75 por ciento*, me pregunto si ese monólogo pertenece al sainete. Dije casi que no, porque el monólogo es de Robreño y el sainete es de un escritor de cuyo nombre no puedo acordarme. Terminado *El 75 por ciento* –monólogo– entre aplausos y ruidosas carcajadas de aprobación, fue llamado el autor Gustavo Robreño, –el actor-poeta– (el monólogo está escrito, me pareció, en romance) salió a recibir el

---

[101] El juguete de Gustavo Robreño se titula *La florista de Vitry*, anunciado en la gacetilla del día anterior.

tributo de afecto, simpatía y cariño que premia siempre al excelente colaborador de la prensa.

El lobo segundo y *Otero en el garrote* parecían estrenos. Tantos entusiasmos levantaron: –cosa rara en las r*eprises*. Pero en Payret anoche era como un estreno.

Mi linterna mágica. 22 de enero de 1926

Al día siguiente al de mi artículo apropósito del proyecto Eva Canel, recibí unas líneas de un autor cubano;–- no diré el nombre, porque no me lo ha autorizado– en que me recuerda la obligación de todo escritor de arte (sobre todo, teatral) de apoyar y defender la idea de un teatro cubano, contando como se cuenta en la nación, con escritores aptísimos para llevar a feliz término la empresa. [102] Y se me citan nombres que realmente son valores que a causa de la indiferencia general dan al periodismo político la bella savia de un talento de primer orden.

Es cierto todo eso, pero yo ¿qué le voy a hacer? ¿Si la estimación y el gusto público van por otro lado, voy a romper lanzas –ya rotas– por una causa totalmente perdida? Los cronistas, creo yo, están totalmente obligados –deber moral– a apoyar todo intento que favorezca o tienda a favorecer la cultura nacional. Se anuncia la obra de un cubano –buena o mediana– y nosotros –por lo menos yo– la hemos señalado a la atención. Al día siguiente del estreno he dado mi opinión sobre ella. Si después de esa obra la

---

[102]"Alrededor de un proyecto. Eva Canel". *La Lucha*. 19 de enero de 1926. p. 6. Sobre el interés de la autora en representar en el Campoamor sus obras dramáticas y sus infructuosos resultados con el Sr. Becali, representante del teatro. Escribe Valdivia: "En este siglo de patas de elefantes, el arte es visto como un objeto de horror. Es solo belleza y la belleza artística no es en Cuba una Victoria áptera. Podridos de Bataclanes, *Scandals*, desnudos de casinos, tenemos caídos los ojos."

cadena empezada a forjar, se ha roto, culpa es de los que retienen las obras en cartera, sin decírselo a nadie.

Todas las tentativas en el buen sentido ha fracasado. Sánchez Galarraga intentó un teatro, por muchos lados cubano. Nadie le siguió. ¿Impotencia? ¿Envidia? ¿Mala voluntad? Lo ignoro, lo cierto es que la idea del teatro cubano se estancó. Galarraga, se nos dice, había soñado magníficamente con dotar a nuestro país de un teatro original, al que coadyuvaran, para esplendor de la escena cubana, sus émulos. Pero nuestros sueños son como copos de nieve —o de pluma— que aplastan jugando el peso incansable de las realidades. Y la realidad fue hosca. Los que podrían escribir obras que continuaran la tradición de Ignacio Sarachaga y Carlos Noreña, abastecían la Alhambra con bocetos en un acto donde la música es casi todo y el baile el *deus ex machina*. Villoch quiso abrir las puertas al teatro cubano en sus primeras obras, pero tuvo que renunciar a ello porque el público quería escenas al rojo vivo y caricaturas por todo lo alto. Arte que triunfa, muy bien sostenido por el talento enorme del autor de *El lobo segundo*, que se preocupa poco de hacer cubano, —en el sentido de teatro cubano— y se cuida... sobre todo de hacer teatro cómico.

El teatro cubano ha abierto sus puertas con probabilidades de duración, pero a pesar de su título, no es un teatro cubano. Las obras son divertidas: la música las envuelve bien; las actrices hablan en criollo, pero no es teatro cubano. Lo más, lo más, cubanos que escriben para el teatro. Algunos, muy graciosos, como el Sr. Mario Sorondo, que ha triunfado hace dos noches en el Teatro Cubano. Pero nadie ha visto sello cubano en la obra. Como no sea la rumba...[103]

Nosotros elogiamos el Teatro cubano y lo aplaudimos porque es un teatro donde se hacen obras de cubanos y por una Empresa creo que cubana: no porque las obras que allí se hacen sean literatura cubana.

Hoy menos que nunca puede existir un teatro cubano. Nuestra debacle demagógica, anárquica, pornográfica y atea, lo hace imposible, por ahora.

(Un "por ahora" que puede durar años). Aunque se dice que no hay mal que dure cien...

¿Pero quién sabe?

Los indeseables. 3 de marzo de 1926

Por el número de cuadros diríase una revista. Por el rojo vivo de algunas escenas parece un sainete olvidado en el archivo de la Alhambra por René López de *gaudrioleuse* memoria.[104] Obra entretenida y en donde pasa un reflejo de atavismo colonial. Los indeseables son unos franceses y españoles sorprendidos en una casa de juego y expulsados completamente, porque a última hora se les conmuta la pena –creo que por la de garrote vil– (que será también conmutada, porque ya la pena de muerte –en el patíbulo– ha sido abolida.) La última decoración presenta a los perniciosos a

---

[103] Debe ser la producción *Broadway Scandals*, (22 de enero de 1926) presentada en el Payret como *vanities* con un cuadro muy esperado en el que la tienda El Encanto exhibía modelos de París.
[104] René López fue un periodista recordado por los chistes groseros en las obras escritas para Alhambra y paradójicamente, un poeta modernista revisitado póstumamente. Ver Autores.

bordo del vapor que los debía conducir a Europa a través de "la llanura líquida" como dice Theramene.

El libre entrelazado de episodios que toman su interés en la actualidad, entretuvo a la concurrencia. Muy aplaudidos la Becerra y Acebal. Otero, como siempre, delicioso en lo grotesco. Y la Trías... con nombrarla está hecho su elogio.

En la música dominan los coros. Mejor dicho: coros y bailes que el público hizo repetir.

Beneficio de Otero. 5 de marzo de 1926

El beneficio de Otero fue lo que se esperaba. Una gran demostración de simpatía al popular actor de la Alhambra. Payret era pequeño para la concurrencia que en parte se quedó fuera, pues ni de pie cabía en el teatro. El programa era inabarcable: dos obras, dos monólogos y dos apropósitos. Total: cinco actos que empezaron a las 9 y media. Lo que hizo que a mitad del último apropósito, *Otero, guardia de turismo*, la gente abrumada de sueño –la una de la madrugada– comenzó a desfilar hacia la puerta.

En *Ranas y tinajones* tiene lugar en una decoración que representa el Parque Maceo, cuyo caballo el pintor ha transformado en hipogrifo. Fácilmente escrito, entretuvo agradablemente.[105]

Otero guardia de turismo es un sainete políglota donde cruzan sus réplicas a un americano, una cubana, un gallego y un italiano confeccionados de macarrones. Oyéndolo hablar, recordé la pregunta hecha por Alejandro Dumas padre al cocinero de Cavour.

---

[105] *Otero, guardia de turismo* es de Gustavo Robreño y *Ranas y tinajones*, de Villoch, ambas con música de Anckermann.

Le macaroni pour ´rytr bon
doit-il être court, doit il être-long?[106]

Problema que me llevó distraído los doce minutos que dura el entremés.

Lo que más rió y aplaudió el público fue el monólogo de Villoch, admirablemente dicho por Regino López. Recitado entre *La toma* de *Alhucemas* y *El presidio modelo*, muy bien interpretadas.

Los siete colores. 25 de marzo de 1926

de Federico Villoch, música de Anckermann. Decoraciones de Nono Noriega

Se acabó muy tarde porque empezó a las once y tiene siete cuadros, a cuadro por color. Y es muy tarde para hacer una crónica larga como merece la obra, una de las más brillantes y más completas que haya escrito Villoch, que ha hecho tantas excelentes, que ha pintado Noriega, tan notable, en otras también de Villoch y musicalizado Anckermann, único para estas partituras criollas.

La actualidad la envuelve, la baña y la anima. Las reformas de Obras Públicas entrelazan los temas de los cuadros con cintas de gracia e hilos de originalidad. Y haciendo suya la redondilla famosa de Campoamor

todo es según el color

del cristal con que se mira,

colorea humorísticamente Villoch los acontecimientos que pasan ante nuestros ojos.

---

[106] Los macarrones para quedar bien/¿Deben ser cortos, deben ser largos?

Los colores que parece preferir el autor son el azul, el blanco y el rojo –los de nuestra bandera– que en el cuadro tercero llena toda la escena en una transformación de prisma. Efecto de luz y color sorprendente.

Si el libro es de primer orden, la música le hace honor. Entre sus diversos aplaudidos números, señalemos el son, bailado por los artistas de la compañía, la Sorg, la Becerra, la Sánchez y la Pardo, esta última admirablemente vestida –*decolletée a mi-corps* – esbelta y graciosa, que hizo en la Alhambra anoche sus primeras armas como recitadora en su entusiasta parlamento.[107]

Otero, como siempre, delicioso: Acebal, bien y Sevilla, muy artista en las dos partes: el idealista y el quiosquero. Pero la palma de la noche, a Regino, un guarda épico de gracia.

Las decoraciones, algunas maravillosas, como *El certamen de los colores*, que Zuloaga, el gran vasco de Éibar, hubiera aplaudido y querido firmar.

El lujo desplegado en el *attrezzo* y *mise en scène* es desconocido en los teatros habaneros. Baste decir que el *Voila París*, de Madame Rasimi de Platani, no fue presentado con más lujo.

No tengo más tiempo ni más espacio: por eso dejo de hablar con más extensión de esta obra. Cuando sea representada en Payret le daremos toda la preferencia que merece por su gracia, su lujo, su trama y su artística presentación.

La pantera escapada. 7 de abril de 1926
de José Sánchez Arcilla

Yo siempre he creído que la pantera escapada del circo en un lugar de la República, de cuyo nombre no puedo acordarme, era

---
[107] Vestido de escote bajo.

una invención de diarios sin noticias. Y anoche, el señor Sánchez Arcilla me acabó de confirmar en mi opinión.

La pantera escapada ha sido el pretexto de un rico adquiridor americano para comprar una tierra que un guajiro no quiere vender, porque cree que la tierra cubana debe ser de los cubanos. Viendo que no hay forma de conseguir esa colonia, aprovecha la llegada al pueblo de Yaguaramas de un circo para divulgar la noticia de la fuga de una pantera que venía con otras fieras en una jaula y amedrentar con esa noticia al pueblo. Le dan cien pesos a un negro empleado en el circo –y que no cobra hace tres meses– para que se vista de pantera y aterre al guajiro, obligándole a vender la tierra. El «maquiavelucho» americano contaba sin la «huéspeda». La falsa pantera se encuentra en el campo con el guajiro que le apunta con la escopeta, el negro se quita la carátula felina y confiesa su engaño. El autor, para justificar algo la afirmación de la pantera escapada, la hace aparecer dos o tres veces y acaba por matarla a tiros con los vecinos del pueblo.

La obra bien conducida, es un buen pretexto para todas las alusiones satíricas a que la palabra pantera –llevada a la política –se presta. Alusiones que fueron acogidas con grandes aplausos por el público.

Acebal hacía el negrito vestido de pantera. Me parece que no le gustaba mucho andar en cuatro patas por la escena. Pero su orgullo de artista sufrirá menos cuando sepa que el león de la escena francesa en el siglo XIX: el dios del drama popular, el actor de Alexandre Dumas y de Víctor Hugo, Federico Lemaitre, «debutó» a cuatro patas haciendo un león en la pantomima *Pírame y Tisbe*, la primera vez que apareció sobre una escena.

En *La pantera escapada* hay mucho baile –y muy graciosas– y lujosas bailarinas.

Obra que hará esperar con resignación el anunciado estreno de Villoch: *Los escándalos de San Rafael.*

Nota teatral. 23 de abril 1926

La compañía de la Alhambra pasa otra noche a Payret para una breve temporada con los dos últimos triunfos de Villoch: *Siempre triunfa el amor* y *Los siete colores*. Ha sido tanta la insistencia de los que desean ver en uno de nuestros principales teatros esas dos obras que el aplaudido autor ha decidido ponerlas en Payret. Contemplando esas obras verá el público que hay mucho de infundio en lo que se afirma respecto a la inmoralidad de la revista en la Alhambra representada. Cierto que algunas son bastante *risquées* pero mucho menos que las ofrecidas con aplauso general por Madame Rasimi. Villoch ha parodiado el género bataclanesco pero conteniéndolo en límites de los cuales no ha pasado, dando retranca cuando la pendiente comenzaba a ser vertiginosa. Y no se ha equivocado. Porque el gran lama de la opereta criolla conoce perfectamente a su público y lo capea maravillosamente.

El público de Payret en esta, como en las otras temporadas, rendirá al ilustre autor el tributo que la gracia exquisita, la técnica impecable, la experiencia escénica y la ojeada rápida sobre la actualidad, merecen.

El rey de la velocidad. 12 de mayo de 1926
de Pepe del Campo-[108]Jorge Anckermann

La idea es original. Un fotógrafo se va por los parques y las alamedas de la ciudad, sorprende con su Kodak a los hombres casados en actitudes sospechosas con sus «arrimadas» a la hora del crepúsculo, y cuando tiene las fotografías, se va a casa de ellos y utilizando el chantaje, vive de sabroso en la casa. El amo no se atreve a despedirlo por temor a que el otro enseñe la fotografía criminal a la esposa legítima. El fotógrafo abusa hasta fumarse los tabacos del amo, comer con la familia y enamorar a la hija de los dueños de la casa. La cosa (y el chantaje) termina en un matrimonio: el del fotógrafo con la muchacha. El público rió mucho con el descaro de Polo el fotógrafo –o seudofotógrafo– lujurioso como un napolitano y con las audacias graciosamente cómicas de la Purita, un brasero erótico bien encendido por Blanca Becerra. La obra tiene dos números de música y una rumba. Bien ejecutados.

Pero ¿por qué se llama *El rey de la velocidad*? La representación duró hora y medio. Y como "velocidad"... "your mother"–como decía Otero, en castellano, anoche.[109]

---

[108] Anunciada como Bufonada de Juan Firpo-Anckermann. Con ese nombre, Pepe del Campo se presenta a las elecciones como concejal.
[109] Antes de decir el materno vocablo (Ortiz), uno de los mayores insultos en nuestra lengua, pues la madre significa "vergüenza, generosidad y decoro", Kostia lo escribe en inglés.

Los escándalos de San Rafael. 26 de mayo de 1926
Nuevo gran éxito de Villoch y Anckermann

Mucha luz, mucho color, muchas actuaciones cómicas, muchos diálogos de una vivacidad parisiense. *Das pikante*, dirían los alemanes y un conocimiento de los gustos del público, aprovechado en todas las escenas.

El segundo cuadro es el *clou* de la obra, donde un derroche de *esprit* local llevó el entusiasmo hasta las nubes. Los héroes de este cuadro son Chelito (Rosalinda) y Acebal (Clavelito). Desde ese cuadro la obra bogó recta a la aclamación popular. Nunca ha realizado Villoch, como en ese cuadro, el ideal de un actor cómico.

La sátira entremezclaba su punzante observación a los acontecimientos que se sucedían siempre muy acertadamente.

La hora avanzada a que escribimos no nos permite detallar la representación. Solo aplaudir el decorado lujoso y de un buen gusto digno de todo elogio. Y el vestuario, como no se ha visto en La Habana desde el Bataclán.

Muy celebradas entre aplausos la Becerra, la Sorg, la Trías, muy risueña y muy bien ex-vestida María Pardo, con sus frescas mejillas embadurnadas de un barniz de muñeca. Lo que era lindamente anoche: una muñeca o maniquí, como escribió Villoch.

Entrar por el ojo. 5 de junio de 1926
Libro de .... música de Anckermann

Una joven pretendida por cuatro: un comerciante de telas, un bodeguero —ambos ricos— un negrito y un cantaor. La joven da esperanzas a los tres primeros y acaba decidiéndose por el cuarto. Cada pretendiente expone su amor a su manera: el comerciante es medio romántico, el bodeguero, positivista y el negrito, apasionadísimo, bramando, –*tel un dix cors*– cada vez que la joven aplaza su respuesta. En una bachata final –la que da el tono de sainete a lo que es en realidad un *vaudeville*– la joven, ante los cuatro pretendientes reunidos, confiesa su pasión por el cantaor y punteador de guitarra. La obra está escrita con gracia y el enredo se sostiene hasta la caída del telón. La joven pretendida, fue interpretada por Chelito, membruda... y de una robustez simpática. Otero, Sevilla, Acebal y Lorena, eran los pretendientes desdeñados al final.

Los números musicales son coros, bien cantados y mejor bailados.

L'Arendcion de *Abd-el Krim* 16 de junio de 1926
de Agustín Rodríguez, música de Jorge Anckermann

Viñetas de Melilla es su verdadero título. Porque de la rendición no hay nada. No se la ve. Y lo que no se ve en el teatro, no existe. Pero es una sucesión de cuadros –de viñetas– graciosamente presentados, donde la vis cómica corría a ríos. Es la guerra del Riff vista con anteojos puestos al revés. Los primeros cuadros, sobre todo, hasta llegar al harem, son de primer orden. Los otros han sido encomendados al músico de *La rendición de Abd-el-Krim*, que ha entretejido en cada cuadro una serie de bailes y canciones todos repetidos.

Bien interpretada, Otero, delicioso de capitán improvisado; Acebal, comicísimo en el legionario; Robreño, correcto en el Astray y Sarzo, viejo actor flanqueado bajo todos los arneses imaginables, hacía el Abd-el-Krim i Nal, derrotado por franceses y españoles.

La nota española llena el cuadro tercero con el tercio de la Legión extranjera, que fue aplaudidísimo y hecho repetir por las aclamaciones del público. La culpa de este entusiasmo del cubano por España, la tienen los americanos, —decía el autor Villoch– aludiendo a ese gran éxito.

Peut-être, –nos limitamos a decir.[110]

El hombre pájaro. 26 de junio de 1926
de ¿A. Sevilla? y Jorge Anckermann

El que firma la obra no lo dice, pero es un arreglo, a veces acertado y a veces disparatado de *Los cadetes de la reina*, con reminiscencias de *Enseñanza libre*, sombreado todo por palmas de *La isla de San Bolondrón*.

Un aviador cae en una ciudad, es recogido por la policía y llevado a palacio. La reina, que ha enviudado hace poco se enamora de él. Él se finge neurasténico para ganarla más y después de muchas peripecias acaba por ceñirse con la corona de consorte: la *guirlande sans fin du bonheur nuptial.*[111]

La Reina es la Becerra; el aviador, Otero; un aviador gallego como Franco y Colón. Delicioso en este papel. Había que verlo, envuelto como en una sábana en el manto real, el bicornio en *bataille* y la gracia como un nimbo en torno a las sienes. Él, Regino y Acebal son las tres columnas poderosas de la Alhambra.

Bien presentada la obra, con números de canto y baile que fueron repetidos. Gustó bastante, no diré que tanto como *La rendición de Abd-el Krim* y *Los escándalos de San Rafael*, pero gustó.

---

[110]Quizás.
[111]La guirnalda interminable de la felicidad nupcial.

Graciosa la Sorg de Vino de Jerez, vestida del color de oro del exquisito líquido. No es extraño que con ella se emborrachara Mariano (Otero). Amalia es un jerez que quita el sentido, no digo yo a Otero; a Valle, a Horizonte y a Colina.

Correo de teatros. 1⁰ de julio de 1926

Cerrado el Nacional, cerrado el Martí, cerrada la Comedia, la actualidad cómico-dramática es hoy Payret con las huestes de Regino, el veterano-actor empresario, a cada reaparición más aplaudido. Es un acontecimiento cada presentación de la *troupe* alhambresca en un teatro, Nacional o Payret. El encanto de lo prohibido va a lo más alto y a lo más brillante a ver las monstruosidades que no existen más que en la leyenda popular. Si hay algo *risquée* en una obra, el arte en que lo envuelven los actores, suprime su obscenidad. Pero hemos convenido en que todo lo que pasa en la Alhambra es sabor a pecado y olor a azufre. Y los empresarios sonrientes, llevan las obras a Payret para ver si esas incriminaciones son merecedoras de una roja censura. Y resulta que si por su audacia, muchas de ellas son dignas de los Quintero, por su medida en la picardía y su buen gusto en la elección de las situaciones, nos ruborizarían a los más apasionados de cuantos admiran los juguetes cómicos de Sánchez Galarraga. Como todas las leyendas, cuando le toca la del Alhambra, se deshace.

Una prueba más la ofrecen esta noche los artistas de la Alhambra con las obras de debut: *Los siete colores* y *La rendición de Abd-el-Krim*. Toda la campaña última, franco-marroquí-española, pasa cómicamente ante los ojos del espectador en un suntuoso film de guerra. El público sigue todas las etapas de la guerra, desde los primeros triunfos del caudillo moro hasta que su *kismet* la va a rendir su alfanje ante "el galo rudo", conculcador de Mahoma. Es una gesta frívolamente heroica —como el público moderno las reclama y como se la brinda espiritualmente el autor.

Los siete colores es un brillante caleidoscopio de vidrios lentamente coloreados por Villoch. En ella toman parte todos los artistas de la compañía. Otero —el brillante *gazetier* de la [ilegible]; Acebal, y en la legión femenina, desde los veinte abriles de Blanca Becerra hasta las cincuenta primaveras de Eloísa Trías.

Abd-el-Krim es Zarzo —*enzarzado* en las bayonetas francesas. Millán Astray es Robreño que diciendo parlamentos patrióticos, "lastray".

Paso el *calembour*, malo, —pero me lo ha dado Federico Villoch.

Y en el tomar, no hay engaño. aunque según don Jacinto Benavente....

Enseñanza modelo. 14 de julio de 1926
de Carlos Robreño

La mala sombra del martes trece no ha podido con el estreno de la Alhambra. Ni con el autor, tampoco. Se le había dicho en todos los tonos que era tentar al cielo estrenar en día semejante. Algunos eruditos —los hay en la Alhambra— hablaban de los pájaros, *jettatura*, número 13, etc. Y Carlos Robreño tiene como una tranca, siguiendo en sus trece, impuso el martes trece y por la noche, la hora de los fantasmas.

Y la obra se hizo y el libro gustó mucho y la música agradable más. El autor no había hecho nada para imitar la mala sombra. Se había limitado a pasear sobre los seres y las cosas, observador, tranquila e irónica, ente, con la indiferencia de un espejo. El espejo en el que hace reír; no él, que se limita a copiar lo que ve.

Las dislocaciones cómicas de estilo y de ideas son las dislocaciones mismas del estado que observa y todo en su manera es cómico. La gravedad es cómica y las deducciones y los efectos de la luz y la sombra, hilarantes.

Matado el número trece y el día nefasto de la semana.

La interpretación, como siempre, excelente.

Cada actor realza el papel que mejor cuadra a su figura, a su temperamento, a su dicción. Ese es el secreto de los éxitos diarios de la Alhambra. La idea de los artistas es agradar al público; no complacerse a ellos mismos.

Por eso triunfan; diría Pero Grullo.

Y nosotros imitándole.

El jardín del amor. 21 de julio de 1926
de Agustín Rodríguez

La mejor obra del autor de *La rendición de Abd-el-Krim* y de *La toma de Alhucema*. A mí no debía agradarme porque mi "jardín de amor" lo ha desgarrado ya la tormenta de los años y quemado la nieve de mis pelos.

Pero yo hago de mis recuerdos, alegrías. Y en vez de llorar sobre las rosas de antaño y los frutos de Hespérides que perfumaban y decoraban mi juventud, vuelvo, animado, los ojos al panorama brillante de mi pasado. Yo, como los que hoy tramontan horizonte de la vida, he sido un *petit* sultán. En mi jardín de amor han pasado por entre alamedas de lirios y acirates de regias dalias, bellezas análogas a las que los poetas adoraron, a las que Ronsard celebraba cuando eran bellas: Helene de Surgeres, la misteriosa Sinope, Astrée, Isabeau de Limnbil...

Hoy el jardín es un huerto —más cerca de la Porciúncula que de Pafos. Pero este dominaba, mientras la música de Anckermann, voluptuosamente serpenteaba en la escena, los artistas derrochaban su eterno *esprit* y los aplausos premiaban la excelente labor del alhambresco libretista.

La pecadora. 31 de julio de 1926
de José Sánchez Arcilla, música de Jorge Anckermann

Ahora la Alhambra estrena a menudo. Se ha convencido la empresa de lo que yo siempre vengo diciendo: que los estrenos son los que llenan un teatro. Cierto que las obras de Villoch ocupan el cartel quince o veintiocho noches seguidas. Pero el autor es Villoch. ¿Y cuántos Villoch tiene la Alhambra?

Y mientras el fecundo e inspirado autor prepara sus notas y observaciones para una obra nueva, los segundones presentan a Anckermann sus producciones para la instrumentación. Y el estreno se anuncia y el estreno llega. Y el público llega al estreno anunciado atraído por la novedad y asido como con anzuelos irlandeses —los que más pescan. (Porque el público de la Alhambra es loco de estrenos. Y en estos últimos días los estrenos se han sucedido continuamente: a uno por semana. Y firmas solicitadas por actores, empresarios y público: Carlos Robreño, Rodríguez, Sevilla, pero que a juzgar por el buen éxito de la obra debe ser cemento (por la resistencia en el cartel).

La nueva obra tiene el sello extraordinariamente cómico de todas de la Alhambra: los chistes de frase, los de situación, la interpretación hacen de *La pecadora*, una de las más divertidas exhibiciones. La Trías en esta obra más que una actriz cómica: es la encarnación de lo burlesco. Casi no se la oye por el estruendo de risa y de aplausos que la acompaña a cada frase y a cada movimiento.

Hoy acapara el número *La lotería* y se me cercena el espacio. "Quédese para mañana", como decía el de Alcázar y tomemos acta del triunfo Arcilla-Anckermann y de los artistas... pecadores, por no ser menos que *La pecadora*.

Correo de teatros. 6 de agosto de 1926

No hay que darle vueltas. La única compañía que lleva gente al teatro es la de Alhambra. No mucha, en estos últimos tiempos, a causa de la «fuácata» pavorosa y fría; pero en fin, más que ninguna otra compañía.[112]¿Una prueba de lo que afirmamos? La noche del Payret, anoche, *La fiesta del sainete* fue la fiesta de la Alhambra. No fue también la fiesta mexicana, porque la estrella de la *troupe* –mexicana– estaba algo oscurecida anoche. Temía brillar. Efecto quizás de la advertencia agresiva hecha por el pulcro censor del papel de seda.

Lo único algo desagradable que tuvo la fiesta, es lo tarde que terminó. Yo me fui a las doce y media. Cuando cogí el fotingo asmático que me trajo a *La Lucha* faltaba todavía medio programa. ¡Si al menos el día de hoy hubiera sido domingo!

---

[112]"La prosperidad de 1921 impulsaba a todos a andar sobre ruedas e inspiró a Villoch *Delirio de automóvil*, poniéndole Anckermann las corcheas. Aquello fue un triunfo para Pepe del Campo, en el abnegado padre y esposo, Sergio Acebal, el negrito chofer y la genial característica Eloísa Trías, que popularizó el vocablo ¡fuácata! imitando el ruido que produce la portezuela del vehículo al cerrarse violentamente". "Apuntes breves del buen tiempo viejo." *Bohemia*. Sección La farándula pasa. 18 de julio de 1954. p. 114.

La Chaparrita –la única novedad que pude ver– fue un triunfo para Otero. La obra es lo que llamamos nosotros, los franceses, una *bluette* y chispeante como ella. La Montalván vacilaba en sus frases, titubeaba, no se decidía. Creía ver inspectores por todo el teatro.[113]

–¡Ah! le van a hacer imposible la vida a la Fryné mexicana.

–Diga– usted que México está ahora enredado con las cuestiones religiosas, que si no...

– Si no, ¿qué?

–La protesta se iba a oír desde Aguas Calientes hasta Puerto Boniato.

Realmente, después del Bataclán.

.....¿Cuándo vuelve a festejarnos la gente del Alhambra en el vasto Payret?

¿Carne o pescao? 7 de agosto de 1926
de Pepe del Campo*

La carne es la que predomina. El pescao dio pretexto para que el público, al salir, terminada la obra tarareara el conocido estribillo:

> Si me pides el pescado
> te lo doy.[114]

La carne es débil dice un refrán. Aquí se ha equivocado porque la carne, en esta obra, de la señorita –perdón: de la señora

---

[113] Es la Compañía de Celia Montalván, requerida por el Inspector del Payret por sus vestuarios "ligeros".
[114] Pregón popular de principios de siglo atribuido a Eliseo Grenet e indistintamente a Tomás Corman según las notas al disco de la banda sonora de *La bella del Alhambra*. Blanca Becerra lo canta en Alhambra.

Becerra–, es fuerte, a juzgar por lo membrudo de las piernas. Aquí el pescao es débil, sobre todo la guabina que interpretaba Acebal – el suculento pargo del *Diario*– que sucedió en esas columnas al chispeante rodaballo que es Gustavo Robreño. La obra es muy alegre; una alegría de *fabliau* –como la que rebosa en Del Campo– de rostro de monja; ni carne ni pescao, como dice él, modestamente, juzgando su labor de artista.

Hay una escena –la primera– que es de un verdadero autor cómico. Cuando Casiano le dice a Magdalena las cosas que le dijo, esta cierra ligeramente los ojos, como bajo un espasmo interno, verdadero arabesco de sicología, que algunos celebraron.

La música es agradable. Pocos números pero bien colocados por Anckermann, el inagotable.

Mersé. 14 de agosto de 1926
de Carlos Robreño, música de Anckermann

He sabido que la obra estrenada con gran éxito anoche en el teatro Villoch-Regino está tomada de una novela escrita con el mismo título por el señor D. Félix Soloni.[115] No la conozco. Sí al señor Robreño, que en otras obras más o menos originales, estrenadas en el mismo teatro, se ha mostrado un buen actor cómico, digno continuador de Gustavo I. El de hoy es Carlos II.

El apellido Robreño tiene la virtud de llenar el teatro. La tradición no se ha roto anoche y creemos que continuará las noches siguientes porque la obra tiene un libreto divertidísimo y los actores se elevan gozosamente. La plana mayor de la compañía

---

[115]Félix Soloni (1900-1968) Excelente costumbrista, escribió una sección en el periódico *El Mundo,* publicó *Mersé* en 1926, adaptada para Alhambra.

toma parte en la obra, excepción hecha a Regino a quien una pena de familia mantiene en estos días separado del teatro.

La música acompaña brillantemente el libro, comentado deliciosamente por la orquesta *anckermana*, cuyo nombre es todo un programa. Dirigiendo el delicioso boceto de Carlos Robreño, me recordó por la seguridad, la gracia indolente de la batuta y la precisión en los efectos, al maestro Viali, el muy joven y muy simpático director de orquesta del teatro Constanzi de Roma: el teatro Alhambra de los transtiberinos.

Los ruidosos «veinte»

"En 1921 el presidente Alfredo Zayas sustituye en Palacio a Mario Menocal mediante elecciones vigiladas por Enoch Crowder, embajador de Washington. El humor de la calle se derramaba en la calle y llega a Alhambra con *Papelazo, embajador* de Gustavo Robreño, en el que Blanquita Pozas cantaba con pícaro gracejo, "Hay que ver... hay que ver..." recuerda Fernando Campoamor.[116] Al año siguiente la compañía de revistas mexicana de Lupe Rivas Cacho introduce las piernas al aire (Villoch), sin censura. Hay decenas de gacetillas sobre el Teatro Cubano de Pous pero muy pocas de Alhambra que estrena *Un tenorio de color*, *La tierra de la rumba*, *La risa loca,* gran éxito, así como los breves juguetes *La Monterito en el baño* y *El negrito de las damas*, con Acebal, Trías y Blanca Pozas. Rivas Cacho y Esperanza Iris son tan populares como los artistas del país. En 1922 Regino vuelve a Payret con seis obras nuevas, entre estas *Cristóbal Colón gallego*, *La verdad desnuda* y *El otro yo*, llamadas a triunfar "ruidosamente".[117] El 13 de mayo presenta en Payret, *Delirio de automóvil*, de Villoch y *Cristóbal Colón gallego* de Gustavo Robreño y se anuncia *Los misterios de La Habana*, obra policiaca de Federico Villoch, el *clou* de la temporada. Fernando Anckermann dirige la orquesta.

En 1923 consagran la revista política por excelencia. *La isla de las cotorras* reafirma que Isla de Pinos es de los cubanos. Alhambra reúne sexualidad y política. Desgraciadamente estrenos tan

---

[116]Campoamor, Fernando. "Crónica a distancia". *Bohemia*, 9 de enero de 1970. pp. 10-15.
[117]Gerardo de Noyal. *Bohemia*, mayo 7 de 1922

significativos no aparecen bien documentados porque faltan ejemplares en la colección o el periódico no los reseña.

Regino y Pous participan de la fiesta del sainete del 7 de agosto de 1925 en Payret. Regino con *Voilá La Habana, Delirio de automóvil* y escenas de *Los efectos del bataclán*. Pous con *Bataclán del solar*. Y hay un concierto de Anckermann, Roig, Grenet y Villalón. El Teatro Cubano cuenta con una gacetilla diaria durante la temporada y Alhambra con dos líneas dentro de la cartelera. Kostia no se inclina por sus espectáculos: su única crónica parece de compromiso. Ni siquiera porque ese año Pous reprisa *Locuras europeas* y estrena *Su majestad, el verano*, tan comentada –con una piscina con agua de verdad fabricada en los Estados Unidos– y la célebre escena donde baila en patines, decoraciones de Gomís y música de Rodrigo Prats. *Criollería*s es menor y Kostia decide no comentarla, quizás, especulación mía, cuando lee lo mucho que le gusta a Isidoro Corzo en *El Heraldo* aunque su enemistad con él parece estar disipada, antes ha reseñado su libro *Entre sorbo y sorbo de miel*.[118] Pous es casi el único autor de su compañía, mientras Alhambra cuenta con decenas de autores "de la casa".

Luz Gil no levanta su carrera allí a pesar de su éxito y lo abandona. Hay artículos que ya ni siquiera la incluyen en el elenco. Es comprensible: fue agotador. En Alhambra, con una compañía nutrida, Luz podía ser sustituida por enfermedad, como se observa en esta selección, mientras que con Pous recae sobre ella el peso de enorme responsabilidad.[119] Las compañías giran alrededor de una primera figura, Pous, Regino, Esperanza Iris o

---

[118] Citado por Río Prado, Enrique. *La venus de bronce*. ob.cit. p. 122. *La Lucha*, 28 de junio de 1914

[119.] Noyal, Gerardo de. "Los artistas del teatro cubano". *Bohemia*. 23 de agosto de 1925. p. 13. Arquímedes Pous, Jaime Prats, Pepito Gomís, Álvaro Moreno, Margot Rodríguez, Josefina Rodríguez y Luisa Obregón.

Margarita Xirgu y en muy pocas ocasiones otros adquieren relevancia. Pero Inés Velasco, Pilar Jiménez o Eloísa Trías tienen un lugar preponderante y Blanca Becerra y Amalia Sorg acaparan gran atención como ella misma antes y después de Pous.

Acebal tiene un éxito meteórico no solo como actor sino como figura intelectual. Colabora asiduamente con las publicaciones del país y tiene secciones en *Carteles* y el *Diario de la Marina*. Publica poesía, entre sus libros, *Con los pies,* participa activamente en el cine y hasta polemiza con Jorge Mañach.[120] Con sus espejuelos de aro, pocas veces se retrata como negrito, sino como un Harold Lloyd tropical.

Del 7 de junio de 1925 data una vigilancia especial para corregir todo lo que atente a la moral en el teatro, el cine y los espectáculos públicos. Otras obras de 1925: *Siempre triunfa el amor*, de Villoch-Anckermann, *La marimacho*, de Arnaldo Sevilla y *Lobo segundo*, de Villoch, sobre un yate que recorre los mares y puertos de la isla, una nave simbólica "para una crítica sabrosa de la actualidad". En cuanto a la música, la primera escena glosa con intención los motivos de la zarzuela *Marina,* con el cantable de las sirenas, el *fox trot* del cuarto acto y el son del final.

El tema del momento es el desnudo y la moral. No es nuevo. El Brujo Bohemio escribe en 1919 al alcalde de La Habana, indignado por un coro de *bañistas* en el Campoamor, apropiado para Alhambra o el Molino. Las parisinas asaltan la moral, denuncia Don Galaor, pero también critica destinar agentes de la policía para llevar a las coristas a la estación. De lo sublime a lo

---

[120]Conde Kostia. "Con los pies". 28 de mayo de 1917. p. 5. Mañach, Jorge. "Del cubanismo en el teatro" e "Ítem más", artículos de marzo de 1923 contestados por Acebal en el *Diario de la Marina*. En *La aventura de perseguir la aventura*, de Carlos Espinosa Domínguez, en proceso editorial.

ridículo, junto a una gacetilla de propaganda del costoso espectáculo, hay una nota sobre las bellezas «ajadas». "La pornografía teatral está agonizando y pronto volverá la decencia a los escenarios profanados por las carnes ajadas de artistas improvisadas, incapaces de hacer otra cosa que mostrar al público su impúdica grosería". "Río revuelto de bataclanismo". Como colofón, Alhambra contrata a Manuel Arroyo, "un perfecto y completo maestro de baile". Después de Ba-ta-clán las bellezas tienen que renovarse.[121]

El 27 de agosto de 1925 Regino está en Payret con *El lobo II* –hay extensas notas en la selección– entre estas, una sobre los peligros de Gervasito (el presidente Machado) al frente de la nave y el 13 de noviembre actúa con los Podrecca del Piccoli en Payret, espectáculo concebido por Ramiro de la Presa con *El barbero de Sevilla* italiano, *Voilá l'Havane*, de Villoch, ironización y réplica a los espectáculos de Rasimi, *Las obras de Julio Verne*, monólogo de Acebal y sobre todo, las "marionetas humanas" en *Concierto de cámara*, con los mencionados, Inés María López, (Chelito criolla), Blanca Becerra, Sevilla y Otero. Blanquita, de tiple cómica, Adolfo Otero, de barítono y Acebal, de muñeco-pianista. Del 20 al 22 de noviembre, de regreso de Europa, Regino quiere contar sus experiencias y su visión del futuro en el monólogo *A pie*, remozado por Villoch, incluido en *La revista loca*.

1926 es un año fundamental en la crítica de Aniceto Valdivia y debió ser material de su libro póstumo. Alhambra tiene muchísimas notas suyas de amistad, ternura y agradecimiento. Ningún cronista la siguió por un espacio de tiempo tan largo ni con esa vehemencia. De ese año datan las últimas críticas suyas de este libro, entre ellas, una sobre una de las pocas obras publicadas

---

[121] Silbos y aplausos. Telón adentro. *La Lucha* 27 de abril de 1925. p. 9.

de Villoch, *Los escándalos de San Rafael,* sainete revista en siete cuadros, con música de Jorge Anckermann. Sucede en la esquina de la tienda El Encanto: Galiano y San Rafael. Ellos y ellas se pasean por ¡la esquina del pecado!, cruzan «jamonas» en busca de novios, vendedores de ¡Bocaditos holandeses, pollo y fuá!, tanto que Petrina, la gallega, se confunde y pregunta a Marcela ¿Esa no es la esquina que denominan del *pescao?*

–Del pecado, *neña,* del pecado, le contesta.

Los vendedores de bocaditos persiguen a la famosa y elegante Carlota, la del «volumen» (un voluminoso trasero) de la guaracha cantada por Floro y Zaballa (1919) y *El volumen de Carlota,* "el arca santa, la vocera y la crónica parlante de los escándalos de San Rafael". La calle es confusión y enredos entre turistas y sus diferentes lenguas mientras los guardianes del orden público tratan de entenderse. Las Vidrieras cantan:

¡Ven... ven... ven
las vidrieras encantadas
y alumbradas,
son un precioso edén...
Ven... Ven... Ven...

Aparece el negrito Clavelito y la mulata Rosalinda. Acebal y Chelito criolla. Ovejita cae en brazos del sátiro, baila como en un ensueño el vals de la tentación.

Chichí. ¡Oh! senos exuberantes
   ¡oh! rollizas pantorrillas,
   ¡oh! caderas prominentes,
   ¡0h! piernas alabastrinas!

El maniquí sale de la vidriera y dice. –Pues ¡ea! Ya que me deseas, aquí me tienes ¿A ver, qué haces conmigo?

—Cárgame.

El teloncillo descubre el maniquí y la fachada en chaflán de la tienda Ten Cent. Chichí se queda con el maniquí y al terminar la obra, la gallega ¡se convierte en la Bella Chorizoff!

Manolo. ¡Ah! ¡San Rafael! ¡San Rafael! Calle de la bullanga, de la ostentación y de la mentira! ¡He ahí tu obra!... Has hecho de ella una señora y de mí, que te di mi sangre y mi vida, un mendigo. Y en trágico gesto (*se tira por el balcón*).

¡Si baila el charlestón
el charlestón de ocasión
y su moda está;
y la población
lo baila todo
sin cesar...
Hay que andar con pies de plomo
en este San Rafael
porque pierde la chaveta
el que menos se cree usted.

La calle es el eje de la anécdota.

No hay en todo el mundo
una calle con más aquel
que esta calle tan nombrada
de San Rafael,
¡Y qué animación
de cuatro a seis,
se figura que está uno
en París, o en Nueva York

> Yo creo que con el tiempo
> será mejor que Broadway
> Si aquel tiene sus encantos,
> este lo tiene también,
> y prueba de que ha gustado
> estos de San Rafael,
> dale, con un fuerte aplauso
> que tiemble el merequetén. ![122]

Me extiendo en el texto por la indiferencia notoria hacia el libreto alhambresco, los publicados y los no leídos y sepultados en las colecciones. Desde la antología de Robreño casi nadie acomete nuevas ediciones y pocas veces el estudioso los toma en cuenta. Creados para el consumo inmediato, pierden vigencia con rapidez. *Los escándalos...* revela pericia en el movimiento, el cambio de cuadros y las caracterizaciones que, aunque estereotipados, son la marca de Villoch.

En abril, mientras Regino está en Payret con *Voilá L'Habana,* en Consulado la Compañía de Agustín Rodríguez representa el sainete de Alberto Garrido padre *El espiritista,* música de Horacio Monteagudo, que se repite junto a *Yuca y ñame, Flor de fango* y otros.[123] La práctica es habitual. La empresa no pierde dinero y cuando se presenta en otro teatro, nuevos elencos pasan a su escenario. El 16 de septiembre estrena en Payret *Concurso de charleston,* de Villoch-Robreño; se repone *La acera del Louvre,* de Gustavo Robreño, *Las viudas de Valentino,* de Agustín Rodríguez,

---

[122]Villoch. Federico. *Los escándalos de San Rafael.* La Habana: Imprenta El Ideal, 1926.
[123]*El espiritista* de Alberto Garrido se representa en Alhambra el 24 de abril de 1926: una fecha clave para la polémica sobre cuando empieza a reutilizarse o plagiarse la versión de Pous, Espígul y otros.

Los líos del Instituto, de Alejandro Pérez Gómez; *El ciclón de Miami*, de Agustín Rodríguez y *Médicos y directivos* de Acebal, escrita para Otero.

El 28 de enero de 1927 muere Aniceto Valdivia. El 29 *La Lucha* lo despide aunque la sección Teatralerías no dice una palabra. El 30, un obituario, un entierro apoteósico, palabras de recordación. Nada supera lo que dijo de sí mismo en otra medallita —encontrada dice él— en el buzón de *La Lucha*.

> Y si por casualidad, otro cronista llegara a alzar la cabeza al nivel de la suya... ¡qué importa! Nuestro *medallado* sería siempre el más personal y el más extraño de los escritores que Cuba haya visto pasar en este fin de siglo, a través de su marea tormentosa de guerra, de transformaciones de régimen... y de melodías.[124]

También, el más extraño y el menos apreciado de los cronistas teatrales.

El 17 de marzo de 1927 empieza sin él la temporada en Payret. *Los grandes de Cuba*, en verso y prosa, con ocho cuadros, sobre los antiguos habaneros, una lección "de patriotismo sin patriotería" con La loma del Ángel de *Cecilia Valdés* como telón de fondo. Regino encarna a Peláez, inventor de la trompetilla. El 8 de septiembre la reanudan con *El bolero* y *La salvación de Cuba*, de Villoch-Anckermann, esta última con los cuadros Ángel de la esperanza, los beneficios del empréstito y El paraíso terrenal.

---

[124]Medallitas. Conde Kostia. *La Lucha*. 4 de febrero de 1898.

Los primeros meses del año conocen un esplendor inaudito. Mimi Aguglia estrena *Casa de muñecas*, la compañía de Eulogio Velasco con sus chicas, emula, se dice, con los *shows* norteamericanos y Rafael López Somoza y Ernesto Vilches están en cartel. *El comunista peligroso*, de Agustín Rodríguez con música de Anckermann, es .. "obra traviesa e ingeniosa con los populares Blanca Becerra, Eloísa Trías, Otero y Acebal, contra el *terrible* comunismo, como se atacó a los bolcheviques, cuenta Sergio Aguirre, en *Cuando vino Mefistófeles*. [125]

Virulilla, de Félix Soloni, adaptada por Sánchez Arcilla y *El niño de Belén*, de Mas, se estrenan el 29 de noviembre en la fiesta del sainete del Martí donde comparten con la argentina Camila Quiroga. Cuando *Carteles* les hace un reportaje, atraviesan por un ciclón –Alhambra es un termómetro de la vida nacional– sirve a los comerciantes para invertir y a los negociantes para medirle el pulso al país y entender sus fluctuaciones. Así todo allí continúa Acebal, el gallego Otero, Villoch (con 390 obras escritas), Regino a cargo de la empresa, las bailarinas del coro, Blanquita Becerra "bohemia por temperamento y artista por herencia", Amalia Sorg, risueña y filosófica, Hortensia Valerón, Eloísa Trías, Arnaldo Sevilla, Pepe del Campo (director de escena) y Julito Díaz. Ha llegado Emilia Benito, cantadora de tonadillas y la imponente Chelito criolla.[126] Ese año comienza el Regina –en el local del Molino Rojo– con renombradas zarzuelas, gustados compositores y nuevos bríos. Alhambra intenta ponerse al día.

1928. 4 de febrero. Se representa *Los efectos del arancel,* de Federico Villoch, escrita especialmente para Regino a su regreso

---

[125] Aguirre, Sergio. "Algunas luchas sociales en la Cuba republicana". *Revista de la Biblioteca Nacional.* Mayo-agosto, 1973. pp. 5-40.
[126] *Carteles.* "El teatro Alhambra." 13 de noviembre de 1927. pp. 20-21.

de su viaje tradicional y *El dinámico*, sobre el ministro de obras públicas Carlos Miguel de Céspedes. La gacetilla lo halaga, aunque Alhambra condenó a políticos y magistrados o se burló de ellos. Intervienen además de Regino, Eloísa Trías, Blanca Becerra, Acebal y Rafael Llorens.

López Goldarás, en el *Diario de la Marina*, anota que cerrados los otros teatros –temporalmente– Nacional, Payret, Martí y el Principal de la Comedia, en agosto, solo está abierto Actualidades– la bombonera de Eusebio Azcué, ahora a cargo de otro y Alhambra, donde "lo jocoso, lo picaresco y lo actual se asocian y se confunden". Aparte de ellos, no quedan "más que las profundas tinieblas del cinematógrafo. Sin embargo, los devotos del teatro están retraídos, y los partidarios del cine se muestran alejados de la pantalla".[127]

Alhambra parece retomar su ritmo ("Por poco dinero se puede hallar allí muchos motivos de risa y alegría") y en treinta días de diciembre estrena el 11 *Cambio de sexo*, de Gustavo Robreño; el 18, *Los de arriba*, de Gustavo Sánchez Galarraga, el 24, *El guanajo de Liborio*, de Robreño y el 31, *La semilla de marañón* de Pepín Rodríguez. Eloísa Trías reaparece el 26 de diciembre, todavía en escena en Alhambra al menos desde 1900. No acapara titulares, pero es la intérprete fiel y necesaria "característica" cuando no pudo hacer mulatas. Continúan los «efectos» del Bataclán, las chicas al estilo de París en el Regina y Actualidades como la recién llegada Lolita Berrios.[128]

En 1929 la perspectiva cambia. Aunque Villoch y Gustavo Robreño mantienen su lugar indiscutible, los más sobresalientes

---

[127]*Diario de la Marina*. 19 de agosto de 1928.
[128]El Caballero Bohemio. "Las chicas del Bataclan". *Bohemia*. 8 de enero de 1928.

autores son Agustín Rodríguez, Manuel de Mas, Antonio López Loyola, Armando Bronca, Arnaldo Sevilla, Sergio Acebal, Mario Sorondo, G. Riancho, Guillermo Anckermann, Pepe del Campo, Francisco del Real, Julio Díaz, Manolo Vázquez, José (Pepín) Rodríguez y Carlos Robreño, creadores del llamado género cubano basado en los tipos del negrito, la mulata y el gallego, el *bruja*, el borracho y la vieja locuaz. [129] Salazar constató antes que "El famoso negrito catedrático en la colonia, pícaro de solar en la República, se ha transformado en un asiduo y aprovechado estudiante de la Universidad que se hace dentista o abogado, el gallego usa trajes de irreprochable elegancia y camisas de seda, es socio de los centros regionales y se casa por la iglesia, y la mulata es maestra de escuela, profesora y una persona decente. [...] El turista que viene a Cuba a gozar de nuestra maravillosa primavera en invierno, lo llevan al Alhambra, pero se le advierte que no lleve a la esposa... allí ve una especie de epilepsia que ataca los hombros y las caderas de hombres y mujeres que bailan como cafres del centro de África, una mezcla de *shimmy* y *charleston*, con mucha lubricidad". [130]

Antes González Curquejo manifestó que "A Alhambra no se va a llorar sino a reír y de antemano se sabe que allí nada se toma en serio sino en choteo. Las señoras que se excluyen de ir a esos teatros y los hombres escrupulosos, según Galarraga, están esperando el momento en que la compañía de Regino López se traslade al Nacional o al Payret para darse prisa en asistir a ellos y admirar a los magníficos actores que desempeñan magistralmente

---

[129] Sánchez Arcilla, José. "El teatro cubano". *Cosmópolis*. Año 3. septiembre de 1929. pp. 38-39.
[130] Salazar, Salvador. "El teatro cubano". *Las bellas artes en Cuba. Evolución de la cultura cubana*. vol. XVIII. José Manuel Carbonell y Rivero, ed. La Habana: Imprenta El siglo XX, 1928: 53-77.

los diversos papeles en *El rico hacendado, Regino por la isla, La danza de los millones, Delirio de automóvil* y otras muchas por el estilo, que están llenas de atractivos y tienden a corregir por medio del ridículo los grandes defectos de la actual sociedad". [131] Si Salazar analiza con reticencia la evolución de los tipos y fustiga "con pena, con honda pena [...] esos caracteres nada artísticos, y la pornografía, que traspasa, a veces, no ya los límites del pudor, sino los de la decencia y el asco", Sánchez Arcilla, como Alejo Carpentier cree que Alhambra "es el único rincón genuinamente cubano que tenemos en La Habana. Allí encuentran propios y extraños la fiel y exacta interpretación de los tipos populares y aprenden el chiste o la sátira en boga." Estos autores, son el más sólido cuerpo crítico sobre Alhambra. Todos sostienen, con variantes, es una versión criolla de la *commedia dell'arte*.

El 9 de agosto de 1929 —mientras Regino está en el Payret— Ramón Espígul ocupa tres días el escenario de Consulado, con Alicia Rico como gallega y le gusta tanto al comentarista Ábalos, que propone que Alhambra la contrate pues ya no está allí Blanca Becerra. ¿O la vuelva a contratar? El teatro no parece estar en sus mejores momentos, los títulos se anuncian sin autores ni elenco y el propio Ábalos está más preocupado por el vacío de los cines. El Rajah de Kapurala comenta:

> ¿Qué hay? Nada que yo sepa ni que nadie asegure. A no ser Regina con sus representaciones muy cubanas, la Comedia con López Somoza que pese a quien le pese, atrae público por su gracia y su vis cómica. Alhambra, bueno, ya eso es otra cosa, eso tiene su público. Demasiado arraigado se halla en el

[131] González Curquejo, Antonio. *Breve ojeada sobre el teatro cubano al través de un siglo (1820-1920)*. Habana: Imprenta y Papelería La Universal, 1923.

corazón popular; Alhambra nunca será un fracaso, su compañía es de mérito más que suficiente y sus artistas, conscientes. Luego cines, cines, muchos cines.[132]

Hace dos años que abrió el Regina, elegante y atildado en comparación; Becerra está con la Compañía de Estrellas Cubanas, en el Campoamor, con Blanca Trías, Candita Quintana, Fernando Mendoza, Julio Gallo y Alberto Garrido, quienes cada día cambian el programa que comenzó con *¿En qué piensas Guillermina?* Regino ha dicho y nadie lo ha creído, que sus actores tienen libertad para triunfar dentro y fuera de Alhambra pero ese año y no durante las vacas gordas, Blanca aparece en las funciones entre tandas en los cines con su hijo Pepe. Quizás es la fecha en la que según Villoch, alguien la embulla a abandonar la compañía. El 25 de octubre estrenan *Alhambra en zepelín*, de Villoch-Pepín Rodríguez, decoraciones de Anthony y vestuario de la casa Finzi.

Entre 1928 y 1930 la sociedad da un vuelco definitivo. Alhambra no puede ocultar su desgaste. El paso del tiempo erosiona la evolución de los tipos sobre los que se sostenían argumentos y *quid pro quos*, ahora demasiado ingenuos o vencidos. El sainete o el juguete han sido reemplazados finalmente por la revista de estructura abierta y ecléctica, cultivada desde hace mucho por Villoch, innovador y prisionero de una forma que como artesano pulió e hizo funcionar con sagaz desenvoltura, continuada por otros de talento superior o inferior al suyo y que como él no imprimieron sus textos. El público de los teatros encuentra el cine, más barato y accesible. El sucesor de Kostia señala lo perjudicial de un teatro determinado por el dinero, las

---

[132] El Rajah de Kapurala. De Telón Adentro. *La Lucha*. 29 de enero de 1929.

influencias, la frivolidad y la rancia vulgaridad.[133] El desnudo es la última carta de la baraja pero Joaquín Blez publica *Pensativa* en 1927.

El 16 de enero de 1930 se representa en Payret *El proceso de Mario Cuban*, de Villoch y Pepín Rodríguez, nuevo y eficaz colaborador. Aparece el tribunal que enjuicia la República en tantas obras bufas y se inspira en la comedia inglesa *El caso de Mary Dugan* que en Consulado ha tenido setenta representaciones. Acebal es el letrado defensor, Otero, el testigo, Regino, el presidente del tribunal, Robreño, el fiscal y Sevilla, el acusador privado. Algún dibujante ilustra las gacetillas. El 30 de mayo se inicia en Payret la brevísima temporada de cuatro obras *La casa de los teléfonos*, sainete de Federico Villoch; *La república de los locos*, de Villoch-Pepín Rodríguez, graciosísima y de gran visualidad, espléndidamente montada, con magníficas decoraciones; el juguete cómico *Las Olimpiadas*, de Carlos Robreño y *¿Qué tiene la niña?* de Agustín Rodríguez. Eduardo Muñoz El Sevillanito, "ha hecho que los coros de Alhambra lleguen a semejarse a los de Ernestina Reach en el Shubert de Broadway, en *Río Rita*" .Al celebrar su beneficio, Pierre de Ramos, reseñista de farándula, comenta que Muñoz ha hecho de Nancy Charlot una verdadera bailarina y de Conchita Lois, una estrella. [134] El 24 de octubre de 1930 se estrena *El hijo de Madame Butterfly*.

[133]El teatro de ayer y las almas de hoy. *La Lucha*. 27 de febrero de 1929. p. 6.
[134]*La Lucha*. 3 de junio de 1930.

1925-1935

Antonio Ábalos, Oscar Ugarte, Francisco Ichaso, Germinal Barral (Don Galaor), Gerardo de Noyal, Rafael Suárez Solís, Juan Acosta, Francisco Meluzá Otero y gacetillas varias de *La Lucha* y el *Diario de la Marina*.[135]

---

[135]Es posible que algunas sean redactadas por Héctor de Saavedra y/o Leopoldo Fernández Ross.

1925

7 de enero de 1925. *La revista loca* por Francisco Meluzá Otero[136]

En el entreacto del Nacional me fui hasta Alhambra donde se estrenaba la última revista de Villoch, titulada *La revista loca*. Breves momentos estuve allí pero con suerte pude ver uno de sus cuadros, después de la introducción, algo cansona, con sus ripios de pirandellismo. Fue la introducción, eso que los franceses han resuelto con el compadre y la comadre, grato por lo fugaz.

Vi el cambio de decoración a la vista del público, hecho con perfección admirable, primer cuadro que fue aplaudidísimo por su belleza escenográfica. Representaba una escena del Ba ta clán, por cierto una caricatura bastante burlesca, aunque muy mal y con bailes y evoluciones desastrosas. Es el *fox* de *Voila París* que bailan y cantan Randall y ocho primeras partes.[137] Por suerte salió Acebal, con el saxofón, imitando al negrito parejero que sale en el Nacional y eso entusiasmó al público que aplaudió bastante. Pero no vi más. La escena bataclánica me atraía y salvé el pequeño tramo que me separaba de un Ba ta clan a otro. Pequeño tramo que resultaba tan largo... Pero nos ocuparemos mañana del estreno de Alhambra y de la revista, pues todavía no he descubierto estar en dos lugares a la vez. Hoy no iré al Ba ta clan, iré a algo parecido... según se ha querido hacer constar en *La revista loca*.

---

[136] Periodista, dirige la página de espectáculos de *La Lucha*. Ha sido director de *El Artista*. En Alhambra estrena, entre otras, *La herencia del animal* y *La expedición machadista*.
[137] Andrés Randall, actor del Bataclán y de *Oh, la, la*. Se publica que el cubano Jesús J. López le escribe los diálogos de sus cuadros.

8 de enero de 1925. En Un poco de todo...

Anoche vi el resto de *La revista loca*, la última obra de Villoch, estrenada en Alhambra. A fuer de sinceros, nos gustó la caricatura del Ba ta clan, pero nada de los restantes tenía originalidad y belleza. Es una obra que por querer ser incoherente, diversa y polícroma, resultó insípida, monótona y hasta insoportable algunas veces. Puede haber algo más insoportable que aquel tío de la lógica y el traspunte enamorada. No hay en las revistas modernas estos personajes. No hacen falta ni para justificar la variedad del asunto.

No se lucen los artistas: porque no es de lucirse ganar aplausos a fuerza de hacer payasadas ni bailar rumbas en poses grotescas. Los coros están pegados al tablado. Y no hablemos de vestuario, por suerte oculta muy bien las marchitas carnes de muchas de las artistas.

Vamos, la revista fue «cuerda» por desgracia. No hubo alguna locura de tenerse en consideración.

27 de enero de 1925

La revista loca. [...] es una verdadera revista en la que la actualidad hecha plasticismo y comentario pasa por el escenario en los alegres sones de una música ligera e inspiradísima y envuelta en fantásticos y ricos ropajes, marco adecuado a la chispa incomparable que el revistero ha puesto en diálogos encantadores, por su intención satírica y gracia...

No por llamarse esa obra *La revista loca* debemos pensar que no la rige un plan y un asunto. Todos los cuadros y escenas están íntimamente ligados entre sí por el hilo misterioso de la idea, que no es otra que la de someter a juicio del público ciertos contrastes entre la vida nacional en el momento de ahora.

Así la sátira al Ba-ta-clán, las consideraciones que sugiere a Villoch, una falta de sentido común en las producciones teatrales de la época, el sabrosísimo comentario de los oportunistas políticos, dicho por Regino magistralmente en un monólogo primoroso; la apología a la facilidad con que aquí se mata cualquiera y es amnis-tiado; y por último, la revista graciosísima sobre los descubrimientos en Marte, que da oportunidad a un cuadro de los más lindos de *La revista loca*, no son más que consecuencia y pintura de la actualidad palpitante, hecha con conocimiento de la escena, del público y de la idiosincrasia nacional. La temporada de Regino en el Payret ha de durar poco. En el homenaje al actor, este nos hablará en Bable, lo que ha visto por aquellas tierras de Oviedo que le vieron nacer.

De telón adentro 1⁰ de marzo de 1925 por Francisco Meluzá Otero

Nadie destaca su personalidad en la escena criolla con más carácter y precisión que Celia, la graciosa artista de la Compañía de Regino López.[138] Sus papelitos siempre han salido triunfantes y a estas horas, de tener un director más conocedor de su oficio, sería una de las figuras principales de la compañía. Un gesto, una palabra o un movimiento de Celia provocarán siempre nutridos aplausos y celebraciones.

Tiene lo que puede llamarse el arte intuitivo de gustar, a más de ser una mujer bella y de formas bataclánicas (empleamos el adjetivo de moda y muy bien empleado en este caso). Pues bien,

---

[138]Celia Fernández, la Monterito.

todo esto, ¿a qué viene? ¡Ah, Celia, a quien llamábabamos cariñosamente «la China»!, abandonará la escena de Alhambra algún tiempo que empleará en dar un viaje a Panamá, donde entrará en posesión de una herencia bastante digna del viajecito: perdóneme la artista si doy la noticia y tiene que padecer de los "picadores" que precisamente no son los que han de meterse, atrevidamente por el alto mosquitero cuando estamos en brazos de Morfeo o en hombros de algo por el estilo, debajo de la discreta tela.

La noticia era interesante para los amantes de la escena constumbrista que cultiva el buen amigo Regino López.

11 de marzo de 1925. *Los efectos del Ba ta clan*
de Federico Villoch-Anckermann por Francisco Meluzá Otero

Cruel y despiadada crítica se hace en la última obra de Villoch titulada *Los efectos del bataclán* de la compañía que nos trajo Madame Rasimi. Espectáculo inmoral, indecente, excitante, que atenta contra nuestras buenas costumbres, dice la obra. Arremete después contra las autoridades, contra los empresarios, contra la sociedad que asistió a ese foco demoníaco de perversidades. Y los protagonistas llegan al robo, la locura, la violación, todo por los efectos del Bataclán, teatro de desnudeces y gestos impúdicos, del cual hay que apartarse si queremos salvar el cuerpo y el espíritu.

Para exponer todo eso Villoch ha hecho una obra exclusivamente con números del Bataclán, del genuino parisino, desde luego que en la traducción ha perdido mucho. El caso resulta originalísimo, pintoresco: atacar a un género teatral imitándolo. Porque si algo tiene de color subido la obra no es precisamente en los números que copia de Madame Rasimi, sino en el diálogo entrelazado, en los gestos y movimientos de los actores, del patio, o sea lo original que pueda haber en el libreto.

Para decir esto y no caer en las maldiciones de *Los efectos del bataclán*, hay que recordar que no se puede confundir desnudo artístico con el gesto grosero, el diálogo picaresco, admitido en todo género teatral, con la palabra soez, el movimiento rítmico o la evolución cadenciosa con la expresión pornográfica. Y esto precisamente no se ha tenido muy en cuenta, ya que no suponemos su desconocimiento.

Alhambra se ha alarmado con la llegada del género nuevo. La revista alegre como un cascabel y de luces esplendorosas de granate. Teatro que cultiva el género alegre, debía estar satisfecha de la moda, elogiar la condescendencia de las autoridades, si la hubiere, y echar por el nuevo camino con todo el poder de su riqueza, de sus inagotables recursos y fecundidad de su autor exclusivo, don Federico Villoch.

¿Qué fin se persigue? A través de la obra no hemos podido dar con él. Eso queda telón adentro.

12 de marzo de 1925. Que la obra gustó, bien lo sabe cuantos presenciaron su estreno. Esos cuadros de Tataclán, son gratos y hermosos solo en su recordación y el maestro Anckermann, recogió los números más lindos de las revistas estrenadas en el Nacional por la Rasimi para musicalizar la obra de Villoch. Tiene el maestro Anckermann una buena memoria.

Nuestro público rió con los chistes, algunos de buena ley y con sabor bataclánico. Pero este público de Alhambra es digno de estudio. Es infantil y chochea algunas veces y cuando la cortina se abrió enseñando las desnudeces de tres mujeres especialmente contratadas para enseñar su arte, aplaudió tan fríamente que no hubo necesidad del bis.

Y seguiremos en sucesivas informaciones toda vez que hay tela donde cortar.

El libro de *Los efectos del bataclán* fue llevado la misma noche del estreno a la censura municipal, originándose algunos incidentes y comentarios.

Pero la obra de Villoch, quitada la parte de ataque a la sociedad y a las autoridades, es tan digna de respeto una como la otra, es una revista alegre, juguetona, de tonalidades y expresiones artísticas. Sus desnudos pueden corresponder al mejor juicio estético, son copiados de Madame Rasimi, que en esto de vestir y desvestir a sus estrellas era toda una autoridad.

Por eso suponemos que el libro volvió a poder del autor tal como dio el viaje a la municipalidad.

Un viaje tragicómico y por «cupones»...

¿Cómo hicieron los actores de Regino esta obra de tendencias bataclánicas? Entiéndase, tendencias bataclánicas copiadas... Se portaron bien los artistas pues es innegable que el conjunto de Alhambra, con todos los defectos que pueda tener, es lo único que tenemos de nuevo en nuestro teatro genérico.

Robreño en su Vitry estuvo admirable. Regino, en los versos finales a la Chelito, a la altura de siempre, aunque esa glorificación de la artista de otros tiempos nos desagradó por completo. Que sepamos las artistas de Alhambra y de Madame Rasimi no se han rifado nunca.

Acebal y Otero bien en sus puestos.

Justo es que recordemos a artistas modestos y sencillos que trabajaron con interés y voluntad en *Los efectos del bataclán*.

Dos artistas que sirven para mucho más de lo que hacen y hacen mucho más que algunos falsos ídolos y peores actores.

Celia, la simpatiquísima China, la oncita de oro de Alhambra y Pepe Serna, nuestro valioso bailador criollo, aplaudido siempre efusivamente por el público.

En la nueva obra de Villoch, Celia está hecha una Violette Luzy encantadora. Imita como magia a las bataclanas en la flexibilidad del cuerpo, las evoluciones precisas, la pecadora sonrisa llena de gracia y voluptuosidad. Está admirable en Eleonora.

Y Pepe aparece como director de la orquesta que exaltado por la música provocativa y sensual del *fox,* abandona las teclas, vase en busca de la mujer demoníaca y danza con ella.

El *fox* que se ha convertido en rumba despampanante, bailada por él con la maestría que posee y la aprobación general del público. Estos dos valen mucho.

La estética y el desnudo. El desnudo en los teatros
22 de abril de 1925. [139]

El defecto tropical de exagerar siempre la nota es algo a lo cual no podemos sustraernos y que se manifiesta con cualquier motivo o por cualquier causa.

Así, por ejemplo está pasando ahora con el desnudo en los teatros.

Al principio sucedía todo lo contrario.

Los resabios de otra época perduraban, en este sentido y se cuidaba mucho de guardar las formas, de conservar el pudor, de

[139] En *La Lucha*. Reproducido del periódico *La Noche*.

no ofrecer espectáculos reñidos con la moral más puntillosa y hasta beata.

Mas, de repente, ha sobrevenido la moda de las desnudeces, puesta en boga por el exotismo novedoso que nos gusta tanto, y he aquí que se rompen, violentamente, las viejas costumbres, que se olvidan todas las delicadezas del pudor, que se exagera la nota, en una palabra.

Ahora no hay función teatral donde el desnudo no sea la nota necesaria y culminante.

¡Y lo peor del caso es que hay que ver muchos de esos desnudos!

Porque nosotros no somos mojigatos, ni profesamos esa estrecha y repelente moral de confesionario, que tiene tufos de sacristía y huele a incienso a diez leguas de distancia.

Pero sí somos amigos de la decencia, del decoro, de la corrección, porque, sin ellos, no podría subsistir la sociedad.

El desnudo artístico despierta sensaciones de belleza. Por tanto, no es inmoral.

Pero el desnudo pornográfico, tal y como se ofrece hoy en algunos de nuestros teatros, es asqueroso y repugnante y, por ende, inmoral.

Bueno es, en consecuencia, que se ponga un término a este "delirio adánico" que se ha apoderado de nuestros artistas que va rayando en la pornografía más descarada.

1926

Regino en Payret. "Teatralerías"
por Juan Acosta
17 de septiembre de 1926[140]

Con un triple y magnífico éxito, inició ayer su rápida actuación la compañía de Regino tanto en *Mersé* como en *El concurso de Charleston*, como *La acera del Louvre* que gustaron extraordina-riamente al público. *Mersé* es una maravilla de escenificación: la obra teatral contiene escenas llenas de colorido y de emoción: el espíritu del criollismo que le supo imprimir a su novela Félix Soloni. En realidad, la labor de Carlitos Robreño no pudo ser más meritoria y el acreditado autor de talento, *El concurso de Charleston* responde a la sugestión de esas tres firmas que lo autorizan: Villoch, Gustavo Robreño y Anckermann. Mucho espera el público siempre de esos ases pero en esta ocasión hay más de lo que se esperaba de ella. Hay ingenio, gracia, travesura, genio, aguda ironía; cuadros costumbristas, llenos de color y de alegría, tipos positivamente hilarantes, *charlestonitis* pintoresca y jubilosa. Cuanto una obra de gran éxito puede brindar al deseo de divertirse del espectador.

La acera del Louvre es una prueba magnífica del escribir donoso de Gustavo Robreño y la fina percepción musical de Anckermann. Estas alternan con la chispeante humorada de Agustín Rodríguez en *Las viudas de Valentino*. El precio es de dos pesos la luneta. A las 8. 30.

---

[140]Juan Acosta, a cargo de la sección Teatralerías en *La Lucha*.

5 de octubre de 1926. Acebal es una de las excepcionales popularidades escénicas, uno de las más firmes simpatías del público habanero. Por eso su función de honor, es uno de los acontecimientos del año. Como es natural, en honor de Acebal, pasa la compañía de Regino en pleno con el primer actor al frente. Tres estrenos y una *reprise*: *Líos del Instituto*, *El ciclón de Miami* y *Médicos y directivos*, los estrenos, la reprise, *La isla de las cotorras*. *Los líos...* es un apropósito de la inquietud estudiantil, original de Alejandro Pérez Gómez, con música de Anckermann del que existe como antecedente de recomendación, en Alhambra cubrió en regular número de representaciones con beneplácito del «respetable».

El ciclón de Miami, sainete oportunista de Agustín Rodríguez. Ya se sabe que tiene el don de atrapar la actualidad y revestirla de ingenio, de alegría y gracia, así sea un episodio bélico o el capricho cinematográfico de *Las viudas de Valentino*. Pues bien, el donoso autor ha hecho este apropósito de *El ciclón...*, un chispeante cuadro popular de tendencias turísticas en el que han de lucir Blanquita Becerra, la Chelito, Pancho Bas, y los dos ases de la risa, Acebal y Otero.

Médicos y directivos es de Acebal y está hecho para Otero. El conflicto entre la Federación Médica y las Quintas de Salud que el pueblo sintetizó en la frase: "De Quinta y Federación", sugiere a Otero soluciones fantásticas, inverosímiles, pero por lo mismo muy graciosas, llegando a la conclusión que para evitar una huelga de médicos, no hay nada mejor que declarar la huelga de enfermos. *La isla de las cotorras*, que cierra el programa, y en la que toma parte el gran Regino, no necesita explicación alguna, puesto que es una de las más famosas revistas de Villoch-Anckermann.

1927

Regino en Payret. *Los grandes de Cuba*
19 de marzo de 1927
de Federico Villoch, música de Anckermann

El público anoche volvió a sancionar con aplausos extraordinarios la espectacular revista de Villoch y Anckermann *Los grandes de Cuba*. La ratificación triunfal de esta producción que señala en la evolución del teatro vernáculo una noble tendencia nacionalista, amplia y bella con las enseñanzas inherentes a una clara evocación del pasado, peno de color y de romántica prestancia.

La Habana vieja, la Habana colonial, que dejó plasmada, en estampas admirables, el lápiz prodigioso de Landaluze, La Habana de los saraos aristocráticos y del desfilar de los quitrines por la umbría señoril y discreta de la Alameda de Paula, la de los ricos cafetales, la histórica *Acera*, el pintoresco Cucalambé, la genuinamente criolla, no invadida aún por el cosmopolitismo estándar de ahora, desfila rápida y grata por las escenas ingeniosas y los cuadros magistrales de técnica salidos de la pluma diestra de Villoch.

Anckermann, con su musa retozona y llena de risa, vistió musicalmente esta obra de manera tal que sin hipérbole, podemos afirmar que se trata de la partitura revisteril mejor y más completa de las producidas por el popularísimo compositor.

Motivo de atracción en *Los grandes de Cuba*, es la intervención de Regino López, en un papel de clásica pinturidad, el guarapeta Peláez, que inventó la trompetilla, puso de manifiesto una vez más, sus excepcionales dotes de gran actor. El resto de los intérpretes no los mencionamos para no hacer diferencias enojosas, actúan con el entusiasmo, el amor y la fortuna que caracterizan la labor brillantísima de la compañía...

La presentación corre pareja con el desempeño. El vestuario es rico y apropiado a la época y el decorado corresponde a la fama que ha sabido conquistar en corto tiempo el escenógrafo cubano Nono Noriega.

27 de mayo de 1927. *Las bodas de plata*
de Villoch-Anckermann

Regino conmemora el cuarto de siglo de la república independiente con esta obra en Payret. Villoch inicia su revista con un apunte felicísimo de la epopeya redentora, la manigua en la que se forjó nuestra nacionalidad, para afocar sucesivamente en cuadros plenos de causticidad y de comicidad, los diversos periodos presidenciales: el patriarcal de don Tomás; el liberalismo de José Miguel Gómez, el combativo de la primera etapa de Menocal y el fantástico de la Danza de los Millones, el reajustador de Zayas y este actual constructivo en el que tanta fe y tantos optimismos tenemos puesto todos.

Villoch sintetiza con una sola frase oportuna, con una sola crítica benévola, con un chiste, toda una época, y este es su mayor triunfo en la revista que tan admirablemente la encajado en el gusto del público.

En cuanto a Anckermann, ha condensado líricamente nuestros veinticinco años de República en tres cantos, Tumba la caña, La chambelona y A pie. [141] Sobre estos tres motivos bordó la fantasía del maestro la más jugosa partitura. Completa el atractivo de esta revista la gama de color viva y brillante de la escenografía de Nono Noriega. (*La Lucha*, 30 de mayo de 1927).

1⁰ de junio. *La prórroga de poderes*. Una obra de actualidad palpitante, producto feliz del ingenio agudo de Carlos Robreño, heredero directo de su padre, el popular actor y autor cubano, al que no podemos descubrir porque es ya sobradamente conocido. *La prórroga...* tiene escenas regocijadas y además, diálogos ingeniosos, pasajes de efecto, situaciones divertidísimas. No vamos a cansar la atención del lector narrando el argumento ni citando las más salientes de la acción. Toda La Habana ha de desfilar por el Payret por el solo el atractivo del nombre. Tiene el mérito de haberse estrenado cuando está sobre el tapete la prórroga de poderes, esa fuerza inmensurable de la actualidad.

---

[141]"Tumba la caña, anda ligero/mira que viene el Mayoral/sonando el cuero" es el estribillo que se oyó en *La casita criolla*; la conga "La chambelona", el himno de oposición a Menocal y "A pie"... el son cantado en la elección de Gerardo Machado por el Partido Liberal aliado al Conservador. "A pie... a pie... no me duelen ni los callos/se acabaron los caballos." Cf. Díaz Ayala, Cristóbal. "Oh, Cuba hermosa". Ob. cit.

El voto de las mujeres. 3 de junio de 1927
de Agustín Rodríguez y José Sánchez Arcilla

He aquí una cuestión de actualidad palpitante y apasionante. La dulce compañera del hombre tiene aspiraciones políticas, tiene ambiciones de mando público (el privado lo ejerce ya hace muchos años, aunque no de manera oficial) quiere elegir y ser electa. Y marcha para ello firme y decidida hacia la conquista del voto.

Sobre este punto que porque atañe a la más deliciosa obsesión del hombre, nos interesa a todos, han escrito una chispeante humorada dos de los más afortunados autores vernáculos: Agustín Rodríguez y José Sánchez Arcilla y sobre la prosa plena de ingenio y de risas de *El voto de las mujeres* colocó Anckermann las notas cascabeleras de su música fácil, linda, cubanísima.

Alterna con *Las bodas de plata*, uno de los grandes éxitos de Federico Villoch.

El comunista peligroso. 14 de julio de 1927
de Agustín Rodríguez

La compañía de Regino pasa al coliseo rojo para cubrir funciones de sábado y domingo. La de ahora, es una obra hecha en torno al tópico obligado del momento. Se titula *El comunista peligroso* y es original de Agustín Rodríguez y de Jorge Anckermann, firmas que por su efectividad escénica han de satisfacer plenamente al público. Agustín Rodríguez es un escritor de ingenio reconocido y que domina a su gusto esta clase de obra que bordea con habilidad manifiesta la actualidad política y social.[142]

8 de septiembre de 1927

El bolero y *La salvación de Cuba*, de Villoch-Anckermann pueden considerarse como estrenos en Payret. *La salvación...* merecía figurar en los programas dos veces por temor a que el público se quedara sin verla. Pertenece al género que ahora cultiva Villoch, en el que el celebrado autor salpica la escena de chistes intencionados y pone en ella esa crítica sutil suya que tanto agrada al público. El ángel de la esperanza, los beneficios del empréstito y El paraíso terrenal, son los títulos de los cuadros. Toman parte los principales artistas del conjunto, sin que falten Acebal, Otero, Robreño, Serna, Hortensia Valerón y Blanca Becerra.

---

[142] Debajo de la ilustración, el texto: Los vecinos (Otero, la Trías, la Becerra), temerosos por la presencia de un huésped misterioso en el solar, denuncian al vigilante de posta (Otero), el comunista peligroso que se pasa el día ordenando instalar bombas en los edificios mayores de La Habana.

En honor de Agustín Rodríguez. 7 de octubre de 1927

Pocas, muy pocas figuras ofrecen tanto interés en el teatro como esta de Agustín Rodríguez, el talentoso autor que esta noche será dignamente homenajeado en el teatro Alhambra. Decimos esto, porque Agustín ha sabido abrirse un camino solo, sin protecciones y sin recursos reprochables. Su imaginación desmedida en cuanto al teatro se refiere, hizo que Agustín abandonara la concha, desde la ardua labor que para el apuntador significa una jornada de ensayos y representaciones, y en vez de entregarse al descanso merecido –leía mucho, a Esquilo, a Shakespeare, a Benavente, formando paso a paso su intelecto, hoy muy apreciable– hasta que un día, han salido de su inquieta imaginación, llena de lecturas de polichinelas y arlequines, capas y espadas, hombres y mujeres de pueblo, pensó que podía ser autor y acometió su obra. Agustín triunfó desde los primeros ensayos porque a su experiencia teatral, une lo más preciado, sentido común, que como dijo el filósofo, es el menos común de todos los sentidos. Y así, palmo a palmo, sin reclamo ni padrinos, se nos convirtió Agustín Rodríguez como una de las más exitosas figuras entre nuestros comediógrafos. La escena no tiene secretos para el que escribe con una claridad precisa; hace el diálogo fluido y fácil. Mueve los personajes a su antojo. Así se explica que cuando meses pasados, la empresa de Alhambra inició un concurso entre los autores de la casa, y conste que los hay de grandes méritos, Agustín triunfó plenamente, de manera decisiva, obsteniendo el primer lugar por unanimidad del jurado que premió *La blanca que tenía el alma negra.* [143] Fue quizás el premio a su laboriosidad, su gracia y su talento.

1928

En febrero de 1928 Regino participa de la despedida a María Tubau con el apropósito de Castelles *Fray Marion interroga a las estrellas,* con Rafael López Somoza. El 31 de agosto, por las bodas de oro del Payret, la obra del mismo título, de Federico Villoch, así como *Franco en La Habana* de Agustín Rodríguez y Jorge Anckermann.

Regino hoy en el Payret. 5 de febrero de 1928

Una escena de *Los efectos del arancel,* de Federico Villoch. El detallista José Otero explica a su socio (Pancho *Bas*) y a sus parroquianos, Julio César (Acebal) y Ginúa (Regino), los beneficios que recibirán el comercio y las industrias con la aplicación del nuevo arancel.

Una escena de *El dinámico,* a propósito de Pepín Rodríguez, acerca del más dinámico de los funcionarios públicos. [144] El negrito (Acebal) explica al empleado cesante (Regino) las noticias de Obras Públicas que lee la criada (Blanca Becerra).

Julio César. (Acebal). Desengáñese, Don Pepe, eso es un producto del dinamismo de Carlos Miguel. Esas escaleras se hicieron en menos tiempo que el que emplea en subirlas el

---

[143] Parodia a saber de *El negro que tenía el alma blanca,* novela de Alberto Insúa, de mucho éxito en 1922. También hay otra, *El moreno que tenía el alma blanca,* de Sorondo. El segundo lugar fue para *El furor del balompié* de Carlos Robreño.
[144] Carlos Miguel de Céspedes.

conferencista. Regino participa con el monólogo *Filosofía de Baco*. Matinée y función nocturna a 1.50. (Gacetilla del *Diario de la Marina*).

24 de septiembre de 1928

Reaparece en el teatro de sus triunfos la simpática Chelito criolla que se presentará en la graciosa obra *La rifa de las mujeres*, original de Mas y López, en segunda tanda.[145] En primer turno *Solo para damas*, el gracioso sainete de Pepe del Campo que el viernes hubo de estrenarse con éxito grandioso. Se reserva para último turno *La isla de las cotorras*, una de las mejores obras de Villoch.

En Alhambra no se alteran los precios costando la luneta invariablemente 50 centavos.

***El Prado de La Habana. La plaga de las guaguas*. 3 de octubre de 1928**

Artista de méritos comprobados y de irresistible simpatía, este Adolfo Otero que ha logrado la multiplicidad de facetas dentro del monocordismo de un tipo único, definido, es un verdadero favorito de La Habana.

No es extraño que su función de beneficio constituya una atracción para el público que lo admira y tiene por él más que afecto, debilidad. Un gran *reprise* y dos estrenos. La *reprise*, la famosa zarzuela de Federico Villoch y Jorge Anckermann, *El rico hacendado*, los estrenos, *El Prado de La Habana*, de Villoch-Pepín

---

[145] Chelito criolla, identificada por Robreño como Inés María Hernández, según Río Prado en sus investigaciones, es Inés María López.

Rodríguez, sobre los diversos aspectos del famoso paseo y las reformas constructivas del gobierno, a inaugurarse el 10 de octubre, con bancos monumentales e iluminación a *giorno*. La obra escrita por Otero, *La plaga de las guaguas,* trata sobre las máquinas La Precisa, La Comodidad, la Segura, en la que interpreta un chofer que ha batido récords de choques y accidentes.

El de la vaselina 16 de noviembre de 1928
El cambio de sexo. 11 de diciembre de 1928

Pepe del Campo se está revelando como un fecundo autor teatral. Sus obras tienen siempre un sello de originalidad poco común. Fundamentamos este aserto en los triunfos alcanzados por el popular actor en sus obras *Solo para hombres* y *Solo para damas.*

Hoy se presentará en la tanda de 9 y media *El de la vaselina*, viaje cómico lírico en un acto y cinco cuadros plagados de escenas cómicas e interesantes, con música del maestro Anckermann. Los cuadros se titulan La sombra de Anacaona, Una fiesta matancera, En alta mar, En el Cairo y El cambio de novio. Para la primera tanda se anuncia *La conga de Colón* y en el último turno, *La cocina económica y los nuevos pobres*. Luneta: 50 centavos.

11 de diciembre. Estreno de *El cambio de sexo* de Gustavo Robreño-Anckermann. Por poco dinero se puede hallar en Alhambra muchos motivos de risa y alegría. Con Sevilla, Otero, Robreño, la Chelito y Llorens.

1929

14 de enero de 1929. De telón adentro
Regino en el Payret. Por el Rajah de Kapurtala.[146]

Como los coleccionadores de joyas se complacen en enseñar a sus amistades aquellas de extraordinario valor, por la limpieza de sus colores y la belleza de su estilo, así también la compañía alhambresca gusta de exhibir ante la sociedad habanera obras que después de triunfar en el teatro de Consulado y Virtudes, hacen que la popularidad las consagre, dando un mentís rotundo a los que afirman que los autores del patio carecen de talento para interesar al público, por lo anodino de los argumentos y la insulsez de los motivos elegidos para llevar a escena, haciendo que el teatro, impropiamente llamado cubano, caiga de lleno en la más grotesca chabacanería.

Hay excepciones y son precisamente las que aprovechan Regino y Villoch para –dando una escapada al hogar propio– como los niños traviesos del hogar paterno, presentarse orgullosos en Payret, ávidos de que los aplausos sancionen la labor más o menos criolla, aunque siempre inspirada en propulsar el teatro costumbrista, al que sólo encontramos el defecto de que todas las obras giran y se desenvuelven alrededor de personajes habaneros, como si en el interior no hubiera motivos explotables fuera de los que la revista acoge para dar más colorido a la escena objetiva en donde el escenógrafo triunfa aunque los autores fracasen.

Estas divagaciones acuden al punto de la pluma con motivo de la cuarta estancia en Payret de los artistas del Alhambra que desde el sábado triunfan noche tras noche con obras tan graciosas

---

[146]En el periódico *La Lucha*. Creo es el periodista Oscar Ugarte.

como *Ten cents teatral*, *La cocina económica*, *El son en París* y *La revista del año 28*, todas de actualidad, en que la sátira bien intencionada y el gracejo hecho con donaire, provocan sonoras carcajadas y calurosos aplausos en el numeroso público que acude al coliseo.

Eloísa Trías, característica de excepcionales facultades; Amalia Sorg y María Pardo, meritísimas actrices, forman el tríptico femenino, de simpatías bien ganadas, lo mismo que el veterano Regino que con Acebal y Otero comparte la envidiable aureola de la popularidad, contando por centenares los admiradores, por la actuación personalísima, imposible de imitar.

Estos nombres de actrices y actores, prestigio de nuestro teatro, hacen que el teatro Payret se vea diariamente de bote en bote con la natural satisfacción de la Empresa, que sin reparar en sacrificios, ofrece al público lo que el público quiere: un espectáculo bien presentado, variado y de palpitante actualidad.

De Telón adentro. El estreno de Alhambra
El Rajah de Kapurtala. 18 de enero de 1929

¿Cuáles son las impresiones del día? preguntaba al amigo consecuente y leal que como yo siente la nostalgia de los días que fueron; cuando por una época como la actual nos veíamos visitados por compañías de primer orden y las cuales eran llenos y éxitos condicionados. En un gesto pude adivinar la respuesta. Demasiado comprendía que no era necesario esforzarse mucho para saber que, excepto algunas representaciones, La Habana estaba huérfana de arte.

—Alhambra prepara un estreno para mañana, agregó. Algo inmejorable y donde nos daremos el placer de pasar unas horas agradables.

—¡Oh, sí! todo lo de Regino López es bueno. Es de los pocos consecuentes que hoy persisten con el género cubano: y que han sabido rodearse del mayor interés así como el más duradero esplendor.

—Al menos en aquel ambiente olvidamos las crudezas y tonterías de otros sitios que quieren aparentar grandes exposiciones y que meramente alcanzan a ser mediocres.

—Ya sé a lo que te refieres, y de antemano estoy de acuerdo contigo.

Sin embargo, ya ves, la empresa de Alhambra, sin mucha pretensión y así muy modestamente, realiza una obra portentosa y ofrece a su público algo que amerita el dinero. Y con esto no creas que es que yo desee herir susceptibilidades, ni que piense remotamente que deseo hacer daño; ahora bien, seriamente, reflexionando con todo buen juicio, creo que hay ciertas obras inadecuadas por completo para algunas compañías y que simplemente ellas son las culpables de sus propios fracasos. Pero dejemos esto, no quiero continuar comentando sobre este aspecto de casos y cosas. Hablemos de mañana.

Don Juan el terrible es la obra que subirá al palco escénico del coliseo de Consulado. Precioso sainete en un acto y tres cuadros, original de Julito Díaz, música de Jorge Anckermann, con un reparto escogidísimo.

¿Y qué más? Por hoy nada.

[...]

El superhombre. 3 de marzo de 1929
de Pepín Rodríguez y Federico Villoch

Si admirable es el libro, de Villoch y Pepín Rodríguez, la música, la presentación, la interpretación que le dieron los artistas de Regino con él en primera fila, no ha podido ser mejor. Tanto María Pardo como Amalia Sorg, Dulce María Mola, Eloísa Trías, Llorens, Julito Díaz, Serna, Otero, Acebal, Pepe del Campo, Bousquet y El Sevillanito rivalizaron con esmero para el mejor éxito de la obra.

6 de abril de 1929. *La tora del solar*, sainete de Víctor Reyes y Anckermann, que fue el estreno de anoche, no defraudó las esperanzas del numeroso público que acude siempre a los estrenos, ha sido uno de los más divertidos y mantuvo la hilaridad todo el tiempo. Es esperado otro, la revista *Vitaphone alhambresco*, de los fecundos autores Federico Villoch y Pepín Rodríguez que como saben los lectores colaboran felizmente para regocijo de los que gustan de la gracia chispeante de las revistas modernas. La compañía se traslada a Payret y estrenará *Rincones de Cuba* del bardo Galarraga, *El baile de los ciegos*, de Villoch y Robreño y *La superhembra* de Mas y López, todas tienen música del maestro de siempre, Jorge Anckermann. *Diario de la Marina*.

El baile de los ciegos. 10 de abril de 1929
de Villoch-Robreño-Anckermann

Habrá un gran acontecimiento teatral. Es la gran función que ofrecerá la compañía de Regino. El programa es atractivo y puede asegurarse que el teatro de los Saaverio se verá colmado. Se inicia la velada con *Rincones de Cuba*, de Gustavo Sánchez Galarraga, con música de Anckermann.

En la segunda parte, se representará *El baile de los ciegos*, gran producción de Villoch, Robreño y Anckermann. En ella se reproducen los números más salientes del baile a beneficio del Asilo Varona Suárez. Regino tiene a su cargo el papel del Tío

Perico, un "viejo a la moderna" que baila danzas y canta con Dulce María Mola la canción de Palau "Hermosa noche". Le sigue el estreno de *La superhembra*, de Mas y López, donde Consuelito Alea, la graciosa tiple, interpreta "Mi caballo bayo", un tango pampero.

26 de abril de 1929. Se estrena un sainete en un acto y cinco cuadros de A. Punte, música de Anckermann que lleva por título *A regenerarse*. ¿Qué título más adecuado, verdad? Continúan con asiduidad los ensayos de dos revistas de palpitante actualidad, *M. Ch. D. o Kaleidoscopio nacional*, original de Villoch y Pepín Rodríguez, música del inspirado maestro Anckermann y la otra se titula *Jiménez e Iglesias*. Esta es de mucha comicidad, sobre el viaje de los ases de la Aviación Española.

Vitaphone alhambresco es algo definitivo pues el éxito alcanzado con esta obra ha sido muy superior a lo esperado.

Para hoy, en primera tanda, *Don Juan el terrible*, en segundo, estreno de *A regenerarse* y en la tercera, *Vitaphone alhambresco*.

El frente único o las industrias del patio
por Antonio Ábalos. [147]
30 de mayo de 1929

Aplausos tras aplausos, ovación tras ovación fue lo que recibió en la noche del martes el estreno de Alhambra: *El frente único o las industrias del patio* [...] obra de los talentosos escritores Robreño, alcanzó ayer en su estreno, uno de los éxitos más grandes que en mi larga carrera de periodista he podido presenciar. Buena en todos los momentos, de una gran comicidad, donde el genial Pepe del Campo, Acebal y Otero, junto con Eloísa Trías,

---
[147] En el periódico *La Lucha*.

hacer las delicias del numeroso público que ambos días se dieron cita en el amplio coliseo de Regino y Villoch.

Nosotros no somos amigos del *bombo*, pero *En el frente único*..., todo lo que digamos es poco: ha tenido un éxito muy merecido.

Todos mis lectores saben que Alhambra se caracteriza por llevar al palco escénico obras de verdadero valor; lo hemos admirado en *Ten Cents teatral, La super hembra, El super hombre, Vitaphone alhambresco, M.Ch. D. o Kaleidoscopio nacional*; pero en esta se ha logrado llevar a escena algo muy nuevo y con una gran crítica, algo de verdadera obra patriótica.

Los cuadros magníficos, o mejor dicho, algunos, porque en todas estas cosas están presentes escollos que aunque no de gran importancia hacen que no se luzca como debe, hay algunos cuadros que ya han sido muy vistos por nuestro público y además está el coro algo falto de ensayo; pudimos notar mucha frialdad de parte de las coristas a la entrada y salida y notamos que al final cada parte salía por un lado distinto. Naturalmente que esto se puede subsanar y si lo decimos no es con el ánimo de herir susceptibilidades, sino al contrario, hacer que esa grandiosa obra luzca mucho más, lo que debe lucir.

El cuadro donde aparece Carlos Miguel de Céspedes, muy bien traído e indica una mano muy hábil; los bailes del Sevillanito, de poco gusto, pero por lo demás, la obra es magistral, grandiosa, lo mejor que hasta la fecha se ha llevado al teatro Alhambra.

Robreño hace una gran crítica al pueblo americano en *El frente único*, lo que le valió una de las más grandes ovaciones que recuerdo haber presenciado.

Muy bien Acebal, este artista que tan hábilmente caracteriza al negrito, fue muy aplaudido. Con gran naturalidad, actuó en todos los momentos como siempre, no es necesario hablar de él, todos los tenemos como uno de nuestros mejores artistas. Otero, muy bien, también Julito, Sevilla y Llorens.

De Dulce María Mola, no hay nada que hablar, su bella voz la ha hecho de infinidad de simpatizadores, estuvo muy bien y sus canciones muy bien interpretadas al igual que sus bailes.

De Eloísa Trías queremos hacer un aparte porque en honor a la verdad, se lo merece. ¡Con qué naturalidad trabaja! A pesar de sus años, la vemos con esa gran ligereza, que la distingue entre sus compañeras.

El frente único tiene otras novedades como un corto *match* de boxeo donde Tommy Albear cruza los guantes con un buen adversario logrando derrotarlo, dándole más interés a la obra. [...]

En la temporada que se inicia por Regino en el Payret, se darán a conocer dos obras notables: *La revista sin hilos*, el último triunfo del fecundo y notable sainetero Federico Villoch, [148] y *Afrodita*, otra de las obras de más brillante resultado. Por lo que se refiere a *La revista...* el público sabe ya de sus méritos y sus bellezas. El ingenio de Villoch, tantas veces fulgurante en centenares de zarzuelas del más pintoresco sabor criollo, se ha revelado en esta ocasión de forma nueva, de más amplios empeños, de más delicada composición, de más bella y fina expresión teatral. *La revista sin hilos* es una exhibición acertadísima y cegante de tipos cosmopolitas, bien observados y dibujados de mano maestra, y que en el enredo de la farsa –graciosísima serie de incidentes cómicos sobre un asunto nuevo– se combinan para llevar al ánimo del público emociones y regocijos inefables. Se aliaron el maestro Anckermann y Nono Noriega, el uno, componiendo una partitura sobre motivos del mundo alegre de París y el otro, pintando un

---

[148] Estrenada el 18 de febrero de 1924.

decorado de efectos bellísimos y de un colorido y novedad sorprendente.

El beso de Valentino. 15 de junio de 1929
de Villoch-Rodríguez y Anckermann

Trátase de una comedia lírica-cómico-satírica que tiene situaciones de gran efecto teatral, escenas de extraordinaria gracia, tipos divertidos y pintorescos y argumento interesado y regocijado.

La arquitectura de la producción de Villoch es de una solidez indiscutible. Pepín Rodríguez, el aplaudido colaborador, presta al maestro del sainete la eficacia de la inventiva y su destreza en el género.

Federico Villoch es lo que llaman los franceses un hombre de teatro. Usa la prosa y el verso con asombrosa facilidad, sin caer jamás en ridículos amaneramientos, ni en oscuridades ni cursilerías. Da intensa vida real a sus personajes. [...] Versifica con la misma maestría de Narciso Serra, de un Villergas, de un Bretón de los Herreros, tiene esa sobriedad encantadora de los príncipes de la escena en todos los tiempos.

Con *El beso de Valentino*, obra graciosa, hilarante, donde se sigue el proceso del beso desde los ingenuos contactos labiales de los pastores de Longo (en *Dafne y Cloe*) hasta el beso de «esparadrapo» que pusieron de moda los artistas de pose de las películas. Villoch y Rodríguez han entusiasmado al público *habitué*. Cuando la obra se presente en el teatro Payret, ya las señoritas valentinas, valentinianas o valentinófilas irán a extasiarse y disertarán apasionadas sobre el beso en todas las épocas citando a los amantes célebres [...]. En la interpretación alcanzaron un suceso espléndido la Sorg, la Trías, Acebal, Otero, Pepe del Campo,

Díaz y Pepe Serna. El desfile bataclánico del elemento masculino produjo una sucesión de carcajadas interminables.

Amalia Sorg y Juan Firpo en la escena del "beso emocional" pusieron mucho entusiasmo en sus caracterizaciones. Chelito criolla y Acebal, encargados de explicar el más vibrante de los besos, el beso criollo, estuvieron admirables.

El nervio trigémino de Julio Díaz. 28 de junio de 1929.
por Rafael Suárez Solís

Como se había anunciado, se estrenó anoche, en el Coliseo de Consulado y Virtudes, una obra de actualidad de Julio Díaz y Jorge Anckermann, titulada *El nervio trigémino*. Ayer comentábamos en esta sección el hecho realmente curioso que un descubrimiento científico de tanta importancia para la medicina universal, como el de las insospechadas conexiones del trigémino, haya dado oportunidad a los autores cómicos para planear las más regocijantes escenas y situaciones divertidas y los más ingeniosos chistes.[149] Y es que las curaciones del Dr. Asuero, tienen sin duda, gran efecto teatral.

Eso de ver que una etcétera, como Rodofo, el feliz anunciador de espectáculos, andar como el más aprovechado de los alumnos de calistenia de un plantel acreditado, eso de oír hablar elocuentemente a un mudo, eso de decirle *sotto voce* algo a un sordo y oír que el teniente responde al instante, tiene, dígase lo que se diga, que producir una impresión intensísima, sobre todo, o especialmente, en los elementos populares.

---

[149] La compañía de Gomís estrenó *Un toque en el trigémino*, Blanca Becerra y Acebal, el apropósito "El doctor Anzuelo o la cura del trigémino".

Los académicos negados a admitir como científico el sistema de Asuero, sin conocerlo, es decir, estando en albis en lo que se refiere al estudio de las conexiones y al procedimiento del tocayo del rey de Persia que tuvo que soportar a Esther, aumentaron, indudablemente el caudal de gracia, en el ya navegante río de lo «hilarante» que diría un vanguardista de primera fila.

Agréguese a todo lo supra dicho, que los médicos de las más distantes latitudes, al enterarse del acontecimiento, empezaron a dar toques sin saber dónde los da Asuero ni en qué sitio hay que darlos para cada cosa. Porque es de suponer que el «toque» que ha de emplearse para curar a un reumático no será lo mismo que aquellos que se usan para hacer oír a un sordo o hablar a un mudo.

La cuestión que plantearon algunos académicos a Asuero afirmando que si acaso, se curarían los que se pueden curar por sugestión, aquellos que padecen de psicastenia, los que están enfermos del espíritu, de la psiquis, ha quedado ya resuelto con la curación de una mula, que no es posible que esté preocupada ni que padezca del alma.

Han resultado de todas esas controversias médicas, múltiples pasajes de *vaudeville*, que los que escriben cosas de actualidad para la escena han aprovechado con verdadera avidez en el deseo de llenar los teatros que, por lo general, en esta época de crisis y calor, están desiertos.

Julito Díaz, habituado a su *metier* en la compañía de Villoch, Regino López y Jorge Anckermann, que es el técnico más hábil del género que se trata, ha hecho en *El nervio trigémino* gala de su pericia eslabonando situaciones graciosas, divertidos pasajes, chistes de toda clase y asociándolo todo a una música alegre y ligera que conviene al asunto. El público, a quien placen estas expresiones de la actualidad cómica y que es por el temperamento y por el ambiente, devoto de ese clásico choteo criollo que Mañach estudió con su habitual profundidad filosófica, rió sin interrupción y saludó con caluroso entusiasmo.

A eso era seguramente a lo que aspiraban Julio y Jorge.

agosto 4. 1929. Con un éxito magnífico estrenó anoche en Payret *El rescate de Franco*, de Federico Villoch y Pepín Rodríguez. Los cuadros Volar es un placer, La rumba aérea, Se perdió Franco, En Cartagena, La noche trágica y El rescate de Franco, fueron aplaudidos con entusiasmo por la concurrencia. En esta muestran Villoch y Rodríguez su gracia fluida, su caudaloso ingenio y sobre todo, que conocen al público.

Anthony pintó unas decoraciones que causaron gratísima impresión.

Sevilla se distinguió encarnando al tipo del barrio de la Macarena. Acertadísimos en sus papeles Otero, Acebal, Robreño y Serna. También se llevó a escena *El nervio trigémino* de Julito Díaz que ha permanecido en cartel desde el inicio de la temporada.[sic] *Diario de la Marina*.

La Habana sin ruidos. 7 de septiembre de 1929

Noche de gloria la de ayer en el Payret. El debut de la compañía de Regino conquistó el triunfo que esperábamos porque esta cuenta con infinitos admiradores en la sociedad habanera. Ovacionada *La Habana sin ruidos*, letra de los incansables Federico Villoch y Pepín Rodríguez, música de Anckermann, que en uno de sus cuadros más interesantes, defiende con calor la guayabera, el clásico vestido de nuestros mayores, con la cual se lanzaron al campo en aras de la libertad los hombres gloriosos del 68. Así como las magníficas decoraciones de Anthony a quien le esperan días de gloria. Magnífica interpretación la de esta obra, en la que todos los artistas por igual destacan su papel. Sevilla, el gran actor; Otero, inimitable, Acebal, como en todos, superior; la Sorg, Trías, la Pardo, geniales; y también el encantador grupo de las vicetiples. Mañana se presenta *El bolero* y el lunes se despiden con *¡2.20!*, apropósito de Sánchez Arcilla.

La fuerza del sexo débil. 4 de octubre de 1929
de José Sánchez Arcilla-Anckermann

Noche de gala la de hoy en el alegre teatro Alhambra. Es la fecha señalada para estrenar *2.20 o la fuerza del sexo débil*, sainete original de Pepito Sánchez Arcilla, de actualidad palpitante por servir de tema el problema azucarero, el cual trata con sutil ingenio de escritor experimentado. Detalle importante de la obra es la participación que hoy tiene la mujer en todos los asuntos demostrando el mismo interés que los hombres. En este se destacarán las meritísimas artistas Mola, Eloísa Trías, y Chelito, Acebal, Julito Díaz y Otero, actores admirables y admirados encajan muy bien en el papel a ellos encomendados. La música del maestro Anckermann adaptada completará el éxito de esta obra.

Consecuencias del trigémino. 17 de octubre de 1929
de Julito Díaz

Esta noche comienza la breve temporada de la compañía de Alhambra en Payret, la única que realizarán Regino y Villoch en lo que va de año, a precios populares de cinco pesos los palcos con seis entradas, un peso la luneta; ochenta centavos la butaca, treinta centavos la tertulia y veinte centavos el paraíso.

Cada día se pondrán en escena dos obras. Esta noche, en primera parte, la revista en un acto dividido en prólogo y ocho cuadros, original de Julio Díaz y el maestro Anckermann, *Consecuencias del trigémino*. Esta es la revista suspendida del cartel de Alhambra, que será llevada a escena sin quitarle escenas ni diálogos. [150] En la segunda parte, el sainete modelo del teatro nacional, letra del fecundo Villoch, música de Anckermann y decorado de Pepito Gomís. Para mañana *La fuerza del sexo débil*. Mientras está en Payret, en Consulado la compañía de Zarzuelas Cubanas de Alberto Garrido, con Blanca Becerra y Guillermo Moreno, la Becerra regresa después de un tiempo alejada de la compañía. *Diario de la Marina*.

25 de octubre de 1929. El gran estreno anunciado, *Alhambra en zepelín*, subirá al palco escénico en la segunda tanda. Es una revista de gran movimiento y lujosa representación, no se ha omitido ningún detalle para que resulte un éxito. Decoraciones nuevas muy artísticas, obra del pincel de Anthony, magnífico vestuario de la casa Finzi. La obra ha sido repartida con mucho acierto dando a cada artista el papel que mejor encaja a sus facultades. Así lucirán las suyas, Acebal, Otero, Sevilla, Trías, Sorg, la Mola y Pardo luciéndose también el conjunto de las encantadoras vicetiples.

---

[150] En algún momento entre junio y octubre la obra se suspende y reaparece como *Consecuencias del trigémino*. Debajo de una ilustración, el texto dice que "no le fue bien al gallego Otero el tratamiento para el trigémino".

El libro es de los incansables Federico Villoch y Pepín Rodríguez. La música de Anckermann es muy apropiada y los que han podido asistir a los ensayos nos hacen de ella grandes elogios.

1930

2 de enero

La dirección de Alhambra sigue en su empeño de continuar con el mismo entusiasmo y actividad hasta ahora demostradas. Esto es lo que se nos ocurre decir después de haber asistido ayer a dos funciones en el teatro. *La revista del treinta* ha sido algo muy superior toda vez que en cada una de las representaciones ha tenido un lleno, un público, que con su presencia suprema, lo ha demostrado. Esta noche *El hijo de Don Juan,* en la segunda tanda *Por una mala mujer*, en la tercera, *La revista del treinta*. Mañana, la *reprise* de *El son en París* por la Becerra.

La temporada de Regino. 7 de enero de 1930
por Juan Acosta

Anoche se inauguró la breve temporada de Regino en el Payret: la única que se verificará en este invierno. [...] *El proceso de Mario Cuban*, estrenada anoche, ha sido juzgada por la crítica habanera. Inspirada en la comedia inglesa *El caso de Mary Dugan*, la producción de Villoch y de Pepín Rodríguez tiene tanto interés como la obra, que ha sido un suceso mundial y mayor interés local para nosotros, aparte del mérito de su diálogo fluido, chispeante; de sus escenas cómicas y de la pintura admirable de tipos populares. Villoch, pluma fecunda, hace alarde de su inagotable vena.

Anoche se estrenó la comedia lírica de Agustín Rodríguez *Por una mala mujer*, magnífica producción del sainetero que es uno de los autores más felices del patio. Rodríguez tiene muchos admiradores por su estilo original, la naturalidad de las escenas, el manejo de las figuras y las pasiones en la acción.[...]

Una escena de "El proceso de Mario Cuban," que se estrena hoy en "Payret" por la compañía de Regino.

De la escena y la pantalla. R. S. S. [Rafael Suárez Solís][151]

Regino en el Payret. 16 de enero de 1930

¿A qué obedece el que no se haya hecho un ensayo que estudie, analice y defina la significación criolla del teatro Alhambra? No basta lo mucho que se ha escrito a retazos sobre el género teatral allí representado durante un tiempo que, seguramente, no baja de medio siglo. Fuera de Alhambra, lo demás, obras sueltas, mejores o peores, impulsos del ingenio contenido, aguantado en seguida a la vista de las pocas posibilidades de cultivarlo con fruto, no importa mayormente a la crítica. Ninguna obra aislada tiene significación histórica nacional.

Ocurre preguntar al mismo tiempo cómo es que otros temas representativos de la sicología popular viven y hasta se gastan y tienden a desaparecer, sin que haya el propósito de someterlos a examen, de elevarlos a la preocupación de los historiadores y los costumbristas. Así están sin estudiar, sin definir, personas que encarnan o encarnaron actividades que dieron carácter a problemas de influencia decisiva en la formación sentimental de Cuba: política, sociedad, erotismo.

Como personificación de estos tres temas, ocurre pensar en Ricardo de la Torriente, director de *La Política Cómica*; Enrique Fontanills, cronista social y Regino López, primer actor del teatro Alhambra. Cuando se dice que en Cuba no hay asunto para los novelistas, se comete, entre otras candorosas injusticias, la muy de bulto de no estimar a estos tres hombres capaces de inspirar, tres

---

[151]Rafael Suárez Solís (1881-1968). Nacido en Avilés, llega a Cuba en 1907. Cronista teatral del *Diario de la Marina*, también destacado autor dramático, estrenado por el Patronato del Teatro y Alhambra en su juventud, dedica a Villoch textos magníficos.

héroes representativos de tres de las más grandes influencias sociales, con derivados precisos en la sicología y la vida del país. Cuando ello se intente, si alguna vez se hace, pudiera ser tarde. Entonces, pasados estos tres hombres, se habrá de apelar a ellos como antecedente nada más, como principio de algo que los tiempos, a duras penas, habrán modificado. Si algún día hay un género teatral cubano –otro, puesto que uno ya lo hay: otro que, satisfaciendo gustos cosmopolitas, tenga menos de ingenuo, de sincero, que este en práctica en el teatro Alhambra– echaremos en él de menos algo que ahora es por excelencia popular. Tiene para ello, características inconfundibles, inevitables. Luce la rigidez inmutable de lo típico. Y no en su música, palabras, danzas, dichos; sino en el modo de reaccionar los personajes a la presencia de los problemas de la anécdota literaria.

Hace algunas noches, asistimos unos cuantos amigos acompañando a Waldo Frank, el ilustre escritor y pensador norteamericano. Frank conoce a la perfección el idioma español, lo comprende a cualquier velocidad que se le hable y con cualquier acento. Lo que allí se decía, unas veces le hacía reír, otras escandalizarse, a veces le dejaba indiferente. Frases con más o menos aserto ordenadas según los fines perseguidos por el autor. Aun en los momentos de verdadero ingenio, que son allí los más frecuentes, Waldo Frank no se mostraba sorprendido. Era una consecuencia natural que asiste a cualquier comediógrafo. Su pasmo, su interés agudizado hasta la emoción, era notar las consecuencias derivadas de las escenas, las peripecias sentimentales, pasionales, a que llegaban los personajes en el transcurso del argumento. Aquellos personajes iban con su moral, con su intención, con sus prejuicios a unas soluciones absolutamente desconcertantes. Tenían de la vida y sus conflictos un concepto propio. Se enraizaban, desarrollaban y florecían en una geografía espiritual en extremo extraña para los hombres de otro clima anímico. Ante el amor, ante la amistad, ante las leyes y lo instintivo y lo especulativo reaccionaban de manera genuina, autodidáctica en relación con los principios standard de la humanidad cosmopolita. Eran, por tanto, seres eminentemente populares, inconfundiblemente característicos.

Tal vez entre nosotros este estilo sociológico pase inadvertido porque reproduce nuestro íntimo sentimiento cotidiano. Cuantos extranjeros y observadores hemos visto asistir a las representaciones de Alhambra cayeron en la cuenta de ese detalle. No es lo ingenioso lo que más le sorprende. Es lo raro de las situaciones y de las soluciones.

Por otra parte, la técnica de ese teatro –técnica popular, aunque desde hace algún tiempo parece inclinarse hacia lo común del teatro en todas partes– responde a lo primario escénico en todos los teatros verdaderamente populares del mundo. A lo primario y a lo primitivo. La norma de que cada actor de la Compañía solo interprete un tipo a lo largo de toda su carrera artística lleva a la consecuencia de dar a los argumentos esas posibilidades de lo que, en el viejo teatro italiano, se llamaba la escenificación. Una manera de hacer espectáculo teatral que reprodujo Pirandello en su famoso drama *Tres personajes en busca de un autor*. Escrita o no totalmente, una obra destinada al teatro Alhambra, los autores proceden como si sólo les entregaran un argumento y les dejaran a ellos conducirse según su carácter, moral, pasión y espíritu. Si no lo hacen así en la práctica lo hacen de algún modo, ya que quien represente un tipo importa tanto o más que "lo que" represente. El tipo es el mismo, porque un determinado actor ya cargó sobre su profesión y su fama la responsabilidad de ser en escena un tipo determinado de la calle. Por eso, la manera de idear una nueva obra se produce a la vista de sucesos reales, de los problemas de actualidad. Con ellos presentes imaginar cómo los ha de entender el negrito y el gallego y el chino y la mulata y el guapo y el bobo.

Y hasta ese actor de varias caracterizaciones –Gustavo Robreño por ejemplo,– tiene una representación típica como elemento popular: la viveza imaginativa, imitativa, del pueblo, capaz en los países tropicales de diversificar sus sentimientos, de modificar conceptos a la vista impresionante de las circunstancias. Cualidad que, lejos de negar sustantivo a una raza, implica la condición inteligente de modificar opiniones y atender a las exigencias ineludibles de los tiempos. De esta naturaleza son los países progresistas.

Fuera largo discurrir a la vista del teatro criollo actual, que es el teatro que se practica desde hace muchos años y con buen éxito. Un mérito que no somos dados a reconocer porque dimos en definir como de mal gusto, atenidos a las procacidades a que se atreve en lo recoleto de su recinto propio. También de esto se podría debatir para llegar a una explicación bien admisible y tolerante. Pero ese matiz desaparece cuando la compañía pasa a un escenario de compromiso, sin que por ello pierdan las obras lo genuino que dejamos apuntado.

Así, cuando la compañía de Regino –de la que es Villoch, con su feliz perspicacia y gracia indiscutible, sostenedor fecundo y hábil– pasa a un teatro de compromiso, nos debe interesar como un problema artístico, digno de la más atenta observación y agudizada curiosidad.

Cinco días actuará en Payret, empezando mañana. Estrenará cuatro obras: *El proceso de Mario Cuban* y *Alhambra en zepelín* de

Villoch y Pepín Rodríguez, *La revista de 1930 y Mala mujer*, de Agustín Rodríguez. Todas con música de Anckermann.

Mary Elisa o la mulata en camisa. 5 de febrero de 1930
de Federico Villoch- Pepín Rodríguez, música de Anckermann. por Juan Acosta[152]

Al fin, anoche hubo estreno en Alhambra. Decía el programa de esta forma: película sincronizada en un acto, dividido en un prólogo y trece cuadros, libro original de Federico Villoch y Pepín Rodríguez, música adaptada del maestro Jorge Anckermann. Después de tantos títulos altisonantes y en resumen, una revista más... y no precisamente de las mejores. Eso de sincronizada no pasa de ser una frase de programa. Villoch escribe ahora en colaboración. Tal vez cansado de treinta años de labor, busca llenar la fórmula como empresario y autor con el menor esfuerzo posible. El público pide sus obras pero Villoch es, ante todo, empresario. Pero el maestro —que lo es en la escena del Alhambra— .no tiene que agregarse laurel alguno con la obra de anoche.

Pepín Rodríguez como autor joven, animado y simpático, puede triunfar en una revista como la de anoche, pero con el maestro debemos esperar algo mejor, y ese algo lo sabe hacer él por conocer bien nuestra escena, ser de temperamento artístico, romántico y buen observador. Pero Villoch es empresario y eso daña su arte. Mira hacia la taquilla y va perdiendo su conexión con el pueblo, el pueblo criollo y rumboso de donde deben salir los personajes del teatro cubano.

Mary Elisa o la mulata en camisa, es una revista mediocre, bastante mediocre. Se usaron todos los recursos de la casa en la

---

[152] En *La Lucha*, escribe la sección De Telón adentro.

presentación —decorados, trucos, etc.— pero no se pudo elevar la calidad. Abunda en frases y situaciones más grotescas que impropias... llamémosle así. Los cuadros han querido entrelazarse inútilmente, al estilo de las narraciones noveladas de hoy día, dando lugar a una repetición monótona de la figura de Mary Elisa, que nos aparece hasta en la sopa. Y luego con esa indumentaria de tan poco gusto. Pero veamos por los cuadros.

Prólogo. Pepe del Campo, buen actor, logra aplausos muy merecidos.

La Java blanca. El Sevillanito bailó aquí con la Nancy algo que podía ser de todo menos una java francesa. Y con ellos las niñas del coro. Estas, como siempre...

Mary Elisa. Presentación de la figura central de la revista. Corte corriente. Un son que no debía tener parte en el *charleston*. ¿Verdad señor Anckermann? Acebal, muy aplaudido y con justicia.

¡Fuego! Decoración. Un incendio bien hecho que el público aplaudió mucho. ¿Por qué el público de Alhambra aplaude las decoraciones los días de estreno? ¿Y por qué salen los autores de la obra cuando aplauden las decoraciones?

Salvamento. Un cuadro gracioso. Acebal se anota otro tanto. Y la Chelito, siempre en carácter.

Noche de boda. No vale nada. El público no lo comprendió. Aplaudió las piruetas de Otero. Pero el efecto final, motivo del cuadro, no dio resultado.

Fumadero de opio. Una tontería. Evoluciones y bailes del Sevillanito, pero de las suyas, de las bien malitas.

Fu Manchu. Creo que es aquí donde el señor maestro de baile hace una imitación del baile puesto por Richard y Teté en Actualidades.

Jabalan se moja. Escena de comicidad de Acebal, muy bien hecha.

El lucero. No recuerdo qué cosa es esto. Me pasó inadvertido.

La virgen de la canela. Una escena de esos asuntos que se guarda Villoch para sus obras. Gusta y tiene música bonita. Tal vez la única.

El crimen de Miramar. Escena de actualidad, simpática y con los buenos actores de la casa. Amalia, la Pardo, Josefina, Sevilla (no el Sevillanito), Chicho, Llorens y Acebal.

Finalmente.

María Elisa se vistió. Algo amasado para traer a todo Dios en la escena, en un final tan largo que el público comenzó a levantarse antes del telón. Eso está mal hecho, pero también el final lo estaba.

Resumen: una revista que debió ser mejor.

Y un teatro, un teatro que queremos llamar cubano y que cada día está más maltrecho por los mismos autores.

Karikato. 13 de febrero de 1930 por Rafael Suárez Solís
de Julio Díaz-Anckermann[153]

La compañía de Regino y Villoch ha estrenado una revista divertidísima. Para ello hubo sólo necesidad de encomendar a la gracia bien probada de Julito Díaz verter a la escena un número de la ya popular revista *Karikato*. [154] Dos revistas en una. Gracia sobre gracia. Como ese aceite sintético que se anuncia, por su concentración, como «tres en uno».

Así resbala la obra, divertida e intencionada por los sentidos y el sentimiento de los espectadores. Por el sentimiento también, ya que entre gracia y gracia, la intención clava su aguda ironía en muchos problemas de actualidad que no son para tomarse a broma, o que solo tomándolos a broma pueden sufrirse con paciencia. Por hoy quédese así la crítica, la que en breve, al pasar la compañía de Regino a Payret, habremos de tener ocasión de dedicarle a la obra más espacio, puesto que lo merece.

Como merecen señalarse las interpretaciones de Regino López, Acebal, Robreño, Otero, la Becerra, la Chelito...

Y la música de Anckermann.

---

[153] En el primer cuadro Acebal es un vendedor de revistas; en el segundo, "Lamentos del empleado", se critican sus sueldos y los homenajes en las oficinas públicas, el tercero, lo integran escenas callejeras, entre ellas, una huelga de lecheros y la actualidad política española con un gallego republicano exaltado por la caída del régimen dictatorial; en el cuarto, los comunistas de solar, el quinto, "Sálvese el que pueda", los juegos prohibidos y el final, millonarios de pega, los turistas de esta temporada. Regino interpreta el Cañita Muerde y Huye; Acebal, el comunista Rabachel y Otero, el gallego republicano. Trabajan Pancho Bas, Pepe Serna, Plaza, Josefina Banda y Chelito.

[154] Suárez Solís escribe una nota en su estreno en Alhambra y otra, después de pasar al Payret. Es una revista teatral sobre una revista impresa: *Karikato*.

15 de febrero de 1930

Anoche estrenó la compañía de Regino, para inaugurar una nueva y corta temporada en Payret, la divertida e intencionada revista de Julito Díaz con música del maestro Anckermann, *Karikato*, de la que hicimos un ligero inicio cuando se estrenó en Alhambra.

Estos frecuentes cambios de escenario sirven para ir sacando de lo privado de la calle Consulado a lo abierto de un teatro del centro, un teatro popular y característico que no debió haber vivido tantos años clandestinamente, como cosa pecaminosa, ya expurgado de palabras y gestos procaces, de ninguna significación fundamental, mantienen un valor digno de divulgarse y sirven para expresar las posibilidades de un teatro genuinamente cubano.

En otra ocasión hemos hablado de los procedimientos del género Alhambra, tan parecidos a los de todo primitivo teatro, estático en su técnica y fiel a un grupo inalterable de caracterizaciones. Teatro popular, ha elegido unos pocos tipos que representan en síntesis la totalidad del pueblo, a los que encomienda la escenificación del suceso, problemas y preocupaciones sociales y de actualidad. Una manera de hacer crítica y mostrar ante el público las reacciones de las clases sociales ante la vida.

Karikato, revista musical inspirada en la manera de expresar su opinión utilizando el ingenio y la ironía. Una nueva y ya popular revista periódica del mismo título, lleva a escena unos cuantos temas políticos que no han sido lo suficientemente juzgados por la prensa diaria y que, sin embargo, afectan a muchos intereses y sentimientos del pueblo. Disfrazados de gracia, y resbalando por los sentidos en trance de regocijo, se celan hasta lo íntimo del público, para provocar sentimientos socavados. Se aplauden mucho teniendo con frecuencia los aplausos, entre risas, intención de asentimiento apasionado, entre veras y bromas se dicen en la revista cosas que todavía no se habían expresado con el énfasis correspondiente a los comentarios trascendentales.

Como siempre, Regino López, Acebal, Otero y Robreño realizaron una meritoria labor. Acebal, además del negrito corriente, encarnó una caracterización imitativa de un negrito, popular vendedor de periódicos que descubre en este artista facultades de actor que no se acusan perdidas en la igual y admirable caracterización exigida para todos los días. R.S.S. *Diario de la Marina.*

La fiebre del loro. 22 de febrero de 1930
de Agustín Rodríguez

Se estrenó anoche la comedia lírica en un acto dividida en cinco cuadros, original de Agustín Rodríguez con música del maestro Anckermann, titulada *La fiebre del loro*. El público rió de buena gana y aplaudió gustoso los números musicales. En la interpretación toman parte Josefina Banda, Eloísa Trías, Blanca Becerra, Chelito, Amalia Sorg, H. Quintana y las señoritas Nancy, Ofelia Antonieta Acebal, además Otero, Sevilla, del Campo, Llorens, Plaza y Muñoz. Sus cuadros todos son éxitos: 1. Lluvia de ingleses, 2. La falsa esposa, 3. Se vende un loro, 4. No me mates, y 5. Los muertos salen.

25 de abril de 1930. Esta noche en el teatro Alhambra una gran función extraordinaria en beneficio de Julito Díaz. En el programa, dos estrenos muy interesantes titulados *El elefante y la hormiga* y *Ayer y hoy.*

16 de mayo de 1930. Suspendida *El lío de los teléfonos*.
Anoche, en el teatro Alhambra, se produjo una escena inesperada. Estaba anunciado el estreno del sainete *El lío de los teléfonos*, obra original de Gustavo Robreño, nuestro distinguido colaborador. Los carteles la anunciaban para las nueve y quince, la segunda tanda. Estaba lleno el patio de butacas. Lucían colmadas las localidades altas. Pero el estreno no se produjo. El capitán, señor Rosaínz, se presentó a esa hora en el escenario y dijo que debía suspenderse el estreno por falta de ensayo. Orden superior. La empresa accedió. En su lugar se produjo *El baile de las naciones*, etc. etc. (*Diario de la Marina*).

Alguien aprovecha el 17 la "suspensión" para anunciar la venta del moscatel Quincarne en un reclamito.

28 de mayo de 1930. El tema de actualidad teatral es, sin duda, la brevísima temporada de estrenos que a partir de pasado mañana y por solo cuatro días, ofrecerá en Payret la compañía de Regino López. El estreno principal es *La casa de los teléfonos*, sainete escrito especialmente por Villoch para su público del Payret. El nombre de la obra basta para descubrir cuál es el asunto de la misma: el conflicto de los teléfonos.

En torno a este asunto de palpitante actualidad nacional, que ha tenido la virtud de sacudir a todo el pueblo cubano de Oriente a Occidente, en protesta viril contra las organizaciones extranjeras que tratan de absorberlo todo en nuestra patria, Villoch ha hecho una obra de ingenio, de sátira jocosa, en la que como el clásico latino, trata de «castigar riendo».

30 de mayo de 1930. Cuatro días en Payret. Estreno de *La casa de los teléfonos*. No se habla de otra cosa. Esa obra esta escrita en torno a la disputa telefónica entre el pueblo cubano, harto de explotación y la compañía extranjera que monopoliza ese servicio. El ingenio de Villoch ha sabido descubrir los aspectos cómicos del problema, llevando a su obra una serie de cromitos criollos, ricos de color y de luz. Junto a *La república de los locos*, también de Villoch, el último sainete de Agustín Rodríguez, *¿Qué tiene la niña?*, *Crítica*, de Julito Díaz y *Las olimpiadas*, de Carlos Robreño.

Las impresiones de Pepín. 27 de junio de 1930[155]
de Federico Villoch

Este es el título que Federico Villoch, el más famoso de los saineteros criollos, ha dado a su última obra, estrenada con éxito ruidoso en Alhambra. Desde luego el Pepín de Villoch no es el Pepín de las *Impresiones...*, como pudieran suponer algunos.[156] Pero se le parece si no en el físico ni en lo moral, sí en cierta predisposición a ver la vida desde un ángulo irónico y a no dar a las cosas más importancia de la que realmente deben tener. No en vano Pepín es un lector asiduo de las *Impresiones...* Pero vamos a la obra en sí. *Las impresiones de Pepín* es una revista del tipo clásico español, como aquellas revistas satíricas que en el buen Madrid de fines de siglo eran vocero de la vindicta popular. Villoch, que conoce el público y que sigue los progresos técnicos del teatro, ha modernizado hábilmente la apariencia externa de la obra ajustándola al patrón parisino de moda. Pero no por eso es menos evidente la filiación de su revista. Y ese «ritorno al antico», muchas veces intentado por el aplaudido autor vernáculo, nos produce el

---

[155]En "De la escena y de la pantalla" del *Diario de la Marina*.
[156]La obra trata sobre los artículos escritos en primera plana del *Diario de la Marina* por su director José Ignacio Rivero y Alonso.

efecto de una grata novedad no sólo porque contrasta vivamente con el género vacuo a que estamos habituados sino porque responde, dentro del teatro vernáculo y popular, a las necesidades del momento.

El llevar a la escena personajes del mundillo político, adecuadamente disfrazados: el hacer girar la farsa en torno a los serios problemas que preocupan al público y el llevar al teatro las voces de la calle, ¿no es una manera de humanizar el espectáculo y de dar una significación —siquiera sea circunstancial— a lo que hasta ahora han sido epidérmicos divertimentos?

Las impresiones de Pepín no son, pues, una novedad dramática. Pero es indiscutible que una obra de esta naturaleza establece una corriente de simpatía entre los espectadores y los actores, y crea en el público, muy justamente, el sentimiento de que el teatro vernáculo es algo suyo, algo que forma parte de su conciencia colectiva y que está hondamente arraigado en su entraña. Y cuando entre el público y su teatro se establece semejante nexo es cuando puede esperarse algo verdaderamente propio, algo genuinamente criollo, que responda en forma y contenido a nuestras necesidades, a nuestros gustos, a nuestras aspiraciones a nuestra personalidad nacional en suma.

¿Y los autores? Los autores se hacen. El público los forma, a la inversa de lo que generalmente se cree. Los autores responden a estados de conciencia colectivos y se dejan arrastrar inconscientemente en el sentido que el medio determina. Si los de hoy no son capaces de reaccionar, si no tienen nervio para seguir hasta el fin la senda dolorosa, serán reemplazados. cuando el momento lo exige siempre aparece el hombre para el puesto. Por fortuna los hombres de hoy —Villoch al menos— son capaces, como sus obras lo demuestran, de recibir el mensaje del pueblo y de contestarlo con gallardía.

7 de julio de 1930. La empresa López-Villoch, respondiendo a los favores que le concede el público, tiene ofrecido para el viernes próximo, un nuevo número de aplaudidos artistas y un coro de bonitas mujeres, *16 girls*. Debut para el estreno ese mismo día de *La reina del bataclán*, original de Armando Bronca y de la melodiosa música del maestro Anckermann. El cartel sigue variando constantemente: para mañana se anuncia el *reprise* de *La*

Habana sin ruidos por toda la compañía. Las tandas se dividen, como de costumbre, en 1. Karikato, 2. *La Habana sin ruidos* y 3. *El barón de Calimete.*

23 de agosto de 1930. ***Ten Cents teatral***
La revista tiene un famoso cuadro de Los siboneyes que llama la atención por su originalidad y por la fina sátira que en él triunfa evocando en marcos de otro tiempo, cosas de estos días. Eloísa Trías, Josefina Banda, Dulce María Mola, Pepe del Campo y Sergio Acebal. Regino en el Payret representa *Las cuatro bases*, de Villoch-Anckermann, *Actualidad informativa* y *Último decreto*.

1⁰ de septiembre. Con novedades y estrenos todas las semanas la empresa de este teatro ha conseguido atraer al público al más alegre espectáculo que tiene en La Habana. A pesar de la crisis teatral por la que se atraviesa, Alhambra se desenvuelve lo mejor posible, pues para ello cuenta con factores como son los artistas que componen la gran compañía, los mejores en su género y un gran repertorio.

1931. 31 de octubre. Ovacionado Regino anoche al salir a escena. Fue el día de la alegría para sus asiduos concurrentes al Teatro Alhambra por la llegada del primer actor.

Tomó parte Regino en la obra *Juan Jolgorio* desempeñando el papel más importante, basado en la parodia del *Don Juan Tenorio*. Para hoy está anunciada *El ojo del amo*, de Joaquín Ariztigueta y la música del maestro Severo Muguerza. Para el viernes 7 de noviembre, la revista de Federico Villoch y Pepín Rodríguez con música de Anckermann, *Los 20 años del Alhambra*, un espectáculo alegre con las evoluciones de dieciséis *girls*, dirigidas por el maestro bailarín El Sevillanito.

19 de noviembre de 1931. Regino en el Nacional de regreso de su gira fuera del país. Regino López es una verdadera institución del teatro vernáculo, principal sostenedor durante largo tiempo de nuestra escena netamente popular [...]. Villoch, Pepín Rodríguez y Anckermann han querido contribuir a la bienvenida de Regino, con el estreno de su última obra: *La cachimba de San Juan*, cuyo tema, de palpitante actualidad, era ya esperado con ansia por el público. Regino hará también su célebre creación de Cañita tropical, el tipo popular del borracho a quien el alcohol le agujerea el saco de las verdades y le hace soltar las que más duelen, sin pelos en la lengua ni miedo en el corazón. Completa el programa la revista *Caras alegres*.

1932

O.K. y *La cajita de música*. 18 de marzo de 1932

Así se titulan dos de las últimas obras escritas por Villoch y Pepín Rodríguez, nuestros conocidos saineteros en colaboración con Jorge Anckermann. Son las escogidas para inaugurar una corta temporada en Payret. El propio Regino se presentará con su más popular creación: el célebre Cañita, borracho consuetudinario, sermoneador sempiterno de todas las barras, decidor de verdades como puños, expedidas abruptamente con los vapores del alcohol. *Ensalada de Cañita* se llama el monólogo que dirá esta noche Regino y en el que tocará, las zonas más sensibles de la actualidad criolla.

Regino. 19 de marzo de 1932
por Francisco Ichaso[157]

Regino. Así a secas. El tuteo y la omisión del apellido son en otras partes signos de irrespetuosidad. Entre nosotros ocurre todo lo contrario: son señales de afecto y admiración. Regino López es un actor a quien el público le dice de tú y le dice además por su nombre de pila, sin ninguna otra distinción patronímica. Se trata, pues, de un comediante que el público estima y quiere.

Regino López inició anoche con su compañía una temporada que ha de ser brevísima, en el Payret, para él fueron los aplausos más sonoros de la noche y las carcajadas más vibrantes. Ha logrado este actor captar como ninguno el perfil de un tipo peculiar de nuestra existencia barriotera: el tipo del borracho sermoneador. Lo ha bautizado con el nombre criollísimo –elocuentísimo– de Cañita. Cañita es un buen hombre, sin otro defecto que no llevar una contabilidad estricta de las copas que bebe. El alcohol produce en él una extraña lucidez verbal y hasta cierta sagacidad, que da crédito inusitado a sus palabras. Cañita es el honrado hombre del pueblo que se embriaga para decir las verdades. El monólogo *Ensalada de Cañita* dicho ayer por Regino, provocó risas y aplausos. El actor desplegó en él sus buenas dotes de caracterizador, tantas veces probadas en el mismo personaje. En cuanto a las dos obras representadas, *Ok* y *La cajita de música*, pertenecen al género revisteril que últimamente ha cultivado la compañía de Regino, si bien con sus pinceladas de sainete, en las cuales se percibe la mano hábil de Federico Villoch y de Pepín Rodríguez, ambos muy experimentados en ese linaje de teatro.

[157] Francisco Ichaso, crítico y ensayista. Colaborador de la *revista de avance*, escribe la sección Escenario y Pantalla en el *Diario de la Marina*.

Blanca Becerra, Acebal, Robreño, Julito Díaz y Otero, siguen siendo a nuestro juicio los sostenes de la compañía de Regino desde el punto de vista histriónico. Las demás figuras precisa alinearlas a cierta distancia de las mencionadas. Todas ellas se lucen en las dos revistas de anoche, vistosas y alegres, con música criollísima de Jorge Anckermann.

Julio Díaz. 3 de julio de 1932
por Francisco Ichaso

Entre los actores del género criollo Julio Díaz representa uno de los pocos de cultivar una forma de teatro con valores auténticos. Hay en su histrionismo una virtud que suele echarse de menos en casi todos sus congéneres: la seriedad. Julito Díaz es un actor respetuoso y formal, que no necesita traicionar a los autores rehaciendo los papeles a su antojo, ni faltar a las consideraciones que el público –cualquier público– se merece para sacar partido a un tipo determinado. A pesar en el que la caricatura y la hipérbole son recursos habituales, le hemos visto casi siempre diseñar sus tipos populares –el bobo, el afeminado, el marido en desgracia– con una sobriedad de medios expresivos. Su vis cómica natural no necesita ir en busca del énfasis para rendir toda su eficacia. En un teatro de gritos y ademanes desorbitados, Julito Díaz es el comediante en tono menor que provoca la hilaridad espontánea del público con un simple bocadillo, sin subrayar, con un breve gesto apenas esbozado, sin salirse del radio natural del personaje que interpreta. Nuestro teatro popular ha engendrado una serie de tipos que urge revisar. Y urge revisarlos no porque en su raíz no sean genuinos, sino porque, al pasar de actor en actor, han ido perdiendo y trocando por otros sus rasgos característicos. Ello se ha debido, fundamentalmente, a que los actores, buscando afanosamente la reacción rápida y estruendosa del público, se han preocupado más de caricaturizar hasta la mixtificación versión cómico-satírica a condición de que no incida en exageraciones pueriles. La exageración es el defecto cardinal de nuestro llamado «género criollo». Si autores y actores se sometieran a una poda discreta, mucho ganarían las obras. Julito Díaz tiene la inteligencia de hacerlo y por eso nos parece uno de los pocos buenos actores del género.

Se nos comunica que Díaz ha sido contratado por la empresa del Martí y se presentará el martes en ese teatro haciendo uno de los papeles más salientes en el juguete cómico *Bartolo tenía una falta*. Creemos que Agustín Rodríguez, tan celoso de su espectáculo, ha hecho una excelente adquisición.[158]

31 de octubre de 1933. En *Juan Jolgorio*, de Joaquín Robreño, Acebal representará a Xuanón, Luis Lejía a cargo de Pepe Serna y el Encomendero, será Gustavo Robreño. La Chelito y la Becerra cooperan con su arte y su gracia. Reaparece el veterano actor Arturo Feliú. Dirige la orquesta el gran musicógrafo Jorge Anckermann.[159]

3 de noviembre de 1933. La reaparición de la notable bailarina y correcta dama joven de nuestro teatro vernáculo Nancy Charlot viene a darle nuevo al marco del conjunto alhambresco. El estreno del a propósito de gran actualidad, *A quitarse la careta*, original de Mario Sorondo, libretista, con música del maestro Anckermann.

---

[158] Después de esta obra Julito Díaz ingresa en la compañía del Martí.
[159] En el Martí *Juan Mortuorio y Luis Jutía*, de Ruper Fernández, (revolucionariamente reformada) con música de Rodrigo Prats.

1⁰ de junio de 1934. Debuta la Co. Acebal-del Campo en el Payret con *A quitarse la careta* de Mario Sorondo y *El furor de la Carioca* de Mas y Gómez con música del maestro Riverón. Con Chelito Criolla, Blanca Becerra, Adolfo Otero, Yolanda González y Mercedes Menéndez. El sábado *Cosas del día*, de Sánchez Galarraga. Carlos Robreño en el Martí presenta *El estupendo carnero*. En Payret Acebal estrena *Miss petardo 1934* junto a *9 B. V. D. Radiola* de Más y López.[160]

El león de Castilla se presentará el 1⁰ero de diciembre en la primera tanda del teatro cuna de nuestro género vernáculo. En la segunda el reestreno de *El demonio y la carne*, de Pepín Rodríguez.

14 de agosto de 1934. *La degollina universal*, de Villoch-Anckermann, de la que se hacen los mejores elogios, se estrena en el Martí. Sobresale, desarrollada a modo de cinta cinematográfica, ocho "rollos" en lugar de actos. En ella trabajan Candita Quintana y Garrido, de la compañía del Martí, junto a otros de Alhambra. Función extraordinaria en la que se representa *María Belén Chacón*, de Sánchez Arcilla con Caridad Suárez y Miguel de Grandy y *Epidemia nacional*, de Julito Díaz. Con un fin de fiesta final por artistas del Martí.

17 de agosto de 1934. Alhambra inicia su temporada en la que actuará la llamada Compañía de Revistas Modernas, artistas dotados de reconocidas facultades que emplearán un decorado fastuoso y rico. Se anuncia la humorada de Torres y Vosela, *Levántate y anda*, con música de Ernesto Lecuona y la original zarzuela picaresca, *Ay, qué tendrá mi marido*, de Mihura y S. del Toro,

---

[160]Para estas fechas los artistas tienen compañías propias o se presentan de forma independiente aunque no ha muerto el teatro de Consulado. Carlos Robreño escribe para el Martí.

musicalizada por Gonzalo Roig. Debutan los actores cómicos españoles Manolo Fernández y María Hernández.

9 de noviembre de 1934. *La república del pin, pan, pun*, de Enrique Arredondo, el aplaudido negrito de Alhambra musicalizada por Anckermann. Triana, French, Arredondo y Bringuier junto con *La herencia del animal* y las danzas de La bella oriental.

16 de noviembre. El programa combinado para el día de hoy por Pepín Rodríguez y L. Balcorba, empresarios de la popular Alhambra, es sumamente sugestivo. En primera tanda, éxito del notable escritor Francisco Meluzá Otero, titulado *La expedición machadista*, sensacional revista de gran actualidad en un acto dividido en doce cuadros, musicalizada por Anckermann. Se espera que esta obra, de gran intensidad cómica, sea un verdadero éxito a juzgar por la opinión de los que la han leído. Ni dudamos del éxito, baste decir que los principales intérpretes son el gran Regino, Arredondo, el negrito; Triana, el gallego y el formidable cara Bringuier. También actúa La bella oriental, la mujer que más admiradores tiene en el teatro. El 17, una función monstruo, con *Glándulas de chivo*, de Pepín Rodríguez a precio de luneta, 30 centavos y 10 centavos la tertulia.

20 de noviembre. *Cuba se va*, título del *reprise* de Pepín Rodríguez. Revista de intensa actualidad política en la que se destacan todos los primeros actores de la compañía, especialmente el gran Regino que interpreta un papel de loco-cuerdo formidable.

16 de diciembre. *El destino de un varón*, comedia lírica de Enrique Arredondo, con graciosas *girls* comandadas por Eduardo Muñoz, El Sevillanito. [161] La segunda es *El gran Mogul*, de Manuel

---

[161] Según Enrique Arredondo en *La vida de un comediante*, la estrena en el Shanghai.

de Mas, musicalizada por Anckermann en la que Bringuier y Arredondo están a punto de ser devorados por una reina de antropófagos encarnada por María Pardo.

30 de diciembre. *El país de los rascacielos* y *La nochebuena del pueblo* forman parte de la matinée del Alhambra. 30 centavos la luneta y 10 la tertulia. La Bella Oriental interviene en los intermedios. Vea a Regino en *La nochebuena...* en su rol de mendigo, implorando la caridad de los ricos para satisfacer su miseria y la negativa de estos.

3 de enero de 1935. *La herencia del animal* y *El año amarillo* ocupan en cartel para esta noche en el popular y divertido Alhambra. *La herencia del animal*, del notable periodista Francisco Meluzá Otero, un ruidoso triunfo Emilio del Mármol. No deje de ver el famoso trío de Triana, Arredondo y Bringuier. La segunda, *El año amarillo*, con los principales acontecimientos del año llevados al palco escénico por los distinguidos autores Pepín Rodríguez y Vicentico Blanco. La bella Oriental con sus típicas danzas, Isabelita España, bailadora del clásicoflamenco y Conchita Lois.

El **16 de febrero** está en cartel a las 9.30 *El mujeriego*, a las 10.30, *La triunfadora del carnaval*. El 17, a las tres *El león de Castilla*, y se repite en las otras dos tandas *La triunfadora...*

1935. 19 de febrero. A las 12 y media de la madrugada se desploma el techo del vestíbulo del teatro, poco después de haber terminado la función de la última tanda, según reporta el *Diario de la Marina*. Un muerto y nueve heridos, todos músicos y/o empleados del teatro. El fallecido se nombra Agripino Roque Fonseca, presidente de la Asociación de Taquilleros y revendedores. Agustín Rodríguez, empresario del Martí, es uno de los primeros en acudir al sitio del accidente. *Crisol* reporta que a la actriz María Pardo le da un síncope y es atendida en un café próximo mientras Pepe Serna sufre heridas leves. Ninguno de los dos acude a la casa de socorros. La causa del derrumbe, según se comenta, es el estancamiento de las aguas que dañó el maderámen del techo del inmueble, propiedad de José Solís.

Con la tragedia Alhambra cierra definitivamente.

Cierra el telón

A finales de los treinta los días de Alhambra están contados. La *revista de Avance* en su sección Almanaque reseña mucho antes lo desvalida que está La Habana en cuanto a «dispensación teatral». Parecen no importar las compañías de visita o de zarzuela, sino la puesta de *Un día de octubre*, de Georg Kayser, en la Sociedad Hispano Cubano de Cultura que antes montó Lenormand y O'Neill y/o los *reveillons*, espectáculos de fin de año, para los amigos y el grupo de entendidos en busca transformar los escenarios y "limpiarlos del polvo de las guardarropías". Más que asombrarnos por María Tubau, interesa el Murciélago o las miniaturas de Duvan Torzoff con pantomimas, bailes y danzas, de las que se espera mucho en diciembre de 1923 y 1924 y son tan significativas como el Bataclán. "El teatro que nos visitó no era sino un reflejo del grande y que dirige un artista de extraordinario talento... Nikita Balief", escribe Alejo Carpentier sobre el Murciélago al mismo tiempo que anuncia Bataclanerías.[1] Así todo, Villoch en sus trece, asegura: "Alhambra no cerrará sus puertas mientras Regino y yo tengamos un hálito de vida."[2]

Alhambra intenta renovarse, pero no lo consigue o en medio del que pudo ser su segundo aire, no prestó debida atención a la estructura del viejo edificio y su pórtico se desploma. Mario Sorondo en *Cuentos del Alhambra* se queja de que Regino y Villoch ahorran hasta el último centavo y descuidaron el techo. Hubo una víctima fatal y varios heridos. El accidente ocurre después de la última tanda, deambulan los músicos que recogen sus instrumentos,

---

[1]Carpentier, Alejo. "Bataclanerías". *Carteles* 34 (julio). p. 14, 21. "Las enseñanzas del murciélago". *El Heraldo*. 11 de noviembre de 1924. p. 7.
[2]*Diario de la Marina*. 20 de junio de 1932.

los taquilleros cuentan las recaudaciones y pasa algún noctámbulo. Fue el golpe final. Podía haber continuado con el mismo repertorio como esos teatros-museos donde se refugian formas de otra época. Pero no sólo cierra el telón sino que después, como si fuese una muerte anunciada, no hay en la prensa un comentario sobre su desaparición.

Los 30' son por otra parte años tenebrosos para la política del país. Alhambra los encara con viejas herramientas, sin contar el cambio ocurrido en el público y la proyección de la nueva generación. En 1922 los minoristas escogen como bandera *Las naciones del golfo,* zarzuela de la compañía de Lupe Rivas Cacho musicalizada por el mexicano Ignacio Torres, escrita por el poeta Andrés Núñez Olano y Guillermo Martínez Márquez, director de la revista *Chic.* [3] Portadora de ingenuidad, juventud y bellos cuerpos femeninos, los jóvenes se deslumbran con la Cacho.

Suárez Solís (autor de *Regino madrileño,* estreno de Alhambra) en cambio, divulga la impresión del norteamericano Waldo Frank. También lo recuerda Amalia Sorg. La sección en Cuba de *Bohemia* lo comenta. No así la mayoría de los críticos del patio. Salvador Salazar cree que se trata de "obras volanderas que viven la vida efímera de la actualidad" mientras apoya a una autora de la alta sociedad –María Úrsula Ducassi de Blanco Herrera– que le perdió el miedo al sainete y se aventuró con *Los apuros de Ruperto,* estrenada en el Principal de la Comedia.[4] Armando Maribona se burló antes del empeño del profesor.

Con la pluma armó una zambra,
con ingenio agudo y fino

---

[3] Actualidad teatral. Una obra cubano-mexicana. *El Fígaro* 9.4 de marzo de 1923. p. 123.
[4] *Diario de la Marina.* 23 de abril de 1929. Autora de *El marqués del pasodoble,* 1929, *Peligros de Oriente,* 1932 y *Sobre el océano,* 1931.

y no acabó con la Alhambra
porque la salvó Regino.[5]

En mayo el rancio López Goldarás del *Diario de la Marina* decreta "renovarse o morir", ya que el cine avanza avasallador frente a la escena. En noviembre Regino tiene una única función en el Auditórium.

Como en sus mejores tiempos ese año estrena (*El plan de Berenguer*, (18 de febrero), *Las impresiones de Pepín* (27 de junio), *Se reviró el verraco*, (22 de diciembre de 1930), de Villoch-Pepín Rodríguez como la opereta *El ángel tentador* (2 de mayo de 1931). Pareciera que le quedarían muchos años de vida. Pero en 1930 con los estrenos de *En la zona*, de O'Neill y *Los bastidores del alma*, de Nicolás Efreinov, nace un teatro para iniciados, denominado "de minorías" en el cual predomina "la nota de humor". Era "un ensayo «sherzoso» de dramatización del sicoanálisis. Con audacia simpática Efreinof toma el yo con las pinzas, lo coloca en la escena como el anatomista puede colocar sobre la mesa un órgano y lo diseca. Yo, entendimiento/yo sentimiento/yo subconsciente inmortal. La disección no es nueva, desde luego, pero su aplicación dramática es de una fresca originalidad. Y hasta hay algo de satírica irreverencia en el desenfado con que maneja Nicolás Nicolaievitch el aparato psicológico de Freud y sus continuadores".[6]

La *revista de avance* publica el boceto escenográfico y un texto. "El escenario, diseñado por Harry Tauber, parece un capricho goyesco interpretado por la fantasía mecánica de Chirico. Ambos personajes, en un debate trágico, pretenden la hegemonía de su yo

---

[5]Maribona, Armando. Gente desconocida. *Diario de la Marina*. 23 de marzo de 1926.
[6]R.S. S. Suárez Solís, Rafael. *Diario de la Marina*. 19 de julio de 1930.

en el individuo. [..] Después ¡qué escenario! ¿Estamos en presencia de un retablillo de aficionados o el laboratorio de un demiurgo? Por los espectadores corre un ligero estremecimiento. Una magnífica entraña humana está abierta a nuestra mirada pero no yace inerte como pieza de anatomía: su corazón late, respiran sus pulmones, vibran sus nervios y palpitan todas sus vísceras.[7]

Con profundo simbolismo, el 14 de enero de 1930 arriban los restos de Arquímedes Pous desde Puerto Rico donde murió de peritonitis antes de cumplir treinta y cinco años. Los artistas rinden homenaje a su leyenda. En noviembre de 1931, la pérdida de Eloísa Trías concita comentarios de pena, mientras se celebra la llegada de Regino después de un año fuera del país, sin que se mencione siquiera a esta formidable artista. Así en silencio acabó Inés Velasco. En el siguiente, Blanca Becerra y Adolfo Otero estrenan *Mojica gallego* entre las tandas del cine Verdún. Regino sigue adelante en un programa de radio todas las noches en la CMBT con monólogos, recitaciones y pequeños juguetes como *Un timo moderno*, seguido de charlas de Federico Villoch. Refugiados allí están determinados a que Alhambra no cierre. Murió la Trías, la Sorg se retira a cuidar a su madre y en la radio, solo Hortensia Valerón los acompaña.

La minoría culta no decreta el cierre de Alhambra aunque esta demande algo más que ese teatro rústico y candoroso, si se quiere infantil, con besos púdicos, jaranas sarcásticas, vistosas escenografías e incomparable música, donde se refugia el criollismo. Esa Alhambra "mejorada", el teatro viviente que Carpentier advirtió en la escena de Rafael Alberti.[8] Regino y Villoch se proponían apagar

---

[7]Quevedo, A. "Los bastidores del alma: un drama visceral". *revista de avance* 42 (1930)pp. 30-31.
[8]Carpentier, Alejo. "Teatro político, teatro popular, teatro viviente". 23 de agosto de 1931.

la última luminaria. Pero con el retiro y la muerte de sus intérpretes finaliza una manera de hacer. Uno de los que llegó último, Enrique Arredondo, negrito, autor dramático y empresario, consigue lo que no conocieron Espígul, Raúl del Monte o Blanca Vázquez, llegar a la televisión y gozar de un momento en el cine.[9] La Suárez-Pastoriza se disuelve en 1936, pero en 1938, bajo el lema –que el teatro cubano no muera– se juntan el gallego Federico Piñero y el negrito Alberto Garrido, en realidad, Garrido II –su padre fue popular con el personaje en los escenarios de la isla[10]– y se van con sus bártulos al teatro Principal a iniciar un largo recorrido. El Calvo López dice a Don Galaor... "aquí se está haciendo el verdadero teatro cubano. El sainete, el apropósito, la zarzuela popular, lo que dio a Alhambra verdaderos días de gloria. Eso, que se recoge en la calle y nadie ha escrito. El dicharacho, la chunga, la guasa, el comentario espontáneo que enjuicia, fustiga y justifica el gesto político del día, la frase pretensiosa de los políticos y hasta la situación económica de la nación. Lo que seguimos haciendo mi compañero Mas y yo."

"Tiene razón don Antonio [contesta Galaor]. Pero convengamos con Meluzá Otero, autor también [...] "que lo cubano en el teatro también es la silueta altiva y fina de la palma trazada en fondo de esmeralda azul [..] Lo cubano es nuestro paisaje, nuestro clima, nuestro romanticismo hecho ritmo en las partículas de Roig y de los Prats, los Lecuona y los Grenet y Valdespí. El teatro cubano no muere, aunque vive con el apéndice cinematográfico." [11]

Se menciona, es curioso, solo a los autores y músicos vigentes a partir del Regina. Alhambra cierra. Vivirá en su mito.

---

[9] *Nuestro hombre en La Habana*, de Carol Reed.
[10] Garrido, Alberto. "Recordando a mi padre." *Bohemia*". 20 de junio de 1954. p. 3, 138.
[11] Don Galaor. "El teatro cubano no muere". *Bohemia*. 2 de enero de 1938. pp. 25-26, 54.

PAYRET
HOY a las 9
REGINO

Éxito sin precedente. La actualidad política, las palpitaciones de la vida popular, en la revista

KA-
RI-
KA-
TO

Señor Sobola

Sobola en la revista *Comedia*, 1914.

La Becerra en la negrita de su creación. Fotografía cortesía de Enrique Río Prado. Caracterizada, foto de Tito Álvarez.

Alhambra de la A a la Z

Actores

Acebal, Sergio. Habanero, nacido en 1889 en la calle Concordia, llegó a ser el actor más conocido del teatro. Hijo de español y madre  cubana, empieza en un cuadro dramático de tabaqueros con el que representa *El puñal del godo*. Con el grupo Vital Aza de Gerardo Artecona debutó en el Alaska, cerca del parque de Palatino, con *Maceo o el grito de la independencia*, de Eduardo Varela Zequeira. Artecona le dio el personaje del negrito, el empresario Manuel Piris le dijo que se dedicara a eso y él le hizo caso, cuenta en sus memorias.

Acebal y Regino

Las anécdotas conocidas de su libro, —su encuentro con Blasco Ibáñez a quien le fusiló el cuento "Golpe doble" para su obra *A las puertas del bohío*— revelan el humor que aporta a Alhambra. Ingresa allí en 1912 para sustituir a Raúl del Monte. Estrena *La casita criolla* y alterna con Arturo Feliú, intérprete del negrito de nación. Tiene un éxito temprano con obras de su autoría, entre las que se hallan *Soñar por la gloria* (1913), *Camarón que se duerme* (1914), *1, 8, 21* (1915), *Flor de The* (1915), *El demonio es el dinero* (1915), *De la piel del diablo* (1916), *La conquista de Songo* (1927), sin contar que como es muy solicitado, escribe pequeños *sketchs* para los beneficios de Esperanza Iris, Paquita Escribano, Spaventa y así, incontables apariciones. Sánchez Arcilla ha dicho que "era como un niño grande con alma de poeta que noche tras noche ha hecho reír durante veinte años."[12] El 30 de abril de 1920 celebra diez años de su debut con *Correspondencia secreta*. En 1921 da a conocer en *Carteles* su romance sobre los tipos en el teatro cubano. Colabora con secciones fijas en El *Diario de la Marina* y *Carteles*, participa en varias películas cubanas, entre ellas *Acebal se saca el gordo* (1919) y *La brujería en acción* (1920), realiza incontables grabaciones y publica libros de poesía, entre estos *Versos malos y peores*, Avisador Comercial. 88 p. Con prólogo de Federico Villoch, 1916.

Comienza en mayo de 1921 la sección Diccionario biográfico en *Carteles*. En el número 10, de octubre de 1921, la entrada sobre Alhamar reza: "Primer rey moro de Granada muerto en 1273. Empezó la construcción del Alhambra que terminó más tarde Regino López".

En 1934 crea la Compañía Acebal-del Campo, inaugurada con *¡A quitarse la careta!* En 1936 dejó de hacer negritos. "El teatro cubano ha desaparecido, desgraciadamente", dice en una entrevista. Un teatro nuestro donde no aparezcan los tipos bufos, el negrito por ejemplo, no es nuestro, ni teatro". En los años 40 actúa en el programa radial Catuca y don Jaime, con Agustín Rodríguez. El 30 de enero de 1954 recibe un homenaje en el Martí sobre el cual Juan J. Remos escribe: "es un hombre culto de variadas lecturas, cultivador del verso y no solo de la escena festiva, daba a sus interpretaciones algo más que la reproducción fiel de un libreto, la sal de sus improvisaciones, su manera de encarnar el tipo."[13] Al día siguiente se publican en el suplemento del *Diario* fotografías de muchos actores y músicos de Alhambra. Unos días después, en una Interviú en *Bohemia*, pintado de negrito el día del beneficio, dice que:

---

[12]Sánchez Arcilla, José. "El teatro cubano". Ob.cit.
[13]Remos, Juan J. Deslinde. "Homenaje a Sergio Acebal". *Diario de la Marina*. 28 de enero de 1954. p. 4.

"El público nunca pide a los histriones viejos que vuelvan: la propaganda suele utilizar esos giros literarios, pero no porque el público lo pida sino porque conviene al propio cómico que necesita, aunque sea por una noche, volver a escuchar los aplausos que fueron su orgullo en los buenos tiempos. Y de paso, ¡claro! un poco de plata". Aclara que no todos vienen por él, "por ahí andan Blanca Becerra, Adolfo Otero, Luz Gil, Julito Díaz, Agustín Rodríguez..." Pero el entrevistador, que observa la tristeza detrás de su apariencia festiva, comenta "¡No, Alhambra no puede volver! y Acebal lo sabe mejor que nadie".[14] En 1955, retirado de la actividad escénica, da a conocer *Mis memorias*. Participa del documental *Cuentos del Alhambra* filmado en 1963. Muere el 16 de diciembre de 1965. Según Rosendo Rosell, quien fuera su amigo, aunque no bailaba, nadie hacía como él las «revesinas» ya que como era culto, usaba juegos de palabras, trabalenguas y trucos gramaticales.

Acebal, Sergio. "Los efectos de una bomba". Comedia de cuatro cuartillas. *Carteles* no. 6, junio de 1920. p. 16.
— "Fauna criolla". *Carteles* julio-agosto de 1920. p. 24
Acebal, Sergio "Mi tristeza". *Carteles*. V. III, enero 1921.
— "Memoria de gallo". *Carteles*. 1924 p. 58.
Villarronda, Guillermo. "El teatro cubano ha desaparecido. Exclama el negrito del Alhambra". *Bohemia* 2 de noviembre de 1958. pp. 62, 64, 96-97.
— "La conquista de Songo", entrevista con Acebal. *La Lucha*. 9 de abril de 1927.
Rosell, Rosendo. *Vida y milagros de la farándula de Cuba*. Miami: Ediciones Universal, 1990. ¿Por qué no acordarnos de Sergio Acebal? pp. 48-49.

[14]Interviu. *Bohemia*. 15 de febrero de 1954. pp.116-117.

Argotti, la. Actriz. Destacada en *El ducado de la argolla* de 1914, esbelta como un paje bien vestido, según Kostia.

Arredondo, Enrique. Debuta el 23 de enero de 1923. Se vincula a Alhambra en su última etapa como negrito y estrena, entre otras, *La república del pin, pan pun, El destino de un varón, En el país de los rascacielos, Arredondo en Nueva York y Un año provisional* de su autoría. Es otro de los pocos del teatro vernáculo que escribe sus memorias: *La vida de un comediante* (Editorial Letras Cubanas, 1981). Mensajero, vendedor de naranjas, fundidor, planchador en una fábrica de zapatos, tuvo un padre con «delirios de trovador» que escribió –sin crédito– muchos textos musicalizados por Rosendo Ruiz, quien rechazó las inclinaciones del hijo hasta que lo vio actuar de incógnito.

El libro –que puede leerse como un relato de la picaresca– «no tiene pretensiones de gran obra literaria» y quizás por eso se lee con tanto placer. En 1921 asiste a las representaciones del Teatro de la Comedia con Ernesto Vilches o las temporadas del Teatro Cubano y se entusiasma con Arquímedes Pous, su «maestro espiritual».

Asiste también al Alhambra. Mientras habla con veneración de otros, siempre se coloca como contrafigura. Intenta obtener su primer papel como negrito para atraer a una enamorada. "Alguien sonó una trompetilla que debe haberse oído en Mesopotamia". Sus inicios en la profesión están ligados a su amor por la pelota al actuar en una función en beneficio de su equipo. Bolito le prestó una de sus pelucas y de ahí salió contratado para actuar en el cine Príncipe con la *La viuda loca*.

Su relato está lleno de anécdotas y aventuras: el ciclón del 26 lo sorprende en Jibacoa para una función que no puede efectuarse y «arrastra su arte», pasa las de Caín para salir del pueblito o se entera por un vendedor de periódico de cómo muere Pous en Puerto Rico; cuenta como queda varado en un cuarto de hotel, en su gira con la compañía de Bolaños, porque su amada Gloria lo encierra con un candado.

Mario Sorondo posibilita su debut profesional en el parque de diversiones Luna Park. Al final, los artistas eran presentados por Federico Landeiro, encargado de darles el balijú: "pero no nos agradaba, daba la sensación de estar presentando fieras del circo". Narra los periplos de la Compañía Piñero-Arredondo (1931-1936), entre estos los relacionados con las alusiones políticas en *No renuncio o hagan el juego señores*, escrita al calor del machadato o la vida trashumante de los comediantes como la vez que para salir de Sancti Spíritus empeña una dentadura postiza. Le sigue sus andanzas con la compañía de Sanabrias-Arredondo y su estancia en el Shanghai, admirable escuela donde se hacían ¡tres obras semanales! y al que llama con benevolencia «teatro sicalíptico» o «picaresco». Su etapa allí le trae recuerdos de cuando guardó proclamas en su camerino y hubo tiroteos.

En 1934, un año antes del cierre el teatro de Consulado, sustituye a Sergio Acebal como «negrito», su hueso más duro, pues

Acebal lo había conquistado por veintidós años. "Por allí desfilaba toda la nación y los más importantes personajes extranjeros no se iban sin conocerlo." Del 1⁰ de agosto de agosto de 1934 son los estrenos de *Arredondo en Nueva York* y *La caída de un valiente*. En 1935 está otra vez en un escenario picaresco. ¡El Molino Rojo! de la calle Matadero que se nutre del público de la Plaza del Mercado. En 1939 realiza su primera gira internacional, dos meses en el Círculo Cubano de Ibor City, en Tampa. En 1950, cuando ya es una figura conocida, preside la comisión para erigir un busto homenaje a Pous en el parque de Cienfuegos. En la televisión consagra a Bernabé, el doctor Chapottin y al guapo Cheo Malanga. Todavía en los primeros años de la Revolución de 1959 recorre el interior de la isla con su compañía hasta que se asienta en la Avenida de Acosta y Luz Caballero con el Teatro Móvil Moderno. Y en 1959 hace una pequeña escena en la película *Nuestro hombre en La Habana*: "Carol Reed me felicitó por mi actuación a pesar de que mi escena en la película era similar a una estrella fugaz". En *Son o no son*, filme de Julio García Espinosa, es un Hamlet «caricaturesco y dislocado». Es tan influyente que en 1956 realiza un «survey» sobre ¿cuáles son los mejores artistas del teatro cubano?[15]

Banda, Josefina. En Alhambra entre 1929 y 1932, actriz y cantante. En estas crónicas, actúa, entre otras, en *Ten Cent teatral*, *Karikato* y *La fiebre del loro*, de 1930. Después figura de manera muy destacada en la programación del Martí.

Bas, Francisco, (**Pancho**). Integra el quinteto La Japonesita con Alberto Garrido. Intérprete del gallego, en especial, de los chéveres asturianos, con una gracia natural muy celebrada. "Bas, como siempre, excepcionalmente incoherente y así más cómico",

---

[15]*Diario de la Marina*. 8 de julio de 1956. p. D2.

escribe Kostia en 1915 ya que se destaca en *Flor de The* a pesar de que interpreta los mismos tipos de Regino. Su momento estelar se sitúa entre los años 1914-1920 como contraparte del negrito de Acebal. Aplaudido en *El tío Vicente* (1914), *El encanto de las damas* (1920) y *Los efectos del arancel* (1928). En 1920 participa como actor junto a Acebal en la cinta cubana *La brujería en acción*. Graba también pequeños diálogos con música.

Becerra Grela, Blanca. Nacida en Vueltas o en Guaracabuya, Las Villas en 1887, su infancia y primera juventud transcurren en el circo Estrella, propiedad de su padre. "Empecé a actuar desde el vientre de mi madre. Todo eso de que se ha rodeado a Alhambra es pura leyenda. Tenía mis reservas pero mi padre estaba muy enfermo. Recibí en escena la noticia de la muerte de mi madre. Un recuerdo del maestro Gonzalo Roig. Las mujeres de aquella época no eran como las de ahora. También los hombres eran distintos". Los epígrafes de la entrevista de Corral Cerezo retratan el carácter de quien a los catorce años integra la compañía de zarzuelas de Julio Ruiz y actúa en el Politeama chico ya que su padre, actor de la compañía de Luisa Martínez Casado, la saca del circo cuando comprende que tiene voz de soprano.

En julio de 1907 debuta en el Martí como Compañía de Becerra, con Susana Mellado, Benito Simancas y Santiago Lima. Según Kostia se inicia en Alhambra con *Ramón el conquistador* el 20 de abril de 1914, pero quizás lo hace antes, ya que ha dicho trabajó allí veintitrés años. Viaja a México, España y los Estados Unidos y declara en una entrevista que se conoce la isla palmo a palmo y la ha recorrido en todos los medios de transporte. En 1917 el Molino Rojo ofrece una serenata en su honor y en 1919, en su beneficio, estrena con Acebal, una obra de este, *La viuda triste*. No sobreviven muchas grabaciones suyas, pero graba con Acebal para Columbia, entre otras, Clark y Joffré y Canto del Senegal y con Blanca Vázquez, el dúo de *Flor de The*. Casada con Gustavo Carulla y Girard, tiene dos hijos con él.

En estas crónicas aparece por última vez en Alhambra en 1934 aunque Villoch dice que en pleno éxito económico de *La danza de los millones*, "se llenó del humo de alguien que fingía quererla más que nadie, se la llevó para un teatro próximo a Consulado, lo que no fue óbice para que volviera al poco tiempo". La considera entre las grandes, a pesar de que no tenía juventud ni belleza, porque "estudia sus papeles, los caracteriza, los viste, los interpreta."[16] En 1929 con Julio Gallo estrenó *El vagón de tercera,* obra en un acto de Marcelo Salinas y en 1943 actuó en Tampa y el Teatro Hispano de Nueva York. Ese año integró el elenco de *Sabanimar,* de Paco Alfonso, quien la dirige para Teatro Popular donde recibe un homenaje. Popularizó el tango congo Po po po, de la zarzuela *Cecilia Valdés*, con música de Gonzalo Roig, estrenada en Regina. El 23 de enero de 1960, con motivo de sus 73 años en las tablas, el *Diario de la Marina* recuerda que "nació como quien dice en un entreacto", a los catorce cantó *Traviata*, a los veinte, canciones españolas, a los veintidós, teatro cubano. En Alhambra hizo la gallega de *La danza de los millones*, la negrita de *Aliados y alemanes* y un "golfo" en *La guerra universal*. Octogenaria, trabaja en la reposición de *La isla de las cotorras*, (1962), participa del documental *Cuentos de Alhambra* (1963) de Manuel

---

[16]Villoch, Federico. "Las dos estrellas" Viejas postales descoloridas. *Diario de la Marina,* (sup.) 29 de mayo de 1938. pp.11-12.

Octavio Gómez y anima hasta su muerte una peña en la ciudad de las Tunas.

Miolan, A. "Vidas olvidadas. Blanca Becerra". *Bohemia*. 28 de diciembre de 1952. pp. 40-41.
Corral Cerezo, Elvira. "Blanca Becerra cuenta su vida". *Bohemia* 10 de noviembre de 1957. pp. 34-35, 113.
Diario de la Marina. 16 de abril de 1960. Anuncio del beneficio, suspendido días después.

Beltrán, Carmen. Mulata en 1898. Interpreta el personaje de la Alhambra en *Edén concert*. Kostia la describe como "la sonrisa fina y discreta" de Alhambra en *Las ligas de Rosario*, de 1897. Destacada en *Cuadros vivientes* (1898). Hace papeles de hombre en *Superchería*... Azogue en *Sangre y oro*, Crisantemo en *Gua, guau, la toma de Hawai*, Pura en *Un drama nuevo*. Kostia destaca su largo talle y su porte «fin de siglo».

Bringuier, Armando. Se integra a Alhambra en su última etapa. Destacado cómico, tiene una sobresaliente carrera, sobre todo en la televisión como el viejito Chichí. Se recuerda en *El Quijote en el Alhambra,* representada durante el machadato. Sancho causaba estruendos en el teatro cuando hablaba de su ínsula o se mostraban los jamones de *atrezzo* (del escenógrafo Nono Noriega) para *Las bodas de Camacho,* en momentos en que la comida escaseaba. 17

Charlot, Nancy. Actriz y bailarina. Aparece en *A quitarse la careta* de Mario Sorondo y en *María Elisa o la mulata en camisa*, montajes de 1933 y 1934.

---

[17]Villoch, Federico. "El Quijote en el Alhambra". *Diario de la Marina*. 4 de mayo de 1947. p. 35.

Campos, Loreto. La morita del Alhambra sobresale como actriz y bailarina en obras de 1907-1909 como *La masucamba*, en rumbas muy aplaudidas y en el género que Kostia llama «dislocado». Muy celebrada su actuación en *El triunfo de la rumba* (1909).

Campo, Pepe del. Ver Autores. Actor, autor y director de escena. Ha sido transformista y torero. Antes de entrar al Alhambra era tenor y actor genérico muy aplaudido en las compañías bufas y de zarzuela. Se dice está discreto como Alberto en *La señorita Maupin*. Además de actor y autor, uno de los menos considerados pero con más aceptación, se desempeña como director de escena a partir de los años 20. Actúa en la cinta *Los apaches cubanos* con Eloísa Trías y Carmen Otero.

Carmona, Carolina. Aparece en Lara en 1899 y en los primeros años de Alhambra como Tranvía Eléctrico y otros personajes de importancia. Se destaca su empeño e inteligencia.

Castillo, Enrique. Actor. Un Enrique Castillo empieza en Lara y todavía está vigente en 1914 en la puesta *de El jardín del amor*. Kostia se asombra de su permanencia. De acuerdo con Villoch, en una de sus más bellas crónicas, empieza a los quince años y participa de la función del 22 de enero de 1869 tiroteada por el Cuerpo de Voluntarios.[18] En sus inicios es bailarín y hace guajiros (llamados

Rufinos entonces y no Liborio) y otros, en el argot, "de peluca." Uno de los más mencionados en este texto, "característico que interpreta característicos", definición de la prolongada y exitosa carrera del comediante, excelente como Matías en *El templo de Venus* (1901) y en el *yankee* turista de *La zona infecta* (1914), también autor

---

[18]Villoch, Federico. "El viejo Castillo". Viejas postales descoloridas *Diario de la Marina*. Suplemento. 9 de abril de 1939. pp. 18-19.

de *Los españoles en Tetuán* y otras obras, entre ellas *La fruta del guardia* (1902) que según Santi Bañez resultó «verde». Actor eficaz, profesional, guardó según Villoch programas y recuerdos de sus actuaciones que compartió con su oficio de pintor de anuncios de refrescos y carteles de teatro. Disciplinado –medía por reloj sus mutis si es que tenía otro personaje en la obra– sustituye cuando falta un compañero de reparto y recibió siempre entusiasta recepción del público de Alhambra que lo recuerda por el prestamista de *Tin tan te comiste un pan*, Don Celedonia en *La casita criolla* y muchos otros. Admirado y querido, Villoch le escribe el monólogo *Recordar es vivir* para su último beneficio, que aprendió de memoria. Muere con más de ochenta años, en mayo de 1923.

Castillo, Consuelo. Actriz. En *El misterio de un fotingo* (1917), *Las chancleteras* (1818), *La señorita Maupin* (1918), *Pochynchurria en Nueva York* (1919), *El encanto de las* damas (1920) y *La alegría de la vida* (1920) entre otras. En 1921 se integra al Teatro Cubano de Arquímedes Pous donde realiza una destacada labor. Deja grabaciones con muchos de sus compañeros. Es la madre de la actriz Eva Vázquez.

Colombo, Adolfo. Actor y cantante nacido en Islas Canarias. Si en la música su lugar es indiscutido, tenor de voz melodiosa, en el teatro alcanza gran popularidad. Empieza en Alhambra en 1900, en esta selección con *El muñeco* "tenorio" y se mantiene hasta alrededor de 1913.

Regino, Gustavo y Colombo.

Intérprete, bailarín y cantante. Ha realizado más de 360 grabaciones entre 1905 y 1925 y cinco entre 1927 y 1929. Disponibles en la actualidad hay dos en la Jukbox de la Biblioteca del Congreso de los Estados Unidos. "Amor gallego" (1915) con Regino López y "A solas", bello dueto con Consuelo Novoa y decenas más dispersas en los varios archivos de Cuba, Estados Unidos y España. Con Regino y Pilar Jiménez graba "Cuba, tus hijos lloran" de *El ciclón,* música de Manuel Mauri. [19] Graba muchos dúos con Regino (barítono) precedidos de un diálogo en el que Colombo insta a Regino a cantar –por su buena voz– y ensayar lo que este llama en burla, su «filarmonía siboneya». La Universidad de Santa Bárbara rescató un cilindro de 1907, "Murmullo suave", con Pilar Jiménez acompañado por Alberto Villalón en la guitarra. Robreño lo llama "el trovador de moda". En 1903 canta un bolero de Santiago de Cuba. 1913 es el año de más grabaciones suyas. Llegó a ser un ídolo del público.

Coré. Actor y autor, entre sus obras, *Un gallego entre pupilas* y *Las esclavas de Faraón*, ambas con música de Anckermann. Aparece entre los años 1900 y 1901, en ocasiones en papeles de mujer como en *La cuestión de atrás*.

Corona, Matilde. Actriz española. Integrante de la compañía de Leopoldo Burón. Debuta en Alhambra con el personaje de España en *El proceso del siglo XIX* de Olallo Díaz en 1901. Sobresale en *Globos dirigibles* (1902) como Matilde y se mantiene hasta 1904.

Julia y Laura Deupí. En 1896, en Güines, una señorita Deupí con un señor del mismo apellido, representa el *Chateaux Margaux*,

---

[19]Danzón de Antonio Peñas (1907) Cuba, tus hijos lloran/y al ver venir tu ruina/ tu siempre serás/ la más bella y te perderás./ Las cosas de Cuba /no tienen igual/ mientras sus hijos/matándose están.../el americano riéndose está.

una de las más antiguas referencias a estas dos actrices de Alhambra. Otra Deupí o la misma hace *La ñonga y el ñeque* (1901) y *La carrera de automóviles*, (1905). Santi Bañez escribe una crónica sobre Julia, activa al menos hasta 1909 cuando pasa al cuadro bufo de Raúl del Monte. Interviene en *Globos dirigibles* (1902). Se habla menos de Laura Deupí ya que Kostia confunde a las hermanas.

Diana. Arrogante figura de mujer, destacada en *Diana en la corte* y en *La toma de Veracruz*.

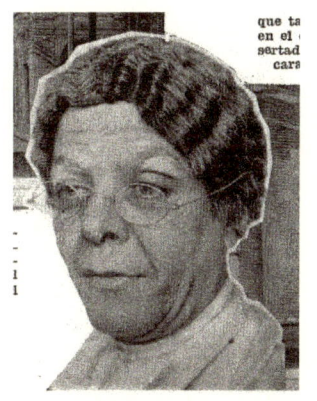

Díaz, Julito. Julio Antonio Díaz debuta en 1907 en el Politeama con el Teatro Cubano de Arquímedes Pous. Se mantiene allí tres años. Viaja a México y regresa como general del ejército revolucionario de ese país. Coautor con Agustín Rodríguez de *La toma de Veracruz*, escribe decenas de juguetes, sainetes y revistas. Entre estas *Don Juan el terrible* (1929), *El superhombre*, (1929), *Consecuencias del trigémino y Karikato* (1930).

Francisco Ichaso escribe que "le hemos visto casi siempre diseñar sus tipos populares —el bobo, el afeminado, el marido en desgracia— con una sobriedad de medios expresivos. Su vis cómica natural no necesita ir en busca del énfasis para rendir toda su eficacia. En un teatro de gritos y ademanes desorbitados, Julito Díaz es el comediante en tono menor que provoca la hilaridad espontánea del público con un simple bocadillo". En 1932 pasa al teatro Martí con el estreno de *Bartolo tenía una falta*. Realiza una destacada labor en el cine, la radio, la televisión y la dramaturgia.

Divette, la. Bailarina y corista que actúa en las tandas en los años 1910-1912.

Estévez, Carolina. Aparece en las obras de 1899-1900.

Feliú, Arturo. En Alhambra desde 1899. Actor genérico, con aptitudes para baile y canto, de esos que siempre arrancan aplausos y no dejan indiferentes a los críticos, sobre todo a Kostia. Versátil, interviene en el tipo del Chino y como negrito de «nación», con Acebal, su contraparte en *La casita criolla*. Su primera crítica en esta selección es de *El revoltoso*, de Robreño pero todavía está activo en Alhambra en 1933, cuando reaparece en *Juan jolgorio*. En 1926 *Bohemia* recuerda no sus actuaciones sino sus actos de altruismo y desinterés al recoger durante la Reconcentración a varios niños a quienes ayudó, obreros expulsados que volvieron a sus trabajos gracias a sus gestiones y quizás la más dramática, cuando al terminar la primera función de Alhambra, de camino hacia el Jerezano, ocurre la voladura del Maine y con un amigo y en un bote, rescata al soldado

norteamericano M. Raume. [20] De acuerdo con Villoch se le nombró guardador oficial del monumento a las víctimas erigido en el Malecón. Colaboró con la independencia como auxiliar, temas que conversaba con Manuel Mauri y con Sarzo, que guardaba machetes en un baúl para enviar a la manigua.

Fernández, María. Bufa y sugestiva, escribe Kostia. En los primeros años de Alhambra, destacada en *Huyendo del bloqueo*.

Fernández, Celia. Conocida como la Monterito, para ella se escribe, entre otras, *La Monterito en el baño*.

Fernández, Mariano. Actor y autor teatral. Toribio en *De la piel del diablo* de Sergio Acebal en 1916, sobresaliente gallego en los grupos bufos de Raúl del Monte, así como en su propia compañía cómica en 1910-11. Entra a Alhambra en 1912. Escribe para los hermanos Anckermann *El bobo de Batabanó* (1909) atribuida también a Raúl del Monte y a Guillermo Anckermann. Ese manuscrito y el de *Duelo a muerte o dos rivales*, arreglada por M. Luis, se encuentran en la Colección Coronado.

Forteza, Francisca. Casi siempre llamada "la" Forteza, a partir de *Ramón el conquistador*, en 1914 acapara la atención por su belleza en todas las piezas hasta 1916.

Frasquieri, Federico. Actor y autor de entremeses. Colaborador de Raúl del Monte. Narrador de «películas habladas» y gustado cantante de *couplets*. Interviene en *Superchería* con la Beltrán y la Vicens. Se destaca en *Cuchimanía*. El manuscrito *La bella Otero*, firmado F. Fraschieri, se encuentra en la Colección Coronado.

---

[20]Giralt, José A. "Como me lo contaron". *Bohemia*. 7 de marzo de 1926. p. 15. El Jerezano puede ser un teatro situado en Prado 104 que ofrecía espectáculos, comida y *champagne*. (Leal, ob.cit. p. 464).

French, Armando. En *La expedición machadista,* de Francisco Meluzá y Otero y *La república del pin pan pun,* de Arredondo. Se destaca en *La herencia del animal,* de Meluzá y Otero.

Frutos, Lina. Rumbera de gran belleza, también incursiona como actriz. Nacida en Jesús María, está en Alhambra once años, desde 1904 o un poco antes. Al año siguiente Kostia la describe como Azúcar Quebrado en *Balance del año.* En 1906 recibe una ovación por *El triunfo de la rumba.* Formó pareja con Pepe Serna y otros.

A partir de ¿1912? muchos espectáculos terminan con "la rumba de Lina Frutos", pero hay pocos testimonios de esas actuaciones. Robin Moore las recrea a partir de la crónica de Villoch

"la rumba de Lina Frutos" en la que define su indolencia, voluptuosidad y desafío.²¹ Moore opina que Lina bailó columbia con Serna, lo cual se ajusta a las pocas descripciones de su manera de bailar, entre estas las de Kostia, quien también repara en su belleza y vestuario. Se escribe sobre los altercados y desórdenes provocados por los «movimientos pélvicos»

²¹Moore, Robin. *Nationalizing Blackness: afrocubanismo and artistic Revolution in Havana.* Pittsburgh Press, 1997. Villoch, Federico. "La rumba de Lina Frutos". *Carteles.* junio. pp. 12, 13, 20.

de Lina, pero no he hallado esas referencias, sino más bien, la impaciencia y ansiedad del público por la rumba de Lina, desde sus inicios aceptada y requerida en el espectáculo alhambresco y cultivada por muchas otras. El periodista que la entrevista en la Casa del Artista en 1957, donde transcurre la última etapa de su vida, escribe que es "la rumbera de más colorido en *La danza de los millones* y *De la Habana a Marianao*", reportaje del que he tomado la fotografía.[22]

Gil, Luz. Mexicana de origen. Famosa tiple e intérprete de la mulata. En Alhambra desde 1913 hasta 1923 cuando ingresa en la compañía de Arquímedes Pous para una breve y estelar incursión. A Kostia no parece impresionarlo demasiado. "La Gil me agradó: es fina y elegante", "buena cantante, actriz discreta". Su tipo más logrado fue el de la mulata zafia y bullanguera, que termina casi siempre en el juzgado correccional por una pendencia. Kostia finalmente reconoce, "las mulatas sandungueras que tan bien ejecuta" cuando la ve en la reposición de *Regino en el convento* (1916).

De acuerdo con una crónica de Villoch, la conoce en el hotel y restaurante El Carabanchel de San Miguel y Consulado, no tenía

---

[22]Vilarod, Gull. Fotos Barcala. "Lo que fueron y lo que son". *Bohemia*, 13 de octubre de 1957. pp. 8-11, 145. Figuras del Alhambra, Albisu y Tacón pasan sus últimos años en la Casa del Artista bajo las sombras de sus reminiscencias.

veinte años y "era de una belleza ruda y agresiva, que se descomponía a la mayor contrariedad", pero lentamente, se produjo el milagro y la que cantaba con los brazos en cruz y no sabía cómo moverse, se convirtió "en una estrella de primera magnitud. Luego, farsas de la vida, dejó el escenario que había sido su cuna, su nido y su trono, el astro de primera magnitud perdió su peso al salirse de su órbita." Así todo reconoce sus principales logros, en el sainete de solar *Montada en flan*, la elegante señorita de *La señorita Maupin*, en la opereta juguetona *El rico hacendado* y en el monólogo *Sola*. [23] Grabó duetos cómicos con Arquímedes Pous y Regino López entre otros. El 6 de junio de 1924, en un homenaje, se la considera creadora de tipos femeninos a los que ha dado "vida intensa, espectacularidad y belleza". En abril de 1929 reestrena en el Regina *La bullanguera*, sainete de Pous, con el elenco pensado por este y al día siguiente interviene en una representación más de *Los cantos de Cuba*, de Sorondo-Prats. En 1935, al regreso de un viaje a Europa y México y después de un debut en el Martí, *Bohemia* la presenta como ¿la emperatriz del son? En 1954 recibe un homenaje de sus compañeros en el teatro Blanquita y participa de diferentes elencos como figura hasta que, como casi todas las intérpretes de Alhambra, muere en la soledad y el olvido. Su testimonio en el documental *Cuentos del Alhambra*, la muestra solitaria y abatida. "Mi niñez fue tan triste y tan pobre que lo que yo quería era ser algo muy grande y lo logré. Dios me oyó. Salía a comerme lo que estaba delante. El aplauso siempre es ingrato".

González, Soledad. Principal figura junto con Carmita Ruiz de las zarzuelas de Alhambra en 1890.

---

[23]Villoch, Federico. "Las dos estrellas" Viejas postales descoloridas. *Diario de la Marina*, (sup.). ob.cit.

Gras, Ricardo. Representante de la empresa, también autor dramático de *El desahucio de Pachencho* y *Mamertoff,* Kostia lo describe como un sabelotodo, organizador y alma de Alhambra.

Gutiérrez, Ramón. Activo en los primeros años, graba algunos números como cantante. Actúa en *Líos de solar* (1915).

Herrera, Luisa. (La Polla). Bailarina muy gustada en el teatro Cervantes por su creación del baile del "papalote". Figuró en los intermedios de Alhambra y Lara en los primeros años con su pareja, el mulato Leopoldo.

Hurtado, Encarnación. La Malagueñita, actriz-bailarina, a partir de 1910 actúa en Alhambra.

Jiménez, Pilar. [María del Pilar Jiménez Silva]. Una de las actrices-cantantes más aplaudidas, sobre todo por su belleza. En 1909 un grupo de admiradores solicita a la empresa de Alhambra un beneficio para ella, mediante una carta publicada el 12 de abril. Bailó la danza del vientre en *La rumba de Pepón*, 1900, fue la novia en *La boda de Pachencho*, 1901, siempre en papeles de distinción a lo largo de muchos años, en los que se destacó en el baile y el canto. En 1914 reaparece con *De guardia a motorista* y continúa activa al menos hasta 1916 con *Flor de The* –la Mandarina que da título a la obra– y *Líos de solar*. Interpretó y grabó La Dorila con Regino y Colombo y Murmullo suave, en 1907, con Colombo y Villalón así como una *Traviata* paródica con Colombo que puede oírse en Internet Archive.

Latorre, Angelita. Actriz. En Alhambra desde sus inicios. En *Cuchita parece boba* (1899), *El marido de mi mamá* (1900), Cuba en *Buffalo-exposition*, (1901), Chalía en *La boda de Pachencho*, de los hermanos Robreño. Es la mulata de los primeros años de Alhambra con Vicens y Novoa. Actúa entre otros en *El primer acorazado* en noviembre de 1902.

Lima, Santiago. Actor bufo, empieza en la compañía de Miguel Salas. Destacado como gallego. Kostia dijo de él en *Habana al natural* (1901). "Él sólo basta para llenar el teatro en que actúe, aunque no hable, aunque no cante, aunque no camine. Actor lleno de defectos que en él son gracias. Canta como si tuviera un hueso atravesado entre los dientes y ese hueso es el de un cómico indecible. Habla como si tuviera un "lipoma" en la garganta y ese "lipoma" es una esponja menos que se aprieta por sí misma chorreando sal y "ángel". Lima no estudia un papel y cuando sale a escena se sabe todos los de la obra que se está representando. Su cráneo rudimentario es el asombro de la crítica moderna. Estrena con mucho éxito *El paso de la malanga*. Interviene en los conjuntos bufos de Raúl del Monte. En Alhambra entre 1907-1908, con esporádicas apariciones, integra después el quinteto Novoa-Lima.

Lois, Conchita. Una de las adquisiciones de Alhambra en su última etapa. Ingresa como segunda tiple en 1930. Actúa entre otras en *El año amarillo* y en *La mujer de Antonio* de Más y López.

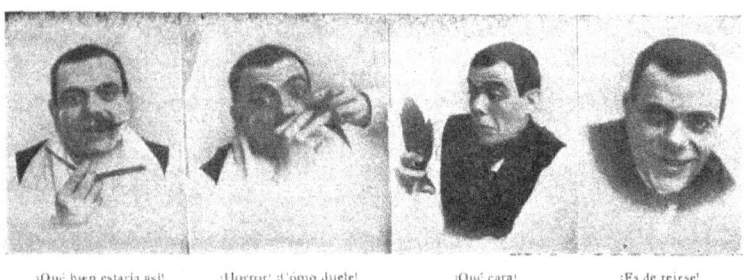

¡Qué bien estaría así!   ¡Horror! ¡Cómo duele!   ¡Qué cara!   ¡Es de reírse!

López Falcó, José. (Pirolo). Nacido en Asturias y en Cuba desde muy joven, es el actor cómico más popular antes de Regino, su hermano. Se desempeñó como tabaquero. Antes de comediante trabajó en una compañía de zarzuelas con la que viajó a Centro América.

El arcángel del choteo, lo llama el Conde Kostia. "El dominio de Pirolo es la farsa, en el sentido que los italianos dan a esa palabra, pero una farsa de proporciones épicas que, prolongada, enfermaría de risa al espectador. Su aparición en escena, interprete lo que interprete, es una alegría indescriptible. En el fondo , un honrado, un sincero de su arte, estudiando bien sus efectos, sus entonaciones..." Alhambra es el teatro de Pirolo, del cual fue su figura indiscutida y su empresario principal desde 1890 hasta su muerte en abril de 1902. Aniceto Valdivia le consagró su «medallita» y varias crónicas, además de una conmovida despedida. "Guaracha", de Mariano de Aramburo, lo presentó con un auto-barba a los lectores españoles. Para él se escribieron, entre otras, *¿Quién es Pirolo?* de Francisco Sancho, estrenada el 18 de junio de 1897, *San Pirolo,* de Cualquiera Un Tío (1898), escrita de un tirón para el Día de San José y *El caballo de Santiago*, de Laureano Fuentes. Una enfermedad hepática fulminante lo aleja de la escena hasta que muere en 1902.

De izquierda a derecha Anckermann, Villoch, Regino, Pilar Jiménez, Blanca Becerra, Blanca Vázquez, Amalia Sorg, Luz Gil (con mantón), Pancho Robreño, Sergio Acebal, Gustavo Robreño, Carlos Sarzo, Pepe del Campo, Otero, Enrique Castillo y Raúl del Monte. En *Mis treinta años*, de Mario Sorondo.

López Falcó, Regino. Nació en una aldea de Grado, Asturias. Llega a Cuba a los diez años años. Vive en casa de un tío que costea sus primeros estudios. Aprende el oficio de tabaquero como su hermano Pirolo. Desde su adolescencia participa de los cuadros artísticos de la Sociedad la Caridad del Cerro, el Círculo de Dependientes y es director del cuadro de declamación de la Sociedad de Artesanos de Prado y Dragones. Una de sus primeras incursiones como actor dramático es en *El mulato de Murillo* (1888) de Rafael Villa en Albisu. Entra a Alhambra con el empresario Narciso López en 1890 y se mantiene allí como actor, director y empresario. ¿Cómo lo hizo, le pregunta don Galaor? "Rebelde

desde niño, no quería que me mandaran". Empezó a actuar y dirigir "por pura intuición" porque el teatro estaba entre sus "más caros anhelos". A lo largo de las crónicas hay muchas alusiones a las interpretaciones de Regino y a su talento para mantener la cohesión de la compañía.

"El homenaje a Regino López en el Payret (1918) —escribe Cyrano de Bergerac— constituyó una verdadera demostración de simpatías por parte del público. Regino es uno de esos cómicos modestos y laboriosos que a fuerza de talento y perseverancia a sabido convertirse en ídolo. De él como de Simancas,[24] Pirolo y otros pocos, puede decirse que ha sido un creador de tipos, dentro

---

[24]Benito Simancas, según Zerep el único que podía emular la fama de Salas, interpretaba el negrito Domingo, un personaje de su creación.

del estrecho marco en que viene desarrollándose el teatro cubano. Sus gallegos y asturianos son de una naturalidad pasmosa siendo digno de señalarse el hecho de que Regino sabe diferenciar un tipo del otro. La monotonía de los personajes en todas las obras, defecto de que adolece el género bufo, lo hace potable el discreto actor cómico, más que a otra causa, debido a su desenvoltura y gracia. Siempre con Regino se ríe el público. ¡Y cosa rara en el teatro!" [25] En 1923 Regino expresa que todos sus actores son tan populares como él. "Todos mis artistas son populares y en mi dirección, en mi conducta particular y en mis esfuerzos han visto siempre facilidades para el desarrollo de su arte y para la conquista de su público. Prueba de ello es que la celebridad no ha sido sólo para Villoch o para mí. En Alhambra se hicieron famosos muchísimos artistas, algunos desaparecidos ya, desgraciadamente: y otros, ahora son favoritos del público: Robreño, la Becerra, la Trías, la Sorg, la Rodríguez, Bas, Mariano Fernández, Otero, Julito Díaz, Acebal, Pepe del Campo...

En *La mina errante*, hacía un papel dramático, se había adueñado del público y [Adolfo] Otero triunfaba también. ¡Es que hace el gallego muchísimo mejor que yo! ...[26]

En 1927 recibe un homenaje en Grado, Asturias, y en reciprocidad a lo mucho que ayudó a su terruño, se erige allí la plaza que lleva su nombre. Regino lo mismo hace una alocución en la radio que es jurado de un concurso de viajes para la serie del

---

[25]Cyrano de Bergerac. "Teatros". *Bohemia* 17 de marzo de 1918. Homenaje a Regino en el Payret. p. 11.
[26]Gómez Navarro. El éxito de la temporada de Regino López en Payret. El popularísimo actor da un rápido miraje a la historia de su compañía. Un original empresario y actor. Cómo pudo sustraerse a la vanidad. Los gallegos estimulados por él. El artista, el hombre y el empresario. Charla entre bastidores. *Bohemia*. 28 de enero de 1923. pp. 11, 16.

Mundial. (1927). Mantiene opiniones muy enfáticas sobre lo que debía ser el teatro cubano. En 1929 manifiesta "Que no pasará adelante. La falta de artistas y de autores lo tiene estancado. Muchos pretenden quitarle los tipos del negrito, del gallego, de la mulata, del chino, es decir, los que conviven con nosotros, los que forman la gran familia característica de nuestra vida nacional. En su concepción, si triunfara así, sería teatro universal, y no importaría, si hubiese autores que continuarán la tradición de Alhambra. Estamos estancados... y eso lo vengo diciendo hace cuarenta y dos años." [27] Esa afirmación lo remite a sus comienzos, a los 27 años.

En 1929 tiene tres hijos educados en los Estados Unidos y seis nietos. En la fotografía, publicada en *Carteles* años después, lee a sus

hijos Armando, Regino y Oscar *Xuanón rumbero o la virgen de Regla*. Todos los años realiza un viaje a Europa y los Estados Unidos y allí graba sus muy populares discos con diálogos, conocidos como diálogo y rumba, para las casas Columbia y Víctor. Cuando se derrumba el techo del pórtico de Alhambra en

---

[27] Don Galaor. "Regino" *Bohemia*. 3 de febrero de 1929. p. 23, 58.

1935, hace mutis con él, con actuaciones esporádicas en la radio y el Martí. Pionero del cine, trabaja en varias películas nacionales, entre estas *El tabaquero de Cuba o el capital y el trabajo.* (1917). Se casa con Consuelo Novoa y en segundas nupcias, presumo, con Ramona Plaza, fallecida en 1926. Muere el 13 de enero de 1945. El 22 de diciembre habría cumplido 84 años.

En la sección en Cuba de *Bohemia*, se escribe a raíz de su muerte: "Al arraigo de la figura de Regino en el alma del pueblo a lo largo de más de diez lustros, contribuyeron no sólo su innata simpatía, su sentido de lo cómico, de lo picaresco, sino su cálida expresión de actor siempre identificado con el público a toda hora. Intérprete de lo que vivía y se agitaba en torno suyo. Sus personajes –el gallego o Cañita– eran un trasunto de humanidad. Este último, particularmente, como expresara Valdés Rodríguez, "con un fondo de insobornable moral, verdaderamente rigorista, capaz de alzarse para acusar a quienes aparentan decoro y una honradez de la que carecen en el fondo".[28]

---

[28]"En Cuba". *Bohemia* del 21 de enero de 1945. p. 31.

Hernández, Inés María. Conocida como la Chelito o Chelito criolla. Reaparece en 1927 como bailarina y actriz, muy popular en las puestas de finales de los años 20, entre ellas *La rifa de las mujeres* (1928) y *El cambio de sexo* (1930). Eduardo Robreño la ha identificado antes como Inés María Hernández. A partir de su investigación, Río Prado aportó su nombre real.

Llorens, Rafael. Hijo de Elvira Meireles, la célebre actriz bufa, desempeña muchos oficios en el teatro antes y después de Alhambra donde permanece entre 1919 y 1934. Se inicia en *Cuando vino Mefistófeles*. de Rafael Conte. Ha trabajado en *La revista inmoral,* (1928), *El dinámico,* (1928), *Los efectos del arancel* (1929), *El superhombre* (1929), *El cambio de sexo* (1930).

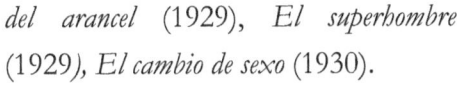

Mármol y Arango, Emilio del. Actor de muchas compañías establecidas que incursionó en el cine de Hollywood en los años veinte y treinta. [29] Interpretó el Quijote con Armando Bringuier como Sancho en *El Quijote en el Alhambra*. Interviene en *La herencia del animal,* de Meluzá Otero en 1935.

---

[29] Don Galaor. Emilio del Mármol. *Bohemia*. 29 de marzo de 1931. pp.46, 61-63.

Mary. En *Papaíto...* (1917)

Mola, Dulce María. "Esbelta, bella magníficamente semidesvestida con tres cuartas de tela, que enseñaba todo ocultándolo todo, –milagro de modistería; –muy mujer con sus brazos torneados, su seno firme; de piernas finas y de amplias nalgas, fue la seducción, el encanto, el deseo, el apetito... se escribe en una crónica citada en este libro. A partir de 1925 actúa en Alhambra como actriz y cantante. En *Otero en el garrote, El superhombre, Ten cents teatral* y *El frente único* (1929). Primera vicetiple en *La Habana sin ruidos*.

Monte, Raúl del. Autor dramático e intérprete del negrito en la Compañía de Salas y según Manuel Villabella, uno de los maestros del tipo.[30] Más que negrito de Alhambra entre 1906 y 1909, se destaca como autor dramático y director de grupos independientes, cuartetos y cuadros cómicos que giran a las provincias de Cuba y actúan en Puerto Rico, México y otros países de América y los Estados Unidos. En junio de 1903 inaugura la temporada del teatro Cuba con *La reciprocidad o la fiesta del catalán* y realiza una exitosa gira mexicana. En 1914 reaparece en

---

[30]Manuel Villabella. Estudioso del teatro cubano, dejó al morir sin publicar su libro premiado *El negrito en el sainete cubano*. Coautor con Boudet de *Cuba entre cómicos*, le aportó observaciones y notas muy valiosas sobre el tema.

Alhambra. Como autor escribe, entre otras, *El comprador de botellas, El bardo contra los perros, Raúl del Monte en Cayo Cristo* y con Frasquieri, *El hijo del diablo*. Casado con Blanca Vázquez, primera figura de su compañía.

Moreno, Guillermo. Conocido como «gallego», trabajó en los grupos y cuadros cómicos que representaron, sobre todo, en los Estados Unidos y México. Se le responsabiliza con las malas palabras e indecencia que para algunos llega al Alhambra en su última etapa, según Eduardo Robreño. Moreno aparece poco en las piezas a partir del año 1932.

Navas. [...] Actriz, sustituye a Luz Gil en Torpedo e hizo una creación del personaje en *Bohemia criolla*. Graba algunos discos con Regino.

Navarro, Pilar. Empieza el 2 de enero de 1903, se destaca en *Enseñanzas*....

Novoa, Consuelo. Actriz y tiple de bella voz nacida en Camagüey. En 1898 viaja a México y los Estados Unidos con la compañía de Gonzalo Hernández y Anckermann y es muy aplaudida en *Los efectos del danzón,* en la cual la orquesta interpretó El caramelo y el danzón "Consuelo" que Miguel Faílde escribe para ella.[31] A los dieciocho años entra en Alhambra y ella y Regino se enamoran. En Lara y dirigida por Regino con quien se casa, estrena la mulata Petrona *De Guanabacoa a La Habana* (1899) y *Charivari...* a la que añade nuevas coplas cada noche. Soprano y actriz, interviene en los montajes del Lara y Alhambra, entre ellos como Flor de Tilo en *El ferrocarril central* y la sultana en *El sultán de Marruecos*. Graba para Columbia y la Víctor. En la *jukebox* de la Biblioteca del Congreso se puede escuchar "A solas", su bello dúo

---

[31]*Diario del Hogar*. [México] Teatralerías. 7 de julio de 1898. Beneficio de Consuelo Novoa.

con Adolfo Colombo y en el casette de *Discografía de la música cubana*, del libro de Díaz Ayala, "La lucumí", como negrita de nación. Tiene grabaciones con Arean, Regino, Pous y Colombo entre otros. Kostia habla de ella como "superior" en las mulatas así como describe su belleza y desenvoltura. Cuando se divorcia de Regino y se casa con Marcelino Arean, es empresaria de diversas compañías y grupos, la más exitosa, el Quinteto Novoa-Lima, integrado por Cuca de la Portilla, Agustín Díaz, José Leyva y Santiago Lima. Divorciada de Regino, no le exige la mitad de sus bienes como correspondería y llega a su vejez mísera, conserje en una escuela de La Habana. Meluzá Otero realiza un retrato magnífico de quien entró a Alhambra adolescente, se casó con Regino, educó a sus hijos y junto a él amasó la fortuna que llegó a medio millón pero terminó en la pobreza. Participa en las películas cubanas *Alma guajira* (1929) y *Última melodía* (1939).

Meluzá Otero, Francisco. "Ayer y hoy. Consuelo Novoa". *Carteles*, 29 de mayo de 1949. pp. 28-31.

Obregón o de Obregón, Luisa. Nacida en España, educada en Barcelona, formó parte de la compañía de su padre Luis en Alicante. Debutó en Alhambra a los dieciséis años, alrededor de 1908. Se destaca en *La bella Pepita*, de Villoch "cantando bien, diciendo mejor, espléndida mujer y excelente actriz", hizo de Pepita una creación. Graciosa y fuerte columna de Alhambra, también sobresale en *Cocinero y secretario*, de

J. Rivero-Mauri (1908) con la Frutos, Naranjo y Palomera y *En el triunfo de la rumba*, en 1909. En 1911 interpreta *La exposición nacional*. Don Galaor la entrevista en 1929. Después pasó a trabajar a la compañía de Arquímedes Pous. En 1929 cumplió treinta y tres años en el teatro cubano.

Don Galaor. "Luisa Obregón". *Bohemi*a 17 de febrero de 1929. p. 25, 63.

Otazo, la. Actriz. Participa en las obras de 1897 y 1899, como la reina en *Guau, Guau o la toma de Hawai* y *Cuadros vivientes*.

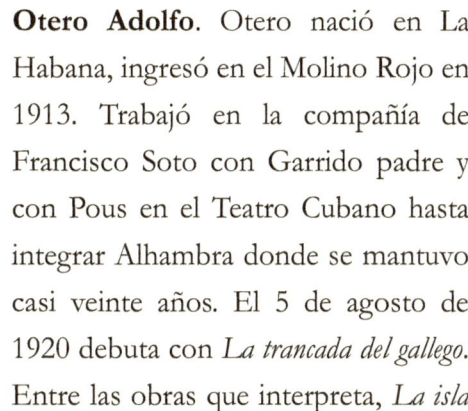

Otero Adolfo. Otero nació en La Habana, ingresó en el Molino Rojo en 1913. Trabajó en la compañía de Francisco Soto con Garrido padre y con Pous en el Teatro Cubano hasta integrar Alhambra donde se mantuvo casi veinte años. El 5 de agosto de 1920 debuta con *La trancada del gallego*. Entre las obras que interpreta, *La isla de las cotorras, El rico hacendado, La toma de Alhucemas, La revista sin hilos y Cristóbal Colón gallego*. Para él se escribe *Otero en el garrote y Otero guardia de turismo* entre otras. Con gran capacidad para la improvisación, se dice que podía dar rienda suelta a esta por horas.

Ante el rumor de que Alhambra cerraba, y la ausencia de Otero, se decía que se había ido del elenco. "Qué va. A mí me quieren mucho allí", dice a Don Galaor. "Cuando ingresé en el Alhambra llevaba dos años dando tumbos por la isla. No paraba un día, de pueblo en pueblo, de teatro en teatro. La sola idea de que tendría que hacer el equipaje cada dos días me llevó a la compañía de Regino y ahora ves... Echo de menos aquel apurarse por todo, aquella movilidad febril, aquella angustia terrible de los minutos escasos para tomar el tren... Yo empecé de galán joven. Cuando eso ni remotamente pensé que iba a hacer gallegos."

¿Y cómo fue que descubriste el galleguismo? pregunta el periodista. "Como se descubren todas las cosas en el teatro. Un día me dijeron que tenía que hacer un gallego porque el que lo hacía se había enfermado. Salí a hacerlo de muy mala gana, y el público, caprichoso, me aplaudió.

Aquel éxito alentó a la empresa a dejarme de gallego y los autores escribieron obras para el nuevo tipo. Cuando me convencí de que iba a seguir haciendo gallegos, me dediqué a estudiar el tipo." Ha notado infinitas variaciones. Tampoco, aclara, como se ha dicho, usa siempre los mismos bigotes, elemento esencial de su caracterización.[32]

A partir de 1925, casi siempre trabaja junto a Acebal y Blanca Becerra. Comienza en la radio desde 1927 hasta que se une al libretista Castor Vispo en CMQ. Con Julito Díaz y otros de un reparto estelar, interviene en la película *Siete muertes a plazo fijo*, de Manolo Alonso. Se ha publicado *Otero en el garrote*, de Federico Villoch y Gustavo Robreño. Disparate cómico en un acto y seis cuadros. El Ideal, 1925.

Muere a unas horas de diferencia de su querido amigo Julito Díaz.

F. Vergara. "Adolfo Otero ¡Qué dolor mas fuerte tengo! Y no pudo terminar la historia". *Bohemia* 16 de noviembre de 1958. pp.
Don Galaor. "El gallego Otero". *Bohemia* 31 de julio de 1932. pp. 29, 59.

Palomera, José (Pepe). Nace en Puerto Rico. Muy activo en Alhambra desde 1908, en *La bella Pepita*, *Un gallego en el Olimpo*, *La carne gorda*, interpreta la Blanca Paloma en *Matinée regalo para caballeros* y actúa en *El pintor sicalíptico* (1910). En 1913 está en el Teatro Casino. Villoch lo recuerda a partir de *La gatita*

[32]Don Galaor. "El gallego Otero". *Bohemia* 31 de julio de 1932. pp. 29, 59.

blanca en el Teatro Nacional (1916) y en *Un error policíaco*, en el personaje del Bobo, que le hizo recordar a Ramírez. Para Kostia "es el mejor discípulo de Regino, de su altura, en la gracia de su maestro." Incursiona como autor entre otras, en *Bañarse en seco* (13 de abril de 1909) y *Los apuros de un organillero* (27 de enero de 1911)

y se mantiene en constante actividad en la creación de personajes originales. *La Lucha* confirma su muerte el 28 de agosto de 1915 mientras trabaja en el Teatro Vista Alegre de Santiago de Cuba pero Villoch lo recuerda en 1929 en el Apolo de Madrid. Actor cómico, actuó en Payret, Martí y Actualidades. Era estudioso y bromista. Hay fuentes que dicen muere en la Casa del Artista así que en 1915 *La Lucha* se apresuró a dar una noticia equivocada. Uno de los actores cuya trayectoria es más imprecisa.

Pardo, María. Actriz muy destacada en Alhambra a partir de 1924 como La Prensa en *Cuba aliada* y en *El cisne blanco, El lobo segundo, Cayo verde y El gran Mogul*, de Miguel Mas (1934). En *Cayo verde*, Kostia escribe: "Exquisita, fotogénica, toda blanca y rubia, de sonrisa deliciosa, conquistó al público a pesar de la obra". Con Amalia Sorg y Eloísa Trías forma el tríptico femenino cuando la Becerra se ha marchado de la compañía, a pesar de que según Kostia no la utilizaban como se merecía. Así todo Servando Gutiérrez opina: "El género criollo, este que arrulla como la palma, alegra como un ron, exalta como el beso de una ardiente «canela» y grita como una chancleta nueva sobre el pavimento, no puede tener mejor intérprete que María Pardo", según publica Meluzá Otero en *La Lucha* el 8 de abril de 1925. Entre 1939 y 1952 trabaja en cinco películas cubanas, entre ellas protagoniza *Mi tía de América*. (1939). Participa del documental *Cuentos del Alhambra*, de Manuel Octavio Gómez, en 1963.

Plaza Cabrera, Ramona. Acompaña como actriz las grabaciones de Regino de 1917 y 1920 realizadas en Nueva York, como "El vigilante de posta" y aparece en algunas postales. Presumo tiene una relación sentimental con el actor. Muere en 1926, de una enfermedad del corazón, a los cuarenta y cinco años, y los allegados consignados en la esquela mortuoria son Regino, sus hijos, Villoch y Gustavo Robreño, entre otros.

Plaza, Miguel V. (Chicho). Actor En *María Elisa o la mulata en camisa* (1930).

Portela, Consuelo. Chelito. Nacida en Placetas en 1885. La Chelito fue en España primera figura del cuplé. En su visita a la isla de 1909 se dice que introduce en este la rumba. En su repertorio, "Las pantorrillas", "La noche de novios" o "La pulga". Fue un punto de referencia, pasó al imaginario y la cultura popular y se escribieron algunas piezas para ella. Su imagen se reprodujo en postales, revistas y cajetillas de cigarro. Cf. Viera y Trejo, Bernardo. "Pensar que esta mujer estremeció La Habana". *Bohemia*. 10 de febrero de 1957. pp. 3-5. 118, 119.

Ramallal, Ignacio. Debuta con Don Toribio de *Fregolimanía* en *Lara*. Barítono de voz agradable y dulce presencia escénica. "El papel es corto y de escasa importancia, escribió Fontanills, pero basta para asegurar integrar al actor al proscenio de Lara. Cantó al agrado del público y tuvo que repetir de los subidos aplausos que salieron de la galería y la sala". En 1902 está en *El tribunal supremo* pero parece actuar de manera esporádica. Según Kostia. como Poseidón en *La rumba de los dioses*, tuvo al fin un papel de lucimiento. Trabajó en *Almanaque del Alhambra* (1904).

Ramírez, Arturo. Tenor de cuerda cómica. Sobrino de Miguel Salas, interpretó el negrito de *Mefistófeles* por primera vez sin maquillaje en 1896. Integra las compañías bufas que le suceden a la muerte de Salas. En *Las crianderas*, de Laureano del Monte, hizo un *memo* que anticipa su futuro Bobo, personaje que consagró en Alhambra, aunque sus incursiones en el tipo del Chino fueron memorables como en *Lo que pasa en Indo-china*. Como autor escribe, entre otras, *Fregolitipias*. Cuando Larra y Balaguer lo ven actuar, quieren contratarlo para Madrid. Escribe un libro de poesía ilustrado, *Almanaque del Bobo*, de gran éxito de ventas y popularidad. También adaptaciones de obras teatrales. Muere en 1906.

Mario Muñoz Bustamante escribe un retrato conmovedor de su gracia única: "el arte original y desenfadado de Ramírez, en cuya fingida idiotez palpitaba desenfrenadamente agraciada, por su buena sombra, toda la lascivia humana." Trabajó algún tiempo con la cara contraída del dolor por la enfermedad. Fallecido, según Muñoz, entusiasmaría a los dioses de oírlo cantar con voz guasona "Mamita yo quiero pulpa/, mira que se va el pulpero."[33] Santi Bañez recuerda su nombradía y merecida celebridad y considera su muerte una gran pérdida para Alhambra.[34]

---

[33]Muñoz Bustamante, Mario. "El bobo." *Ideas y colores.* La Habana: Imprenta del Avisador Comercial, 1907. p. 87-89.
[34]*El Fígaro* 35. diciembre 30 de 1906.

Rico, Alicia. Reconocida cómica de versatilidad y gracia, no está debidamente representada en estas crónicas. Según Rosendo Rosell debutó en Alhambra cantando a dúo con Colombo en *De guardia a motorista*.

A saber trabajó tres años en Alhambra, entre 1917 y 1920. Se destaca en *El encanto de las damas* (1920) pero no he encontrado suficientes referencias. Nacida en Pinar del Río en 1898, esposa de Antonio Valdivia, hijo de Kostia, autor y actor de Alhambra, es una de las más "internacionales" entre los artistas de la época. Actúa en el Apolo de Nueva York y realiza giras a América Latina, así como trabaja con los más importantes conjuntos bufos y cuadros cómicos. El 8 de enero de 1930 actúa en Nueva York con los Bufos Cubanos, con Ramón Espígul, Guillermo Moreno, María Gómez y el timbalero de Alhambra, José Valdés, entre otros.

Robreño Puente, Gustavo. Como actor fue un hábil imitador de personajes de la esfera pública: García Kohly, Menocal, Freyre de Andrade, el tirador Langslow, Orestes Ferrara, Napoleón, Titta Ruffo y Estrada Palma, entre otros. Cultivó el humor inteligente.

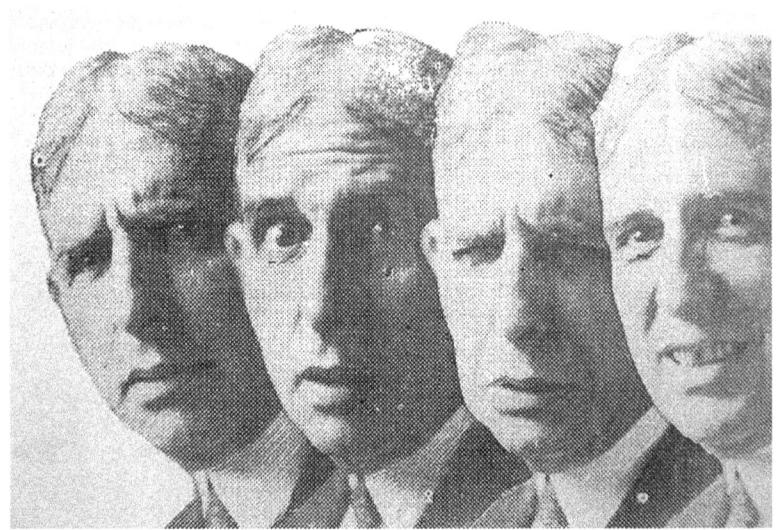

En 1917 en *El gato negro*, de Sorondo, imita al humorista Arcos. Enrique de la Osa –que pondera sus caricaturas de Napoleón, Pote y Freyre de Andrade– escribe: "aparte de la composición externa de los personajes, realizada con una meticulosidad insuperable, formada por el maquillaje y el vestuario, y complementada por los gestos, movimientos y empaque de la figura" le seguía "el tono espiritual de la interpretación, con afilados rasgos caricaturales. Así en el exterior, el personaje parecía respetuosamente copiado, pero en el orden espiritual y moral, el artista escorzaba un ademán de claro dejo burlón".[35] No es posible desligar el actor del dramaturgo y periodista. La más valorada de sus actuaciones es quizás su *Napoleón*, que perdura, sobre todo, por la gracia y universalidad del libreto publicado y las imágenes, vendidas como postales. En 1906 intentó con Sarzo y Pilar Jiménez una compañía propia de recorrido breve. Recibe en vida muchos homenajes y muestras de afecto, uno de los primeros, su beneficio en el Lara con *El primo donno*. En 1925,

---

[35]Osa, Enrique de la. "Tributo a un actor y autor". *En Cuba. Primer tiempo 1943-1946*. La Habana: Editorial de Ciencias Sociales, 1990. p. 180-182. Aparece en *Bohemia* (diciembre 30 de 1945).

se celebra un festival Gustavo Robreño: en 1933, recibe una medalla de la sociedad habanera Acera del Louvre y en 1945, Ramón Vasconcelos organiza un homenaje del cual se hace eco la sección En Cuba de *Bohemia*.

Roselló, Sara. Debuta en el Irijoa cantando cuplés, como narra Zerep en su libro de crítica, inconforme con ella "porque le faltaba espíritu parisién". Sobresale en el personaje de Aragón en *Sangre y oro* (1897) y en otros de la primera etapa de Alhambra.

Sánchez, Blanca. Actriz y cantante, figura en el repertorio de los años 1917-1918, entre otras, en *Las chancleteras*, de Armando Bronca. Destacada, canta con Amalia Sorg una habanera en *El misterio de un fotingo*.

Sapera, María o la Saperita. En *A diez pesos el beso*, (1900) aparece como una curiosa, también en *Por darle a la lengua*.

Sarzo, Carlos. Actor de carácter y autor. Integra en su juventud la compañía de Pablo Pildaín. Destacado por su permanencia y utilidad en el elenco aunque en broma o en serio, Kostia se burla de que no se sabía los papeles. Sin embargo, lo

Carlos Zarzo

menciona con mucha constancia a pesar de que hace sus personajes habituales, "tan sangre ligera como siempre". En 1906 se une a Gustavo Robreño para su compañía en el Payret. El 4 de junio de

1929 recibe un beneficio de sus compañeros que reconocen al actor discreto y preparado que ha hecho reír a varias generaciones. Se representa *La conductora de menores*, de Juan Firpo. Al año siguiente todavía está activo como el ex capitán de *Militares y toreros*, de Jorge Bernal, en Actualidades, como en sus mejores tiempos. Autor de *La pelota*, 1899; *Naboina* (1901), *Santiago metió la pata*, con René López, estrenada el 10 de enero de 1902 y *Pantera*, el 6 de abril de 1902.

Serna, Pepe. José Benito de la Serna, "el mejor en su género", según Eduardo Robreño que lo vio bailar, proviene de una familia acomodada de Jagüey Grande, Matanzas. [36] Interpretó una forma específica de rumba conocida como *jiribilla*. Las primeras crónicas que lo mencionan son de 1917 pero tiene que haber estado antes en Alhambra pues en 1914 ya Lina Frutos no está en el conjunto y la Bella Camelia es una de sus parejas. Serna continúa allí hasta el día del cierre, uno de los heridos leves con el derrumbe. Como ha recordado Villoch, Serna lo mismo bailaba una rumba despampanante que hacía un personaje de compromiso. Compañero de Lina Frutos, entre otras, sus números de rumba son muy recordados. Interviene en la cinta *La hija del policía o el poder de los ñáñigos* (1917) y en las obras *Las chancleteras* (1918), *La salvación de Cuba* y *Consecuencias del trigémino*. En 1925 sobresale entre los intérpretes de *Los efectos del bataclán*. También se destaca su apoyo para que los teatros contraten a los actores locales y en la promoción de los espectáculos. "Podemos decir –escribe Suárez Solís el 5 de agosto de 1929– que el brillante éxito de *El nervio trigémino* y *El rescate de Franco* se debió a la dirección de Villoch, al humorismo y fértil ingenio de los actores, a la brillante actuación de

---

[36] Mestas, María del Carmen. *Pasión de rumbero*. Unos&otros ediciones, 2020.

los artistas y la hábil propaganda de Pepe Serna que mostró poseer cualidades de primer orden en su *metier*." En 1931 interpreta el Luis Lejía de *Juan Jolgorio*. En ocasiones aparece como maestro de bailes criollos o cierra el espectáculo con la rumba.

Sevilla, Arnaldo. Actor y dramaturgo. Integró la compañía de Bolito y Sevilla con la que recorre la isla. Recordado por Villoch como un carácter retraído y ajeno a la «chismería comiquera», disciplinado, caballero, creyente y excelente persona, ingresa en Alhambra gracias a Agustín Rodríguez, su amigo íntimo, con *Los tres frailes* en los años veinte, hace el Pescador de *La isla de las cotorras* y Don Clodomiro Correoso y Caraveo en *Piernas al aire*, de Villoch-Rodríguez, que lleva a la radio así como el borrachín Fuácata de *Un bolero en la noche*.

Sus habilidades como autor se manifiestan en *El cisme blanco* y tiene éxito con *La marimacho*. Sobresale su interpretación en *El rescate de Franco*, de 1929, como el personaje del Barrio de la Macarena. En 1930 recibe un homenaje por las treinta representaciones de *Piernas al aire*. Después de Alhambra, trabaja en la radio y como actor «serio». Dirige *La cenicienta* en El Principal de la Comedia. En 1930 le escribe una "carta de amor" a Nancy Caroll en *Bohemia*.[37] Muere el 7 de noviembre de 1939.

Sobola. Tomás. Actor versátil y útil en personajes de carácter y elegancia con una trayectoria larga y aplaudida de 1898 a 1916. En 1916 está casado con Inés Velasco de acuerdo a una entrevista de Mario Sorondo para *El Teatro Alegre*. En papeles insignificantes y borrosos, escribió Kostia, Sobola es un sol. En *Mercado de mujeres*, como "elegante *club man* de Alhambra", actúa como contraparte de su esposa Inés Velasco.

Sorg, Amalia. Nacida en Nueva York en 1877, de padre alemán y madre húngara, arriba a Cuba a los doce años pero recibió su educación en Barcelona, en el Convento de las Damas negras. Actriz del Molino Rojo, se reconoció su éxito allí en *La pay pay*, entre otros, pasa al Alhambra en 1915. En 1918 gana un premio de popularidad otorgado por la revista *Mundial*. Es la única actriz que ha opinado sobre Alhambra como concepto y lo ha contado: "Era un periódico satírico. Vivía de enjuiciar la política. Cuando se anunciaba "para hombres solos" era porque en realidad

---

[37]Villoch, Federico. Estrenos y debuts notables. *Diario de la Marina* (suplemento) 1939. 14 de enero de 1940. pp. 20-22. *Bohemia*. 3 de agosto de 1930. pp. 48-52

"Esta es la Amalia que yo conocí bien."

Así apareció en el Alhambra fantasía de Villoch La revista sin hilos.

a las mujeres de la época no les interesaba la política y por lo tanto, nada tenían que hacer frente a su escenario... Pero Alhambra era tan moral como el teatro que más lo pareciera en aquellos tiempos. Sus obras se reestrenaban en el Payret y el Nacional sin quitarle ni ponerle. Recuerdo que Waldo Frank estuvo una vez en Alhambra y salió maravillado de su arte genuinamente vernáculo. Hay que señalar que si Alhambra hubiera sido inmoral o desmoralizador, la reacción del gran escritor norteamericano hubiera sido otra" dijo en 1958 a Villaronda.

Hay muchas actrices excelentes en Alhambra, más completas que Sorg o mejores cantantes. Amalia es el mito, entre otras por *La viuda sicalíptica* del Molino. Su paso por la esquina de Neptuno revive en Villoch "la del bello cuerpo de líneas impecables, reina por más de diez años de la rumba."[38] En Alhambra, por *Mercado de mujeres, Las mulatas en el Polo* y su gran éxito, *La señorita Maupin*. También como "una elegantísima y bella profesora de baile que haría danzar de coronilla al santo más severo y pudibundo" en *Pochinyurria en Nueva York*. Permanece en la compañía, según dice en esa

---

[38]Villoch, Federico. Viejas postales descoloridas. "Historia de una esquina". *Diario de la Marina* (suplemento). 26 de noviembre de 1939. pp 20-21.

entrevista, hasta 1932. Entrevistada en 1929 confiesa que estuvo en el Molino, en el cuplé, hasta que Pepe del Campo y Jorge Anckermann se fueron de allí, ama la soledad, disfruta "la comunión con su yo interior" y aparte del teatro, tiene predilección por el juego. Tenía una forma de dirigirse al público muy propia, sostenía sus senos y los lanzaba a la platea con un gesto de entrega y picardía, advertido por Miguel Barnet, autor del libro-testimonio *Canción de Rachel*. Se llamó en el argot "el saludo de la paloma", también reconocido por el director Francisco Morín durante la reposición de *La isla de las cotorras* en 1962 donde vuelve a recrearlo. Al entrevistador de *Cuentos de Alhambra* le dice que es alegre, temperamental y le gustan los personajes de vampiresas y seductoras. Que el Alhambra no era inmoral porque todas sus obras se pusieron en el Nacional donde las veía la gente de la *high* y quedaba encantada, "si acaso se quitaba alguna palabra fuerte". El público era quien hacía la obra. Pero se siente melancólica por la muerte de su madre. Fallece en 1963 de una complicación pulmonar. Antes perdió la voz por una fumigación en el teatro.

    Don Galaor. Amalia Sorg. *Bohemia*. 25 de agosto de 1929. pp. 37, 55.
    Villaronda, Guillermo. "Amalia Sorg, la bella del Alhambra". *Bohemia* 30 de noviembre de 1958. pp. 38-40, 113-114.
    Valdés Pérez, Enrique. ¿Quién fue la Bella del Alhambra? *Bohemia*. 29 de junio de 1990. pp. 4-6.

Trías, Eloísa. Renombrada mulata y característica, una de las actrices de más permanencia en Alhambra. Dama joven de la compañía de Pablo Pildaín, se incorpora a Consulado en 1900 y permanece allí hasta que la muerte la sorprende en la madrugada del 15 de noviembre de 1931, unos días después de recibir un homenaje con *Frutos del país* y en una etapa en la que figuró en muchas obras, quizás la más notable, *Ramona,* de Mas y López, en la que parodia a Dolores del Río. Actriz de varias películas cubanas, *La ley del timbre* (1918), *Regino en* pose (1918), *Los apaches cubanos*, (1918) y *La maldita* (1921).

En el teatro tiene éxito con *¡Arriba las enaguas!* en 1902; en 1914 con *El cabaret de la plaza* y en *La pecadora,* Kostia la considera "encarnación de lo burlesco." Enrique Fontanills escribió: "Muy sentida su muerte. Ocurrida ayer de madrugada. Eloísa Trías se hacía aplaudir de la sociedad habanera en sus frecuentes temporadas en Payret con las huestes de Regino López. Por eso su muerte ha causado tan profunda impresión entre los que tuvieron la oportunidad de admirar su arte. Entre todas las coronas llegadas a la cámara mortuoria, se destacaba una de gran tamaño, estilo Cuba, procedente de El Clavel, el gran jardín de Marianao, en cuyas cintas se leía esta sencilla inscripción: "A Eloísa Trías: sus compañeros del teatro Alhambra. ¡Descanse en paz!"

Murió en su casa de la calle Crespo rodeada de los suyos a consecuencia de su padecimiento de diabetes. Quien quiera que lo escribió para la primera página del *Diario de la Marina* del día 16, lo expresó mejor: "ha rendido su tributo a la vida".

Valerón, Hortensia. Nació en un circo, de padre maromero.

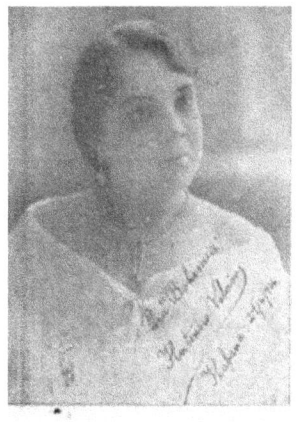

Actúa desde niña. Estrenó *La casita criolla*, popularizó "Tumba la caña" y fue llamada La alondra de Alhambra donde permaneció diecinueve años. Como cantante tiene una actividad significativa paralela al teatro. Nicolás Guillén ha recordado sus discos de fonógrafo con el dúo Floro y Cruz. Se destaca entre 1917 y 1927 en muchas obras, entre ellas

Papaíto (1917) y *Pochinyurria en Nueva York*, (1919) ambas de Villoch. Tiene 32 grabaciones en los Estados Unidos, con Ramón Espígul, Pilar Jiménez, Regino López y Blanca Becerra. Participa con Regino en los programas radiales de 1931.

Vásquez o Vázquez, Blanca. Actúa desde 1890. Esposa de Raúl del Monte, trabaja con él generalmente en personajes de mulata o negrita. Estrena *La mulata María* (1896), segunda obra de Villoch y *El gorro frigio* de Olallo Díaz, entre otras. Después del estreno de *La mulata...* se ausenta por un mes y cuando regresa, Kostia escribe: "La mulata María ha vuelto más que nunca, a su elegido, que es el Gran teatro. El público es fiel a sus afectos y se acordará siempre de la bella manifestación de su público. Adoraba esa figurita encantadora y un mes de ausencia no se la había hecho olvidar el placer, el que da, en el teatro, la visión de la juventud, de la gracia y de la alegría". Reanuda su labor en Alhambra el 11 de abril de 1904, pero se comparte con Payret, Albisu y los cuadros de comedias dirigidos por Raúl. En una gira a México con el grupo bufo de su esposo, un crítico del *Diario del Hogar* anotó que en comparación con los Bufos de Salas, "no había en su cuadro la homogeneidad que en este del Riva Palacio y Raúl del Monte. Cuenta con una compañera que vale tanto como él, lo que no es poco decir, y una compañía que le sigue con sobra de afecto". En 1905, actúa con Pilar Jiménez en *Batalla de tiples*, de Villoch, las primeras en enseñar las piernas, mucho antes de las coristas de las revistas mexicanas. En *Mercado de mujeres*, emite "irradiaciones voluptuosas" con la Sorg y la Forteza. Se retira joven del canto por una afección en las cuerdas vocales pero permanece como una de las pioneras del estilo alhambresco. Realizó 18 grabaciones en los Estados Unidos entre 1913 y 1918, ninguna digitalizada.

Velasco Inés. Característica, la actriz más longeva de Alhambra y uno de sus mitos. Algunos la creen nacida en Puerto Rico. Debuta alrededor de 1880 con los bufos de Saturnino Valverde en Albisu con *La nochebuena en Jesús María*, de Carlos Noreña. Al año siguiente es Mercedes en *Apuros de un figurín*, de Manuel Mellado e interviene en las obras de Ignacio Sarachaga y José María Quintana. Es un «personaje» en *Los hijos de África*, de Sarachaga y está muy activa con los bufos de Miguel Salas. Kostia reitera su nombre en sus reseñas con juicios severos pero con profunda admiración. En 1911 en *La exposición nacional* canta "con extraordinario arte y refinado gusto" según Henríquez Ureña nuevos cuplés de la Cañandonga. Sus últimas actuaciones ocurren entre los años 1914 y 1915. En "Las manos de Inés Velasco" Antonio Iraizoz, la entrevista y escribe que consigue siempre "un tipo acabado, perfecto, de esas viejas pendencieras del subsuelo social, de corpulencia esquelética, voz cascada y sentimentaloides cursis." [39] Estelar al parecer fue su desempeño en personajes grotescos. Mario Sorondo la entrevista en "La abuela de Alhambra" ya que se conoció así o como la «vieja» de Alhambra. Casada en primeras nupcias con Jesús Pérez y en segundas con Tomás Sobola, también actor, retirada vivió en una cuartería cercana al teatro de

---

[39]Iraizoz, Antonio. "Las manos de Inés Velasco". *Sensaciones del momento (rtículos de actualidad)*. La Habana: Imprenta El Siglo XX, 1919. pp. 14-18.

sus triunfos. Cuando Kostia reanuda su contacto con Alhambra, ha fallecido.

Vicens o Vincens, Lola. "La radiante mallorquina que más tarde ingresó en el género criollo integrando con gracia y sandunga los sainetes alhambrescos, escribió Federico Villoch en "El terrible Pérez".[40] Aparece en Lara y en los primeros años de Alhambra. Se destacó en *El revoltoso*, como Trinidad en *El santo de la mulata,* y en *La criada respondona* y *El doctor Gómez*.

En *La manta de burato* de 1899, Kostia escribe: "La Vicens, muy aplaudida. Muy seductora en la mulata fiel y despertando entre los espectadores –yo entre ellos– el diabolismo del deseo.

Si la actriz no es muy buena, es muy bella. Y el público no le pide a ella más. Nosotros tampoco."

Otras mencionadas son la Bella Oriental, la Maza, la Rosaura (en *Grossine*), la Renée, Josefina León, la Real, la Sra. Fisher, Margarita Gutiérrez, Lola Mallorga o Mayorga, española "aplatanada" y Consuelo Segarra, quien debuta en *Fregolimaní*a. Más tarde, Consuelito Alea, Estrellita Mexicana, la Sandoval y la Díaz. Entre los hombres, Bara y Bousquet y muchos otros de los que no he hallado datos.

Acusaciones, medias verdades. El 6 de agosto de 1901, Villoch escribe a *La Lucha* para reclamar que un autor «inescrupuloso» ha estrenado en Lara *La Marina cubana o el primer acorazado,* un título suyo, ensayado y suspendido por enfermedad de Pirolo. Al día siguiente su autor, Rodríguez, contesta que su obra no tiene nada que ver con la de Villoch y para demostrar las

---

[40]Villoch, Federico. "Viejas postales descoloridas". "El terrible Pérez". *Diario de la Marina*. 14 de mayo de 1950. p. 45. Sobre el género chico.

similititudes, dice que en España alguien escribió *Toros del saltillo* y Villoch, *Para toreros... Galicia*, alguien *El cura de la aldea* y él, *El santo del resorte*.

"La coincidencia fatal que no me pasa a mí y le ocurrió al señor Villoch es que estrenó en el Lara *El muñeco de la desgracia* y tuvo la *idem* de no poder cobrar la obra porque el representante de la galería de autores españoles, señor Manuel Amago reclamó los derechos del *Muñeco*... que no era tal sino la obra de un autor madrileño. ¿Quién es menos escrupuloso? escribe Adolfo Rodríguez Aróstegui. Kostia, sin mediaciones, dijo que la culpa la tenía Alhambra que debió estrenarla. "Pirolo a su vuelta hubiera debutado con otra obra, porque fue un gran éxito del Lara, sobre todo, el acorazado pintado por Bárcena, la Mellado vestida de grumete "tan sabrosa como una ostra de Puetola", Lima con un rabo de mono entre las manos así como la música de Anckermann con una guajira muy aplaudida.[41] El tema de los préstamos azota a Villoch desde que Zerep escribe que *La mulata María* tiene una escena copiada de *Niña Pancha*.

Los actores siempre fueron motivo de escrutinio. Después del estreno de *Cuadros vivientes*, *La Lucha* publica la carta de algunos espectadores que solicitan a Regino suspenda a la actriz que hace la guajira porque su personaje es una burla al público. En 1928, Adolfo Otero y Amalia Sorg son acusados de proteger al Piel Roja Eladio Travieso y por ser los presuntos autores de anónimos amenazadores a sus compañeros. Son absueltos. Al año siguiente, Agustín Rodríguez asesina por accidente a su esposa y se somete a juicio con el atenuante de "locura transitoria", también hiere al Piel Roja Travieso. Absuelto. A Blanca Becerra la citan a juicio por declarar

---

[41] La Lucha. 6 y 7 de agosto de 1901.

que era soltera al hacer su pasaporte, cuando en realidad era casada. Fue un titular de la prensa que, sin embargo, casi nunca publica su fotografía. A tantos años de los hechos es difícil juzgar si el escrutinio se debe a la popularidad de estas figuras o a la discriminación y prejuicios contra el teatro y sobre todo, sus actrices.

Al pelo. En la jerga teatral de Cuba, una función sin muchos ensayos.

Autores

Guillermo Anckermann. Redactor de *El Teatro Alegre*, escribe entre otras *La segunda república reformada*, *Las cosas de Cuba* y *Todo por el honor,* publicadas en la antología de Robreño. Formó parte de un cuadro cómico que representó en 1908-1909 obras escritas por varios autores y musicalizadas por su hermano Jorge, en el que intervino como actor y escritor. Actor de Alhambra en 1914. En 1921 estrena *La mulata Tomasa*, con música de su hermano.

José R. Barreiro. Famoso y estimado, los críticos celebran *El brujo*, con música de Marín Varona, estrenada en 1896. Escribe para Alhambra entre otras la parodia *El revoltoso* (1899), *Después del baile* (1899), *Trust azucarero,* (1899), *El sultán de Marruecos* y *Los tabaqueros*. En 1898 estrena *Los aereonautas* (sic), desconocida.

Armando Bronca. Conocido como Cacharro o Cacharrito. Autor de *Tira, si vas a tirar* (1921), *Las chancleteras* (1918), *De mala vida* (1925), entre otras. Cultivador del llamado "sainete barriotero".

Pepe del Campo. Actor, autor y director de escena. En 1905 dirige zarzuelas en Albisu. "Era un buen actor genérico puertorriqueño que se aplatanó en Cuba", escribe Rosendo Rosell. Entre los años 1912 y 1913 participa en temporadas de varias compañías. Director de la revista *El Teatro Alegre*, estrena en Alhambra *Los cubanos en Marruecos* el 14 de septiembre de 1921 y el 11 de enero de 1929 *El santo varón*, firmadas como Juan Firpo y Cuyas. En 1922 una reseña destaca que sus obras no son siempre "de frases coloradas o llevadas al rojo blanco" sino toman de la opereta y el *calembour* como *A caza de marido* (enredos entre una

cupletista, un gallego y un yanqui millonario).[42] Como autor, estrena entre otras, *Bohemia criolla* (1918), *Las locuras del siglo* (1921), *Las enseñanzas de Liborio* (1921), *El rey de la velocidad* (1926), *Carne o pescado* (1926), *Solo para damas* (1928), *El de la vaselina* (1928). Integró con Sergio Acebal pareja para el programa Catuca y Don

---

[42]Estrada, César A. "José del Campo. Autor teatral". *Bohemia* 15 de enero de 1922. pp. 12, 22.

Jaime transmitido por la PWX de la Cuban Telephone Company. Se postuló para concejal.

Ángel Clarens. Abogado, escritor y hombre de mundo, así lo recordó Villoch. Publica *Desde Cuba libre* y *Notas mundanas* en Santiago de Cuba en 1897. Ese año estrena *Ilusiones* en el Ateneo de Santiago de Cuba y en Alhambra *Cuchi-manía* y *El templo de Venus* en 1901. En 1909 escribe la zarzuela *Los 33 millones,* estrenada por Alejandro Garrido, como refiere *El Pensil*. Dejó escrita *El fantasma del hambre o Cuba en la guerra* (1918). Muere en 1921 en Lake Placid según *La Lucha*. Casado con Leonor Figueredo, al parecer escribe otras obras con la firma de A. Caccia, entre estas *Los misterios de la noche*, publicada por El Aerolito, *La cosa municipal* (1893) y *Los africanitos* (1895).

Olallo Díaz González. Fecundo autor vigente desde 1880 con los Bufos de Salas. Su obra "La caña y la remolacha" está incluida en la antología de *Teatro bufo* de Rine Leal.[43] Escribe para Alhambra obras muy aplaudidas. Entre las publicadas, *El buen camino*, Matanzas, Galería literaria, 1890; *La cuestión del pan*, Imprenta de M. Ricoy, 1897; *Desde Cuba al paraíso,* 1887, *Doña Cleta la adivina*, 1891. Allí estrena *La cuestión del pan*, (1897); *La novia de Don Canuto* (1898); *Fuego, fuego, El proceso del siglo XIX, Carbón de piedra, Cuba en Buffalo* (1900); *Un viaje de recreo* (1900), *El padre Jiribilla,* con Francisco Robreño (1901); *Una equivocación morrocotuda* (1901); *Las de arriba y las de abajo* (1901), *La casa de la madama* (1901), *El tribunal supremo* (1902); *El veinte de mayo* (1902); *La lotería* (1903); *¡A Saint Louis!* (1903), *La Nautilus en La Habana* (190...). Una de sus últimas piezas

---

[43] *Teatro bufo siglo XIX*. Rine Leal ed. Tomo I. La Habana: Editorial Arte y Literatura, 1975.

es *El hombre Dios* (1905) estrenada en el Martí el 2 de agosto, sobre un taumaturgo del barrio de La Víbora llamado Juan Manso.[44]

Ruperto Fernández. Autor, se desempeña como traspunte. Ha estrenado, entre otras, *Un vigilante en la prángana*, (1909), *El rapto de las sabinas* (1919), *Juan Liborio y Luis Lejía*, *El ducado de la argolla* (1914) y *Los concubinos* (1915).

Gustavo Gavaldá. Autor de *Hay que aprender inglés* (1901), *De que los hay los hay*, *Huelga de pantalones*, *Los tres bebés* (1901*)*, *Hotel Modelo*, *Por matar la vieja* (1902*) y Americanas de pega*, (1903), entre otras de una extensa obra.

René López (1881-1909). Aunque no firmó con su nombre ni utilizó su primer apellido Fernández por una larga desavenencia con su padre, propietario de un negocio de tabacos, escribió como R. Falcó o León Pérez piezas para Alhambra.

En el sitio web sobre los poetas modernistas se anota: "Su pariente cercano, Regino López, muy vinculado al teatro, lo introdujo en el mundo del espectáculo y logró escribir algunos sainetes para

---

[44]Villoch, Federico. "Estrenos y debuts notables". *Diario de la Marina*. 2 de julio de 1939 p. 19-20.

el teatro Alhambra, de los cuales se conserva solamente el titulado *La mueca*, publicado en 1903 en la revista *Cuba Pedagógica*".[45]

Alguna fue considerada vulgar y otras no muy logradas. La mejor recibida fue *De dos a tres* (1898) y las del gallego como personaje, entre estas *Un gallego en la gran China*. Tiene una vida trágica minada por el alcohol y las drogas. Periodista y poeta, colaborador de *El Fígaro*, Letras Cubanas publica en 1986 su libro *Barcos que pasan* editado por Jorge Iglesias.

Antonio López Loyola y Manuel Mas. Casi siempre escriben en colaboración. Redactores de *El Teatro Alegre,* López es conocido como el «calvo» López. Entre las estrenadas en Alhambra, *Los amores del arroyo* (1911), *El cabaret de la plaza* (1914), *La zona infecta* (1914), *Los osos* (1915), *Un viaje a China* (1916), *Las mulatas del día* (1918), *La risa loca* (1923), *La rifa de las mujeres* (1928), *La superhembra* (1929), *La mujer de Antonio* (1929), *9 B.V.D. Radiola* (1933).

Miguel de Luis y Pla. Autor de *La minina*, 11 de octubre de 1907, con música de Mauri; *En tierra desconocida o el poder de la rumba*, estrenada el 28 de noviembre de 1907, viaje cómico-lírico con decoraciones de Arias y la actuación de Loreto Campos; *La india palmista* (1907), *El triunfo del obrero* (1907), *Jugar a los escondidos* (1908), *El nuevo gobierno,* (1908), *Un amnistiado en campaña* (1909), *Huyéndole a la manteca,* con Palomera (1909), *El 608*, con G. Rodríguez (1911), *Tango-mamía* (1914), *La reina de Carraguao* (1915), *El velorio de la botella* (1921), *Por cortarse la melena*, con Villoch (1924).

Daniel de Mario. Autor de *El baile rojo* (1904), *De La Habana a Marianao, Desnudeces, Los guarapetas* (1904), *Los saramagullones* (1905), *El golfo negro* (1907), *El último ensayo, ¡Arriba con lo verde!* (1907).

[45]García Calderón, Francisco. Sitio web. "La prosa modernista".

Francisco Meluzá Otero. Periodista y dramaturgo, ejerció varias responsabilidades en la prensa, entre estas jefe de página del periódico *La Lucha*. Dirige la revista *El Artista*. Escribió y estrenó, entre otras, *La expedición machadista* y *La herencia del animal* (1934-1935). En *El Artista* publica en 1936, *El jamón*.

Salustiano del Monte. Apuntador de Alhambra. Autor entre otras de *Cuba en París* (1900).

Sabino del Monte. Autor de *Felipe el bobo o por comer rabo* y *Por prestar a su mujer* (diciembre 1900).

Laureano del Monte. Autor de *Con don y sin don*, caricatura trágica, bufo-lírica (1894). Estrena entre otras *Viuda, casada y doncella* (1897), *El delirio,* (1898), *Los matrimonios del diablo*, (1899), *Cornelio apaleado y contento*, *La adúltera*, *Por bajar a la cueva* (1900), *El gato de Pepita* (1902), *Artilleros y colegiales,* (21 de noviembre de 1902), *Las tortillitas dorás,* (1903), con música de Reinoso y *El pájaro de Rosa* (1904), antes *El sun sun de Rosa* con música de Anckermann. Ese año la prensa convoca a un beneficio con motivo de una grave enfermedad de la cual se recupera.

Ramón L. Morales Álvarez. Nació en Santiago de las Vegas en 1852 y murió el 13 de febrero de 1910. Escribió crónicas desde los quince años y columnas en *La Caricatura* –con la firma de Fray Gonzalo– y *La Política Cómica*. Escribe decenas de piezas para la escena bufa y Alhambra. Sostiene en 1882 una polémica con el gacetillero de *El Triunfo* por las «inmoralidades» de *El paso de la malanga*. Triste y retraído, su obituario dice que fue el único a quien no hicieron reír sus producciones, la mayoría inéditas, pero muy aplaudidas. En 1896, *Las cocinas económicas*; *Casa cuartel o milicia culinaria* (1898*)*, *El sueño de Margarita* (1900); *Cinematógrafo parlante* (1901); *El veinte de mayo, El tribunal supremo (*1902), *Un incendio en el hotel, Se la partieron a Mamelo, La lotería* (1903). Gana el primer premio del concurso de Alhambra en 1897 con *La Alhambra por dentro* y en 1902 por *Globos dirigibles*. Otras piezas suyas publicadas: *El proceso del oso*. La Habana: La nueva Principal, 1882 y *La tenoria*, escrita con José Domingo Barberá (1891). Escribía al morir un diccionario enciclopédico. Villoch lo recuerda como "un almanaque de chistes, simpático y bohemio de pura cepa [...] su estilo era correcto, su gracia abundosa, su diálogo fácil y movido, y su observación final y atinada, cualidades primeras de un buen escritor de costumbres". Pero "un burlón y escéptico tan sin límites que oscureció su personalidad literaria."[46]

José Guillermo Nuza. Autor de *Por la mostaza o la mulata Rosa* (3 de febrero de 1890) arreglada por él y F. Valdés Ramírez, *Por culpa de mi mujer*, 11 de febrero de 1890, publicada por la Imprenta La Moderna en 1891, *En el parque de la India* (1892), *El dinero y el amor o los apuros de Mamelo* (1901), manuscrito en poder de la Biblioteca Nacional de Cuba. *El hombre de la gallina* (1892) [con Chacón] aparece en *Teatro bufo. Siete obras*, editada por Samuel Feijóo.[47] Fue estrenada en Alhambra.

Vicente Pardo Suárez. Autor de *El sultán de Mayarí o el mono tiene rabia*; estrenada el 25 de julio de 1896 en Albisu y *Los príncipes del Congo*, el 20 de julio de 1897. El 8 de mayo de 1900 estrena en Lara *Los efectos de un duelo y la vaina del Pestillo o la suscripción de tres centavos* y el 21 de diciembre, *El danzón de la bollera*.

---

[46]Ramón Morales Álvarez. "Necrología" en *Revista de la Biblioteca Nacional*. V. 3, 1910. pp. 105-106. Conde Kostia. Los del certamen. "Ramón Morales" 1º de julio de 1897.
[47]Feijoo, Samuel (ed). *Teatro bufo. Siete obras*. Universidad de las Villas, 1961.

Alejandro del Pozo y Arjona. Autor de *Se salvó el guanajo* (1891), *La ñonga y el ñeque* (1901), *Pisto habanero* (1904), *La mulata de la bulla*, (1907) *Se le trabó el paraguas*, (1907). Muere en 1908.

Francisco Ramírez. (seud. Calderilla). Autor de *Ajos y cebollas o pelota y bate* (1892) cuyo manuscrito está en la colección Coronado y de muchas otras obras escritas en colaboración con Franco del Todo.

Víctor Reyes. Autor de *La tora del solar* (1929) y *La tentación de la carne* (1929).

Aurelio G. Riancho. Periodista. Autor de *Nuestra novela* (1924) y *La belleza de las mujeres, gordas o flacas* estrenada el 10 de enero de 1898.

Joaquín Robreño Armenta. Actor, director, autor y escenógrafo. Nació en Trinidad o Puerto Príncipe en ¿1841? Hijo de Francisco, uno de los tres descendientes del catalán José Robreño i Tort, poeta, grabador y autor de sainetes satíricos, fallecido en un naufragio al regreso de una gira por América. Rescatado junto a sus hermanos José y Daniel, su padre se integra pronto a las compañías locales. Joaquín debuta niño en la compañía familiar en *Quien tiene tienda que la atienda*. Actor y autor con los Robreño y en casi todos los conjuntos bufos, —estrenó Eleuterio de *El ensayo de Don Juan*, de Alfredo Torroella en 1868— escribe decenas de obras y adaptaciones para los teatros Cervantes, Cuba, Lara y Alhambra y ha sido además director de escena y empresario. Testigo presencial de los Sucesos de Villanueva, su hijo Gustavo entrega al Archivo Nacional una aclaración suya sobre los hechos. [48] Dirige en 1898 el Cuba, reabierto en el local de la Colla de Sant Mus, en Galiano y Neptuno el 5 de noviembre de 1899. Como un pozo de recuerdos y anécdotas

---

[48]Carta a Joaquin Llaverías en el Boletín del Archivo Nacional, 1941-43. Citada por Gustavo Robreño, pero no he podido localizar el ejemplar.

teatrales, uno de los "tres mosqueteros" del café Central, lo recuerda Villoch en una de sus crónicas, en la que publica un soneto del actor a Fernanda Rusquella. [49] Entre sus obras para Alhambra, *Two steps, Una noche de perros, Líos a medianoche*, 1899; *En los baños de Madruga*, 1900; *Moraima o el cuerno de oro*, 1901; *El siglo XIX, ¿Por qué yo fui a Mayarí?, Fuego en Carlos III, En el paso de la madama o el bobo de la yuca*, 1902; *Juan Jolgorio*, 1903; *La guabinita*, 1905; *El estudiante de Camarioca*, 1907, *La tía de Periquín*, 1909 y *Un viaje en aeroplano o la isla del Bo-chin-ché*, 1910. Con *Juan Jolgorio* se afianza la tradición paródica de representar el *Don Juan* de Zorrilla el día de los difuntos. No es un autor "inédito" como se escribe en la actualidad –casi todos los autores bufos lo son– ya que el estudio del teatro valora en igual medida la escenificación cuyo recorrido no es siempre paralelo al del libreto publicado. Su pieza *La guabinita* aparece en la antología de su nieto Eduardo. [50] Muere el 28 de octubre de 1916.

Los Robreño. Francisco y Gustavo, tataranietos de Robreño y Tort, hijos de Joaquín Robreño Armenta y sobrinos de Adela Robreño, la gran actriz cubana del XIX.

Francisco (Pancho) Robreño Puente nace en 1870 en Puerto Rico y muere en La Habana el 5 de abril de 1920. Se dice que menos el de actor, desempeñó todos los oficios del teatro, entre estos, traspunte, autor de los cantables de las piezas y coautor con Gustavo de muchas

---

[49] Villoch, Federico. "Los tres mosqueteros. Las tertulias del café Central". Viejas postales descoloridas. *Diario de la Marina* suplemento. 19 de febrero de 1939.
[50] Robreño, Eduardo. *Teatro Alhambra*. Antología. Biblioteca Básica de Literatura Cubana, La Habana: Editorial Letras Cubanas, 1979. Robreño, Joaquín. "La guabinita". pp. 373-446.

obras del repertorio de Alhambra. Se reconoce como un ingenioso dramaturgo y un alma dolorosa y soñadora, contraria a la festiva y risueña de su hermano. Antes de morir colabora con él en *La revolución feminista*. A su fallecimiento, una breve nota en *Bohemia* resalta su claro talento y gracejo inimitable. [51] Los Robreño siguen a Villoch en la cantidad de obras escritas para el teatro aunque Sorondo les disputa ese lugar.

Gustavo Robreño Puente (1873-1957). Nace en Pinar del Río el 18 de diciembre. Trabajó niño en la compañía de su familia (debutó en Venezuela en *La degollación de los inocentes*) y en una compañía infantil. Ingresa a Alhambra en 1894 pero al año de trabajar allí, viaja a Madrid sin un centavo acompañado por su amigo Pancho Varona Murías. Desde joven escogió la bohemia o lo que algunos llaman, su «mundanismo». Colabora en semanarios satíricos y al terminar la guerra, regresa a Cuba. Ingresa en el Irijoa dirigido por Marín Varona. Además de prolífico dramaturgo, es autor de novelas, libros históricos, periodismo y excelente actor. "Robreño comparte con Villoch el firme prestigio y fama de inimitable y popular autor teatral criollo.

---

[51] *Bohemia*. Actualidades. 18 de abril de 1920. p.14.

[...] Es a la vez que ánfora de sal y pimienta, humorista de grandes vuelos, a quien la presión del medio obliga a desbocada fecundidad, pero donde, sin embargo, bulle la gracia y hay destellos de talento para un público que lo goza y aplaude. Brillante literato que campea en ese género frívolo, aunque tiene obras tan rebosantes de arte y facetas nacionales y patrióticas, que vivirán por siempre en la historia del teatro cubano. Desde luego que contribuye a su éxito la voluptuosa música de sus colaboradores". [52] Entre sus libros, *La acera del Louvre*, editado por Rambla y Bouza, 1925 (reseñado por Valdivia en *La Lucha*, el 12 de enero de 1926), *Saltapericos. Relatos humorísticos*. Imp. Fernández de Castro, 1916 e *Historia de Cuba: narración humorística*. Avisador Comercial, 1915. Sus piezas *Napoleón* y *Cristóbal Colón gallego* se incluyen en la antología de su hijo Eduardo. [53]

Escribe para publicaciones importantes del país y funda *El Chato Cómico y Ataja*. Su sección El mojito criollo se caracterizó porque "juega con las palabras, las maneja y coloca con la precisión con que Capablanca mueve las piezas en un tablero de ajedrez". [54] Su primera obra para Alhambra es *Huyendo del bloqueo*. En treinta y seis años, según Castellanos, escribe 170 zarzuelillas y juguetes cómicos. *Tin tan te comiste un pan*,[55] *Pachencho capitalista, Napoleón, La madre de los tomates, Entre cubanos o antes de las elecciones, El ciclón, Los chinos y las potencias, El año viejo en la corte, La paz del mundo, Me cogió la*

---

[52]Castellanos, Gerardo. *Ensayo de cronología cubana. Desde 1492 hasta 1933.* La Habana, Úcar García: 1934. pp. 768-770.
[53]Robreño, Gustavo. "Cristóbal Colón gallego". *Teatro Alhambra. Antología*. Eduardo Robreño, editor. La Habana: Editorial Letras Cubanas, 1979. 149-228. "Napoleón". *Teatro Alhambra*. pp. 81-148.
[54]Arango, Rodolfo. Gustavo Robreño: "Actor, periodista y padre de familia". *Bohemia* 20 de julio de 1924. pp. 11, 22.
[55]Robreño, Gustavo y Francisco. "Tin tan te comiste un pan o el velorio de Pachencho." *Teatro Alhambra*. Antología. Ob. cit. pp. 25-80.

moratoria, Vilches, Liborio y Martí. Grandes éxitos de taquilla fueron *Entre cubanos, Pachencho capitalista, Toros y gallos, No hubo tales alzados, La paz del mundo, El reajuste, Almanaque de Alhambra, Otero en el garrote, Valiente primo el tío* y *El aura blanca*. Otras obras de los Robreño: *Una boda y dos recetas* (10 de marzo de 1900), *Pirolonofrofff*, (15 de marzo de 1900), *El cinturón eléctrico*, (1903), *Rojo y verde... y con puntas* (1904), *Balance del año* (1905) entre las muchas reseñadas en este libro. Su humorismo "con ser tan espontáneo, es admirablemente poliforme. Ha sabido profundizar en la sicología del público que allí acude, e impresionarlo con obras llenas de situaciones divertidas". En 1925 se realiza un festival Gustavo Robreño donde se representa *La pena capital*. En 1933 estrena algunas de sus obras de Alhambra en el Martí. Escribe el apropósito *El león Sansón* para Pablo Santos, de la empresa Santos y Artigas. En 1936 el teatro Martí le estrena *La emperatriz del Pilar*.

Se casó con Consuelo Deupí, [Deupy] que confeccionó la casaca, el pantalón corto y el sombrero de Napoleón. Muere el 11 de marzo de 1957. En su obituario Juan J. Remos escribe que además de divertir, sus obras "dieron lecciones de civismo y amor patrio y argumentos para la opinión pública". "No fue pues de los que por un chiste, son capaces de renegar de un credo".[56] En el grabado, una caricatura de Antonio Escámez en *Cuentos despampanantes*, de Rodolfo Arango.

Carlos Robreño. Hijo de Gustavo Robreño y hermano del historiador teatral y costumbrista Eduardo Robreño. Autor dramático y periodista, se gradúa de abogado a los veinte años y empieza a colaborar con éxito en Alhambra y luego en el Teatro Martí. Estrena en 1927 *Estampas habaneras*, sobre las andanzas de un

---

[56]Remos, Juan J. "Gustavo Robreño". 3 de abril de 1957. *Diario de la Marina*. p. 4ª

turista norteamericano en la capital. Y en 1929, *Fiebre de pelota*, en ocasión del campeonato de la serie mundial de *baseball* entre Chicago y Filadelfia. Y para conmemorar los alegres días de Navidad, ¿qué obra mejor [...] que el aplaudidísimo sainete *El guanajo de Liborio*? [57] Otras obras suyas son *Enseñanza modelo y Mersé* de 1926. A partir de 1921 "los Robreño" son Gustavo y su hijo. En el teatro Martí triunfa con revistas políticas como *La conferencia de Montevideo*, Los *explotadores de 1933*, *La caída del César*, *L'Hotel Nacional*, *Oh, very well*, *Abecedario* y *El gran desfile*. Alguna como *El año terrible* fue suspendida por la reacción del público que después de las siete primeras noches, arrojó tomates al escenario. Robreño no se encontraba en el teatro. Escribió en *Bohemia* que "En cuanto a los gritos de guerrillero con que el público pedía al autor, no causaron en el ánimo de este gran impresión al enterarse de ello, porque ya estaba acostumbrado. En tiempos de Machado, él formaba parte de la redacción de *Karikato* cuando la «porra» irrumpió en aquel lugar, disparando tiros y al grito de malos cubanos. El incidente, a pesar de lo desagradable del primer momento, me satisface como autor, porque una obra que había sido representada durante siete veces consecutivas, no puede negarse que es un buen promedio para un escritor sin grandes pretensiones". [58]

---

[57] "Apuntes breves del buen tiempo viejo." *Bohemia*. Sección La farándula pasa. 18 de julio de 1954. p. 114.
[58] *Bohemia*. "El año terrible". 7 de enero de 1934. p. 38.

Agustín Rodríguez Castro. Nacido en España en 1885, emigra a Cuba muy joven. Ejerce como apuntador y a partir de 1911, escribe en colaboración con Julio Díaz, *La toma de Veracruz*, publicada en la antología de Robreño. Reconocido libretista de *Ramón el conquistador, Los dioses del día* (1914), *La toma de Alhucema*, (1914), B*obo, pero...* (1915), *Liborio en el limbo* (1915), *El jardín del amor* (1926), *Las viudas de Valentín* (1926), *La rendición de Abd-El-Krim*, (1926), *El voto de las mujeres* (1927), *El comunista peligroso* (1927), *La blanca que tenía el alma negra*,(1927), *Franco en La Habana* (1928), *Qué tiene la niña* (1929). De 1930 son *Mala mujer* y *Ayer y hoy*. En 1932 pasa al teatro Martí en unión de Rodríguez Pastoriza como empresario. Crea la Suárez-Rodríguez, de importancia capital en el auge del género lírico. Valorado más por sus libretos de zarzuela, escribe con José Sánchez Arcilla, *Cecilia Valdés*, la más conocida versión lírica de la novela de Cirilo Villaverde con música de Gonzalo Roig. En *La Venus de bronce: una historia de la zarzuela cubana*, Enrique Río Prado estudia sus creaciones para el Martí.

Pepín Rodríguez Xiqués (1900-1947). Colaborador de Federico Villoch en Alhambra, escribió decenas de obras con él y para los teatros Martí y Molino Rojo. Con L. Ballcorba, fue empresario de Alhambra en su última etapa. Desempeña al morir una cátedra de inglés en el

Instituto Cívico Militar de la Ceiba. Jorge Mañach, que lo conoció en su juventud cuando ambos estudian en universidades de los Estados Unidos, le agradeció sus sugerencias para *Tiempo muerto*, su obra teatral, segundo lugar en el Concurso convocado por la argentina Camila Quiroga. Bohemio, tenía "sentido de lo escénico, impregnación de lo criollo y gracia espontánea" escribe.[59] Entre las obras escritas con Villoch, amigo y colaborador asiduo, están *El super hombre, Vitafono alhambresco, La Habana sin ruido, Piernas al aire*, la opereta *El ángel tentador, El proceso de Mario Cuban* y sin Villoch *Las cocinas económicas, Alhambra en zepelín y Las glándulas del chivo*. En los cincuenta Mañach se desdice, comenta que iba a Alhambra como cosa «primitiva» y cree que Pepín desperdició su talento escribiendo sainetillos.[60]

A raíz de su muerte el 25 de julio de 1947, rememora Villoch: "Una de las colaboraciones teatrales más fecundas, como antes con los Robreño, escribir juntos era como una conversación dialogada" ya que las obras estaban "pensadas y trazadas en una hora, escritas en un día, ensayadas en dos, y algunas estuvieron en el teatro de Consulado, semanas enteras."[61]

Manolo Saladrigas. Le sobreviven dos manuscritos en la colección Coronado, *A Guanabacoa la bella* y *Una excursión a Matanzas*, la primera con música de Palau, la segunda de Anckermann. Aunque no he hallado datos biográficos, al regreso de un viaje a Europa en 1900, Alhambra deposita su esperanza en él. Kostia escribe que lo que costó a Villoch, Olallo Díaz y Laureano

---

[59]Mañach, Jorge. "Necrología de los dos Rodríguez". *Bohemia*. 14 de septiembre de 1947. pp. 61-, 65-66.
[60]Robreño, Eduardo. "Regalos de reyes y otros recuerdos". *Bohemia* 1º de enero de 1956. pp.55, 112.
[61]Villoch, Federico. "Viejas postales descoloridas". "Pepín Rodríguez, autor". *Diario de la Marina*. 3 de agosto de 1947. p. 36.

Fuentes varias obras, Saladrigas lo consigue con dos, ya que con *A Guanabacoa...* y *El domingo de la vieja* "se ha ganado la confianza de las empresas". "Cómicos sin contrata y empresarios arruinados dicen que plagia mucho, que escarba en las otras obras, que no tiene originalidad ni estilo. Déjalos que hablen, que rujan, que clamen, mientras el público llena la tanda Saladrigas y el dinero llega a los bolsillos del autor". El 11 de febrero de 1899 estrena *Regino y Pirolo en competencia* y el 6 de diciembre la muy popular *Con picante y sin picante*. Otras piezas de ese año: *En plena luna de...*, *Un juramento en San Isidro*, *Por una conspiración*, *Del parque al vivac o la intervención*, *Los panaderos*, *¡Se salvó el gallego!* y *El viaje de Pirolo*, monólogo, estrenado el 15 de octubre de 1899. Otras obras representadas *Del Malecón a Atarés* (1902), *Política y danzoneo* (1903), *En la isla del mamey* (1904) y *La rendición de Puerto Arturo* (1905). Coautor con Sarachaga de *¡Arriba con el himno!*, nunca estrenada, fue con Eusebio Azcue coempresario del Casino de la calle Montserrat que todavía en 1914 presenta con éxito obras bufas, opereta y zarzuela.

Conde Kostia. "Medallita" *La Lucha*. 2 de noviembre de 1898.

José Sánchez Arcilla. Autor teatral, periodista y funcionario gubernamental. Autor de *El presidio modelo*, *Locuras del año*, *Lecciones de amor*, *Virulilla*, *La semana*, *Dos desocupados*, *La pantera escapada*, *Frivolina* y *Mala Mujer*, entre otras. Escribe el artículo "El teatro cubano", publicado en la revista española *Cosmópolis* (1929).

Benjamín Sánchez Maldonado. Autor de *Amor y lealtad* (1892), *La herencia de Canuto* (1896), *Los hijos de Thalía o bufos fin de siglo* (1896),[62] *Arzobispo y general* (1901), *El templo del amor (1902)*, *La bella Mariana o el desnudo cadavérico* (1909*) y Chelitomanía* (1910) entre otras de una extensa producción. En 1909-10 colabora con Raúl del

---

[62] En *Teatro bufo. Siete obras*. Samuel Feijóo, ed. Las Villas: Universidad Central. 1961.

Monte en *La timba nacional*. Al año siguiente gana el Concurso del Molino Rojo con la obra *Chivitamía*.

Francisco Sancho. Escribe *De noche y a oscuras* (1893). Premiado por *¿Quién es Pirolo?* (1897) en el primer concurso de Alhambra.

Mario Sorondo. Nacido en Matanzas, en 1885, escribe obras paródicas, líricas, costumbristas y revistas. Estrena con la compañía de Regino López, entre otras, *El naufragio de la república*, con música de Anckermann; *El teniente alegría* con Luis Casas Romero, *El billete de Navidad* con Manuel Mauri. *La bailarina de circo* (1910) se representa en la compañía rival del Molino Rojo. Max Henríquez Ureña, reseñista de *La Lucha*, escribe que "ha evolucionado ventajosamente con aciertos tan dignos de nota como *El billete de Navidad*, *La venganza de Toribio* y *La bailarina del circo*". Y aunque no sobreviven las piezas de esta etapa ni por desgracia su música, el joven Sorondo trabaja con casi todas las compañías de la época y según su propia confesión, escribe más de trescientos títulos, sólo superado por Federico Villoch. Sin embargo, pocas veces se menciona cuando se recuerda el coliseo de Consulado y Virtudes. Entre las obras creadas para el teatro, están *Sicalipsis* (1909), *La Venus loca* (1911) y *La isla feliz* (1912) con música de Anckermann. Y un dato curioso. Mientras *La isla....* se representa en Alhambra, *El fracaso de la pornografía* se hace en el Molino Rojo, "récord de velocidad teatral, pues no tengo noticias –escribe Víctor Muñoz en *El Mundo*– que antes de él haya algún otro autor estrenando dos

MARIO SORONDO
Administrador

obras la misma noche"[63]. Otras piezas suyas son *Lydia en el convento* (Moulin Rouge, 1909), *El suceso de el bosque* (1911), al parecer la primera en abordar el mito de Alberto Yarini, con escenografía de Nono Noriega y música de Anckermann, igual que *La trata de blancas* (1916). El Conde Kostia proporciona una clave cuando describe que en *La trata*... "tres brujas hacen desfilar ante los ojos del público bellezas femeninas, americanas simpáticas, inglesas aristócratas, una española torera (interpretada por Blanca Becerra), una mexicana seductora (Luz Gil) junto a un cuadro de *music–hall* "donde la Sorg, la Forteza, Blanca Vázquez, luchaban con irradiaciones voluptuosas con la luz eléctrica que bailaba como deleitándose". Con Anckermann estrena en 1916 *La cortesana*, zarzuela con «tendencia moralizadora". Según Carricarte en 1928 "con mayores oscilaciones entre la prosperidad y el fracaso, Sorondo ha venido rivalizando con el grupo Villoch-Robreño y ha producido obras muy apreciables, juguetes en el que se advierte sutilezas de ingenio y en que las alusiones intencionadas ahondan con verdadera profusión y el chiste se maneja sin grosería.[64] Director de la revista *El Teatro Alegre*, escribe un libro de memorias, *Mis treinta años*, donde destaca el papel de los teatros transportables y aporta testimonios y fotografías de muchos de sus compañeros.[65]

José Tamayo y Lastres. Exitoso autor bufo de *Traviata o la morena de las clavellinas* (1879) y otras escritas para la compañía de Miguel Salas. En Alhambra estrena *Casarse con su hermano o Pepita y el soldado* (1898), *El drama nuevo* (1898), *Cuchita parece boba* (1899). Publica cuento en *La Habana Elegante*. Antologado por Jorge

---
[63]Datos tomados de su libro. p. 183.
[64]Arturo R. Carricarte. *El Mundo* 1928. Tomada de *Mis treinta años*.
[65]Sorondo y Teurbe Tolón, Mario. *Mis treinta años*, Meylán, 1943.

Camacho, Rine Leal e Irina Bajini, es uno de los más estudiados entre los autores alhambrescos. [66]

Franco del Todo. (Seud.) Emilio Rodríguez Pérez, escritor y periodista, escribe piezas en unión de Calderilla, seudónimo de ¿Francisco Ramírez? como *El rapto de Eloísa*, estrenada el 31 de agosto de 1897, porque el público llama a escena a ambos. También *Un embrollo personal* (1900). Firmadas solo por él, *Flores y perlas* (1899), *Nochebuena* (1899), *El pecado original*, (1900), *El correo de Cuba*, (1901) y *Solo para señoras* (1901), con música de Mauri.

Federico Villoch Álvarez. Nació en Ceiba Mocha, Matanzas, el 16 de agosto de 1868, hijo de un ferroviario, Federico Villoch Elorza y Teresa Álvarez López, fallecida cuando Federico era niño. Su infancia y adolescencia transcurren en Guanabacoa, bajo la tutela de una tía mientras visita con frecuencia a su padre. En 1889 colabora en *El Fígaro* como poeta. "Morriña" (45, diciembre 8) y "Crisálida", (15, abril 28, 1889). En julio, número 27 del 28 de julio en una portada con su retrato, se habla de "su musa tiernamente melancólica, reveladora de nostálgicas tristezas". Poemas como "¡Autor cómico!" (3, enero 27 de 1889) anticipan su oculta vocación, manifiesta en "El autor novel" (36, del 5 de octubre de 1890). Como narrador publica "La visita", uno de sus *Cuentos a Juana* (42, noviembre 16 de 1890), dedicado a Juana María Fontané, su esposa desde enero de 1890 hasta su muerte en 1947. Enrique Hernández Miyares escribe "El último beneficio a Villoch" (18, 18 de mayo de 1890). Un fragmento de su novela *Marta Flores* aparece en el número 14 del 20 de abril de 1890. Al año siguiente publica escenas de una revista cómico-lírica, escrita con Manuel S. Pichardo,

---

[66]Camacho, Jorge (ed. con Rocío Zalba y Hugo Medrano). *Cuentos de la Habana Elegante*. Doral, Miami: Stockcero, 2014. Leal, Rine. *Teatro bufo.* Antología. Ob. cit.

con música de Manuel Mauri, *El bon marché*. (*El Fígaro* no. 3 de enero 25 de 1891), que de culminarse, es anterior a *La gran pesca*, un diálogo entre un tendero y una vendedora de muñecas que compra un vestido para María. ¿Anticipo de *La mulata María*? Entre la tradición española del género chico y María que ama el cocuyé, la idea se desvaneció o se fundió en alguna otra. Su admiración por el teatro se reitera "En el foyer" (no. 14, 19 de abril de 1891).

En mayo viaja a Europa y al año siguiente, con la carta-prólogo a *Por esos mundos*, su libro de viajes, surge el Villoch que-llegará-a-ser aunque se desconozcan la mayoría de sus textos (no. 15, 1º de mayo de 1892, p. 3). La segunda entrega, "Ivette Guilbert", también del libro, es una crónica-entrevista a una famosa cantante de café-concert. "Fea, delgadísima, viste casi siempre en traje verde claro, guantes negros y sombrero rosa", Villoch no la rodea de gracias o virtudes, sino la presenta como la creación *fin de siglo*, que electriza París. Aunque se equivocó y Guilbert no desapareció de la memoria, la crónica es excelente. En 1895 estrena sin éxito *La gran pesca* y el 6 de mayo de 1896, *La mulata María*. Como no aparece en la cartelera de Irijoa, Zerep

se pregunta ¿por qué? No encontré una crónica suya en *La Lucha*, pero en su libro señala que "en los resortes escénicos, es diestra y dócil en el manejo del idioma. [...] no podía esperarse o es otra cosa. ¿No es él, acaso, fluido prosador y fácil y sentido poeta? De esto último hay muy marcadas huellas en *La mulata María*. En la intencionada y graciosa letrilla que dice: «Rasca, Dominguito, rasca», lo mismo que en la descripción o pintura que se hace de la mulata, en una de las últimas escenas, se ve más, mucho más, al lírico que al autor impersonal de obras cómicas representables. En *La mulata María* hay una escena completa de *Niña Pancha*; escena que, sobre deslucir la relativa originalidad de la obra, parece que huelga, pues maldita la falta que le hace".[67] Así todo cree que el poeta de *A la diabla* [68] ha comenzado con muy buenos auspicios. Prevalece "el buen sentido de Federico Villoch."[69] No se equivocó.

En diciembre de 1899 edita junto a otros escritores la revista *Luz y sombra*, al estilo de la madrileña *Blanco y negro*, de muy corta vida. Durante once años escribe el folletín de *La Unión Constitucional* y por más de veintidós la sección firmada por Cascabel en *La Caricatura*. Quizás el contacto con ese género periodístico, le otorga lo que Aixalá llama su "imaginación comediógrafa y oportunista" o su facultad de sacar fruto de las piedras.[70] Escribe para Lara y Alhambra, donde es además accionista junto a Miguel Arias y los hermanos López. En 1909, entrevistado por Rafael Conte, ha estrenado ciento cincuenta y dos obras teatrales en catorce años. Además de una prolífica producción, esta ha sido bien remunerada. Aquí se presenta como un *self made man* que cree que "el tiempo es

---

[67] Pérez Cabello, Rafael. Ob.cit.
[68] Poesía. Biblioteca El Fígaro, Miranda Impresores, 1893. Prólogo del Conde Kostia que el 18 de julio de 1893 escribe en *La Lucha* sobre la "sutilidad" de su pensamiento.
[69] Pérez Cabello, Rafael. Ob.cit.
[70] Aixalá, José. "Divagaciones de un español del principio y fin del teatro Alhambra con don Federico Villoch". *Diario de la Marina*. 25 de abril de 1937.

dinero". [71] Pionero del cine, escribe el libreto de la cinta *Manuel García* (1913), publicado en *La Caricatura* y rescatado por José L. Rodríguez Pote. [72]

A partir de 1897 se puede seguir su trayectoria a través de estas crónicas. Escribe, según el último dato disponible, 424 obras.[73]

La última, una adaptación de *Guamá,* basada en *El penitente* de Cirilo Villaverde, con música de Rodrigo Prats y escenografía de Nono Noriega, estrenada en el Martí.

Otras del Martí en 1936: *El sábado de resurrección* y *A sangre y fuego.* Gana un concurso militar con *En Cuba ha salido el sol,* sobre los ideales del 4 de septiembre, título rectificado, pues se anunció como *En Cuba se ha puesto el sol.* Muy pocas se publicaron y todavía menos se encuentran en las bibliotecas. Después del cierre del teatro, escribe crónicas con el título de "Viejas postales descoloridas" en el

---

[71]Conte, Rafael. "¡Ciento cincuenta y dos obras teatrales en catorce años de labor!" *El Fígaro* 42. 17 de octubre de 1909. p. 524.
[72]Soloni, Félix. "Trayectoria del cine cubano". *Carteles.* sept. 18 de 1938. pp. 5-7, 53-54, 63.
[73]Suárez Solís, Rafael. "Federico Villoch: el último comediógrafo cubano". *Carteles* no. 47. noviembre 21 de 1954.

Diario de la Marina y otros medios, parcialmente recogidas en libro. Ven a la luz, de acuerdo a mi pesquisa, desde 1936 y con regularidad casi todos los domingos a partir de 1937 y hasta 1952. Amenas y coloridas, son recuerdos y memoria de experiencias, costumbres y personajes desde que comienza a escribir hasta los años treinta del siglo XX, en las que se define no como autor dramático sino como humilde "postalista". Entre estas, las tituladas "Estrenos y debuts notables", inventario de programas y estrenos, sobre las que nadie ha reparado. Muere el 12 de noviembre de 1954. Al día siguiente el *Diario de la Marina* informa de su interés último: el cine. Ha publicado, entre otras, *Concurso de Charleston*, sainete revista [con Carlos Robreño], 1927; *América en la guerra*. Decoraciones de Gomís. Música de Jorge Anckermann. Avisador Comercial, 1918; *La cruz de San Fernando*, El Aerolito, 1897, música de Manuel Mauri; *El peligro chino*, 1924; *Las travesuras de Venus* [ ] y *Voila l' Havana*, con música adaptada de Anckermann, 1925. La Biblioteca José Martí y la colección Coronado de la Universidad de Las Villas, entre otras, poseen manuscritos suyos, demasiado pocos para su extensa obra.

Otros autores citados en el texto: Alfredo Piloto, Luis Cocal, Heliodoro Criado, Alejandro Puente, E. Rojas, J. Martínez, L. Guerrero, Enrique Castillo (ver Actores), Arturo Ramírez (ver Actores), Julio Díaz (ver Actores), R. Martínez, Raúl del Monte (ver Actores), J. León, César Morales y E. Morales, Luis Edmundo, Rafael Medina, Sergio Acebal (Ver Actores), J. Miraflores, A. Rodríguez, Leopoldo Valdés Codina (*Las mujeres fin de siglo*, 1905), Justo Soret Vázquez; Federico y Manuel Ardois. (*Dos serenos*, 1893).

Caricatura del *two step La Lucha*. 20 de mayo de 1899

Baile. Coreografía

El baile siempre estuvo asociado al teatro y es una pasión de los cubanos que aprenden a bailar en las llamadas "escuelitas"que proliferan en barrios y sociedades. En el Tacón se baila en los entreactos y se celebran competencias. Ricardo Valleras fue "el más ágil y completo de los bailadores de danza y danzones del Tacón de Pancho Marty". Lo acompañaba Leocadia la china.[74] Se le consideraba el rey. En el Cervantes fue famosa Luisa Herrera, la Polla y el mulato Leopoldo, muy destacados en el baile del *papalote*, considerado lascivo y escandaloso. Luisa fue bailarina en Alhambra –los bailes se ejecutan entre las tandas– además de personaje de *Llueven bufos,* esperpento de José María de Quintana.[75] En la obra canta "Yo comí de flores" con el estribillo "azúcar quita pesares" y demuestra sus habilidades al empinar el *papalote*.

El 12 de abril de 1898 Lara estrena *Sin aquellos*, juguete de Pozo, pero se dice el público acudió por la danza de Frida, bailarina turca contratada en Nueva York, a quien hubo que renovarle el contrato debido al éxito. Muy pronto la rumba teatral, generalmente *columbia,* entra a la escena y suplanta al danzón popularizado por los bufos de Miguel Salas. Ya en los primeros años de Alhambra los intérpretes bailan la versión teatral llegada a los escenarios y surgida en los solares y cuarterías de La Habana y Matanzas. Se destacan Pilar Jiménez, Loreto Campos y Lina Frutos, pero casi todos los actores son *rumberos* como se aprecia en las reseñas. Entre ellos, uno excepcional y muy popular fue Pepe Serna. La rumba teatral

---

[74]"Los bailes de Tacón de ayer y hoy". *Bohemia* 10 de febrero de 1935. pp. 37, 49.
[75]Quintana, José María de. *Llueven bufos*. Esperpento cómico bufo. Habana: A. Miranda Imprenta La Moderna, 1892.

merecería algo más que la descripción maravillada y exótica que todavía prevalece y el cine de las rumberas se encargó de acuñar.

La italiana Amalia Bassignana —muy popular como Mariposa en el baile de la Flor— y su hermana aparecen desde 1898 y están en la reapertura, junto al coreógrafo Frayet, encargado de los bailes. Entre otras bailarinas, Charo, Tina Turati, Gracia Soriano, Frida, Jane Berrier, además *chanteuse*; Elisa Venezzia, Miss Glorine y Esmeralda. En 1900 contratan para Lara dos bibelots: Rosa e Ileana Carmon, después, La Bella Carmela hace época con su compañero Jiménez. La *Cuchimanía* refleja el gusto por el *cuchi-cuchi,* danza del vientre introducida en enero de 1897, que Pirolo llega a bailar de forma grotesca con Frida y Fátima. Popular en París y Nueva York, Kostia escribe que "son dos endemoniadas, los demonios más lindos y perversos que han pasado por La Habana".

Sobre Frida y Bassignana, entre otras, se escriben reseñas muy elogiosas. La Berrier es aplaudida bailarina y *chanteuse* de los teatros de Nueva York, Chicago y París, sobre la que Kostia escribe el 10 de enero de 1898: "su exotismo es muy agradable y la elegante moderación de su alegría da una gracia casi helena a sus actitudes". La Bella Oriental fue una de las últimas de gran popularidad. Sin embargo, poco se sabe del coreógrafo más importante, aparte de su apellido, Frayet que en 1897 concibe un gran baile de aparato titulado *Marco Bomba*. Después del éxito del Bataclán, Alhambra contrata a Manuel Arroyo para renovar la coreografía. Otros notables son Eduardo Muñoz (El Sevillanito) y Julio Richard, por muchos años pareja de Carmita Ortiz.

Bisar. La obra se bisó. De bis, repetición, por ejemplo, la rumba se bisó dos veces. [76]

Cake walk. Surge en las danzas de premios celebradas en las plantaciones del sur de los Estados Unidos cuyos mejores danzarines recibían un pastel como premio. Después de 1870 se incorpora a los *minstrels shows* y al vodevil. En la Exposición Mundial de Buffalo el *cake walk* se internacionaliza, la opereta francesa aprehende de este y George Melies en *Le cake walk infernal* (1903) la incorpora al cine y al vocabulario de la danza teatral.

Así describe Kostia el *cake walk* del espectáculo de la Patti negra a ofrecerse en La Habana: "Ocho parejas bailando a turno un *match* de premio que otorgará el director de orquesta a la pareja más aplaudida. El premio es un colosal *cake* (pastel) que los agraciados devorarán en escena hasta la última migaja. La indigestión consiguiente y la muerte tendrá efecto en el cuadro siguiente, en una decoración especial, que tendrá el mérito de ser nueva en el teatro. Porque las indigestiones no se resuelven ni se desanudan en el vientre de las salas". [77]

Aunque en el teatro bufo cubano hay varias indigestiones famosas (entre ellas un atracón de quimbombó en *Traviata o la morena de las clavellinas* (1879) de José Tamayo y Lastres) al día siguiente, Kostia algo decepcionado con la compañía, escribe:

21 de marzo de 1904. Correo de teatros. Artículo más inútil que este no ha salido de mi pluma en los veinte años que llevo de

---

[76]Para esta y otras entradas, la autora consultó, entre otros, la tesis doctoral de Guillermo Abad Canós, *El lenguaje de los oficios teatrales. Glosario de voces de la práctica teatral del siglo XIX*. Universidad de Valencia, 2015.

[77]Correo de teatros. *La Lucha*. 18 de marzo de 1904. Black Patti Trobadours se representa con una "comedia extravagante" de Alice Gay y Netti Goff, los especialistas en parodias Warril y Doris, un gran concurso de *cake walks* y un equilibrista en el alambre.

cronista en *La Lucha*. La *troup*e de la Black Patti se va mañana y maldita la falta que le hace un artículo. No he de añadir un espectador más. No dan más funciones. Pero hay curiosidad de los que no han asistido para ver lo que dice la Crónica.

Pues la Crónica dice que la Sissieretta da nombre a la Compañía. Y quien debía hacerlo es Ida Forcen, una extraordinaria bailarina, de una voluptuosidad irresistible y que es la verdadera estrella —negra— de la Compañía. Magnífica en el "Buck-wing" y divina en el *Cake-walk*. [78]

"Sissieretta tiene una voz bonita y una plástica aceptable. Pero carece de gracia. Es como la piedra de la copla.

Donde la ponen se está.

Ha sido joven, hoy se acerca a los cincuenta años y ¡lo que son las cosas! es más joven que nunca.

En la primera parte gustó más que en las otras.

La compañía se distingue por los bailes. El coro de bailarinas es excelente. Las escenas que cosen esos bailes son de una botonería olímpica. Todos parecen dislocados y contorsionistas. El equilibrista Mc Allen es verdaderamente prodigioso.

Han surgido, han pasado y han gustado.

Y diría. ¡Y se ha ido..! Pero no, esta noche trabajan y mañana también".

Santi Bañez escribe el 22 que Mr. Nolan, empresario de la Patti, está complacidísimo y promete volver el año entrante. Unos

---

[78] Ida Forcen o Forsyne. Nacida en 1883, empieza su carrera profesional con los Patti's Trobadours a los quince años. Alcanza reconocimiento internacional en 1911. Viaja a Europa y Moscú. La danza de *buck-wing* combina el fuerte acento del pie sobre el piso con el movimiento de piernas y brazos que caracteriza el *tap*. Kostia valoró pronto los valores de esta gran bailarina.

días después Alhambra, al finalizar la segunda tanda, contrata a la pareja Hill and Hill para "bailes grotescos y un *cake-walk*".

Es asombrosa la capacidad de Alhambra para asimilar influencias en términos de espectáculo.

calembour. Calembur. Agrupación de varias sílabas de modo de alterar el significado de las palabras.

caricato. Voz italiana para el cantante con voz de bajo que usualmente interpreta papeles jocosos. Regino, según se dice, tenía esa voz.

censura. La de los primeros años de la República la ejerce por lo general un oficial de la Secretaría de Gobernación. La crónica sobre *Viaje de recreo* (1900) reconstruye la conversación entre el jefe de la policía y Olallo Díaz, en un tono casi familiar, pero no por ello menos grave. Los autores someten los textos al censor y acatan sus exigencias para estrenar como se observa en la antología de Feijóo, que conserva las tachaduras del "lápiz rojo", la firma y la autorización del censor de turno. Del mismo modo amable refiere Villoch su relación con esta "sombra maléfica que nos perseguía sañudamente y sin tregua" aunque algunos como Gonzalito, eran amigos de los autores y otros, literatos ellos mismos. [79] Uno de los más famosos es Pedro Miralles. En *El correo de Cuba,* la Censura aparece como personaje aunque se confunde su papel en medio de una crítica feroz al periodismo. Buena parte de la ambigüedad y las medias tintas de Alhambra puede achacarse a que tanto el autor como la empresa necesitan abastecerse de obras y estas deben ser aprobadas por el cuchillo, ya no de la censura previa, pero sí de una ciertamente obsoleta. Los informes *Annual Reports of the War*

---

[79]Villoch, Federico. Viejas postales... Estrenos y debuts notables. *Diario de la Marina*. 16 de julio de 1939. p. 21.

Department for the Fiscal Year de 1900 y 1901-1902 reflejan la lista de las obras, sus autores y la fecha de aprobación.

Después de 1902 no parece haber censura institucional hasta el machadato cuando aparece, como en una *boutad*e, un agente del orden, con el anuncio que la obra se suspende por falta de ensayos. *Los líos de los teléfonos*, de Gustavo Robreño se transforma en *La casa de los teléfonos de* Federico Villoch y no sabemos qué cambios ocurren en cuatro días. Después del derrocamiento de Machado, aparecen *La herencia del animal* y otras sobre su mandato, así como se refuerza el doble sentido político. La revista política de contenido cáustico se traslada al Martí y uno de sus cultivadores es Carlos Robreño.

chistes de frase. Se reitera este tipo de chiste, el más usado por los hermanos Robreño a través de juegos de palabras y *calembour* en oposición al que proviene de la situación dramática o el enredo. "¡Qué peste a esencia!" decía un personaje femenino en no recuerdo qué sainete, al atravesar el solar y enfrentar a vecinas aristocráticas", escribe Rafael Suárez Solís.[80]

cine. Las primeras funciones de Gabriel Veyre, enviado por la casa Lumière con el arte del siglo XX —el cinematógrafo – se efectúan el 24 de enero de 1897 y ya al día siguiente Rafael Pérez Cabello (Zerep) lo reseña en *La Lucha*. Por una carta de Veyre se sabe que aparte de disfrutar del sol, es un espectador asiduo del Tacón porque le queda cerca, entra gratis y ve la excelente compañía de María Tubau. Ella lo anima a filmar *Simulacro de incendio*, donde no se precisa si aparece.[81]

---

[80]Suárez Solís, Rafael. "Federico Villoch: el último comediógrafo cubano". *Carteles*. noviembre 21 de 1954. p.43.
[81]Douglas, María Eugenia. *La tienda negra. El cine en Cuba 1897-1990*. Ediciones Icaic, 1996.

lunes 25 de enero de 1897. *La Lucha*. Crónica de Zerep

Invitados ayer para ver el Cinematógrafo, que se exhibe al lado del café de Tacón, hemos quedado realmente sorprendidos. Trátase de un gran invento, de una maravilla que se debe en gran manera a la electricidad, ese poderoso agente que nos lleva de sorpresa en sorpresa. Es un espectáculo digno de verse, ante el cual, seguramente, nuestros mayores quedarían aterrados atribuyéndole a cosas de brujas. No hemos visto, en efecto, nada más verdadero que aquellas figuras de tamaño natural, las cuales se mueven en todas formas, haciendo muy perfecta ilusión de la vida.

Porque es el Cinematógrafo: la vida misma. Las figuras que surgen ante nuestra vista parecen de carne y hueso. Lloran, ríen, corren, saltan, se vuelven, se detienen, se sientan, gesticulan, accionan, en fin, reflejando posiciones y sentimientos de tal modo, que no es posible pedir más naturalidad y verdad. Este es uno de esos espectáculos que sólo viéndolo se puede dar cuenta uno de su mérito. Habrá nada más exacto, nada más verídico que las vistas *Los jugadores de cartas*, *Llegada de un tren*, *El regador y el muchacho*, *La artillería española haciendo fuego en combate*, *El sombrero cómico* y *Desfile de una caballería mora*. Estas figuras constituyen el *desiderátum* de la verdad. Así debió comprenderlo una gran parte de La Habana elegante que ya ha visto esas figuras.

Consagrado el Cinematógrafo por la opinión de todos los países cultos en que ha sido justamente alabado, a nosotros nos ha producido legítima admiración, saludando en él los grandes progresos de la electricidad. Véanse ahora las elocuentes frases de *El Fígaro* de París.

El cinematógrafo Lumière, como instrumento de precisión, no sólo es una maravilla de mecánica, sino también el aparato cronosotográfico más perfeccionado de cuantos existen para la proyección luminosa y movible de toda clase de fotografías animadas.

Ningún aparato produce los impresionadores y casi incomprensibles resultados obtenidos por el cinematógrafo Lumiére, última palabra que la ciencia ha pronunciado, hasta hoy, en materia de instrumentos fotográficos de precisión, inventados para exhibir maravillosas vistas de movimiento, no imitativo ni mecánico, sino verdaderamente natural, y tomadas dichas fotografías directamente de lo vivo, de la vida real, con toda su asombrosa verdad y variedad.

La óptica, la mecánica, la física, la química, la electricidad, la biología, la fotografía, todo ello en ingeniosísimo y admirable combinación armónica, contribuye científicamente en el Cinematógrafo a maravillar a los espectadores, ya sean ilustrados o no, haciéndoles ver palpablemente, moviéndose de bulto, casi vivos, y con sus exactas proporciones y tamaños naturales, los seres humanos y los animales, las cosas y los elementos, en una palabra, cuanto objeto de la naturaleza, ya animado, ya inanimado, sea susceptible de movimiento comunicado o propio.

Así pues, por medio del cinematógrafo, postrer esfuerzo de la ciencia en este incomparable fin de siglo, se contempla, sobre una gran pantalla de simple tela blanca, ondular y encresparse las olas del Océano, deslizarse el río, navegar el buque, volar el pájaro, sacudirse el follaje, disparar el cañón, galopar el corcel, ascender el humo, levantarse el polvo, rodar el coche, desfilar las tropas, flamear la bandera, bailar las figurantas, bañarse los bañistas, correr los trenes de vapor, andar, reír, gesticular, moverse y agitarse las muchedumbres, mirarse, en suma, pasmada la imaginación ante el prodigio que contempla, cuanto constituye la misma vida real, en sus más palpitantes manifestaciones de movimiento y de animación, y todo ello de bulto, grande, vivo, real, como pareciendo desprenderse del lienzo y vivir y moverse al conjuro de la ciencia, esa maga admirable del siglo XIX que tiene a su servicio la diosa electricidad, esa hada deslumbradora, y a su incomparable hermana, la útil y servicial fotografía. El 2 de febrero el Lumière exhibe vistas filmadas en México por Veyre y el 3 de febrero de 1897 Kostia escribe –impresionado por las crónicas de su colega– su propio juicio.

3 de febrero de 1897. Conde Kostia

Zerep ha hablado con toda la autoridad que da un sentimiento sincero y bien expresado, a los lectores de *La Lucha* del Cinematógrafo Lumière, una de las maravillas de este fin de siglo. Revisando los números de *La Lucha* publicados durante su interregno, he leído sus artículos y entre ellos los relativos al cinematógrafo. Su recomendación era para mí como un mandato. Ratifico la opinión del escritor y mi afirmación es la suya. Anoche estuve y pude admirarlo a mis anchas.

Toda La Habana ha ido a apreciar el invento de los hermanos Lumière y ha quedado como yo, asombrada, ante esa realidad que realiza lo que hubiera podido soñar la imaginación milagrosa de los antiguos magos.

No lo describiré. Zerep lo ha hecho y de una manera acabada. Anoche se expusieron nuevas vistas, entre ellas la que más me llamó la atención fue la que representa los rurales de México. Aquel grupo de jóvenes centauros, *fashionable*s (y guerreros) hasta la cintura, fue para mí toda una evocación. No es posible más verdad. Es la vida misma. Solo le faltaba el color y el ruido. El tiempo completará con ellos eso. Y antes de lo que figuramos. Muy pronto acaso. Ya se intenta. Y lo que la ciencia quiere, Dios lo quiere.

Las diez o doce exhibiciones son completas en igual sentido.

La concurrencia, numerosa.

Cada sesión llena el breve espacio en que se exhibe el Cinematógrafo, de las principales familias de La Habana.

Es de lo más completo que ofrece a la curiosidad y la meditación la hada Electricidad. Es la vida sorprendida *in fraganti*, con sus gestos, sus formas, su palpitación fisiológica.

Este invento y el de los Rayos Rotgen transformarán la faz de la vida moderna. La historia se hará de nuevo y los documentos humanos dejarán de ser una grosera mentira. El cinematógrafo, perfeccionado, vencerá a la muerte. Con él desaparecerá la leyenda. La poesía acaso llore, pero la vida en el sentido eterno, sonreirá.

¡Una corona de siemprevivas a los hermanos Lumière, *tombeurs* de Mr. Edison!

Él no ha inventado tanto.

El 4 de febrero se inaugura el Cine Lumière con proyecciones entre 6 y 11 de la noche a 20 centavos.

El 8 de febrero se publica en La *Lucha* esta nota: Simulacro-obsequio

> A las diez y media de la mañana de ayer, domingo, se presentó en la Estación Central de los Bomberos del comercio, la notable actriz señora Tubau de Palencia, manifestando deseos de presenciar un enganche del material del mismo y habiendo indicado el Director del cinematógrafo Lumière que reproduciría un simulacro de incendio, de efectuarse en un espacio de tiempo muy breve, dispusieron los señores

Granados y Zúñiga, jefes del cuerpo, llevarlo a efecto, saliendo el material de guardia, bomba, carretel y carro de auxilio, dando una vuelta y tomando la bomba la caja de agua situada en la puerta de dicha estación. Se tendieron dos mangueras, se empalmaron las escaleras, subiéndose uno de los pistones a la azotea en el término de un minuto, que es el tiempo que emplea aquel aparato fotográfico para obtener las vistas en movimiento.

La verdad de estos hechos podrán comprobarse cuando se exhiban las vistas en dicho cinematógrafo, lo que se realizará en uno de los días de la próxima semana.

La señora Tubau quedó muy satisfecha del acto, y felicitó calurosamente a los bomberos del Comercio y a sus dignos jefes los señores Granados y Zúñiga.

La considerada primera película cubana, *Simulacro de incendio*, probablemente debe su título a esta nota ¿de Kostia? con una descripción detallada de las acciones de los bomberos en el único minuto de filmación. Sería demasiado extenso recorrer los incidentes relacionados con el nuevo medio y su vínculo con el teatro. A pesar de que Alhambra proyectó muy temprano cine entre sus tandas y utilizó imágenes en algunas obras, el auge del cine y sobre todo la llegada del cine sonoro, con sus innovaciones y sus precios populares, fue otro de sus golpes mortales. Uno de los efectos secundarios del cine fue incluir el oficio de «parlante de cinematógrafo», ocupado por el actor Federico Frasquieri en el cine Actualidades hasta que esa costumbre fue reemplazada por los letreros en los filmes silentes.

clou. Del francés, atracción principal del espectáculo.

Cronistas. Entre otros, Enrique Fontanills y José Triay del *Diario de la Marina*; Eduardo Varela Zequeira (Eduardo) de *La Discusión;* Paco Díaz (Morphy) de la *Unión;* Eduardo Alonso (Amadís) de *El Mundo;* Montalvo, de *El País*; Isidoro Corzo (Artagnan); Gabriel Morales y Valverde (Edgardo); Mario Muñoz Bustamante (Dortal), César de Madrid, seudónimo de Francisco de Paula Coronado y Máximo de Saavedra (Fleur de Chic). Los tres llamados pilares de la crítica teatral son Rafael Pérez Cabello (Zerep), Francisco Hermida (Manuel Calvo) y Aniceto Valdivia (Conde Kostia). En ocasiones este último dialoga con alguno de ellos, en especial, con Fontanills. Las notas rutinarias las escribe El Notero.

Diálogos grabados con o sin música

Cristóbal Díaz Ayala estudia las grabaciones de diálogos, con música o sin ella, realizadas por los artistas de Alhambra entre 1900 y 1958.[82] En su análisis de las "Guarachas", hay también mucho del teatro bufo ya que aunque son independientes, son incorporadas al espectáculo y a veces, a los libretos publicados. Alhambra se identifica en los anuncios como compañía de zarzuelas, aunque todas sus piezas no lo son en el sentido ortodoxo del término. De ahí que para muchos investigadores es zarzuela, para otros, teatro musical y/o género alhambresco.

La relación entre la música y los textos-fuente es problemática (y no es culpa de Eduardo Robreño desestimarla) tanto que se ha llegado a citar a Odilio Urfé como autor de la música de *Los negros catedráticos* porque musicalizó la puesta de 1962. Aunque el compositor muchas veces no se identifica en el libreto, los diálogos

---

[82]Díaz Ayala, Cristóbal (2012-09-26). *¡Oh Cuba hermosa! El cancionero político social en Cuba hasta 1958-* Vol. I (Spanish Edition). Kindle Edition.

grabados pertenecen a alguna obra, son variaciones de estas o creaciones enteramente nuevas y pasado el tiempo, es difícil saber la obra de donde provienen o ha inspirado a sus autores y a qué momento del devenir del coliseo de Consulado y Virtudes corresponde.

Coleccionista y estudioso, Díaz Ayala aporta las transcripciones del diálogo grabado y valiosos comentarios y apuntes sobre el origen de algunos vocablos, hoy en desuso, y la realidad política y cultural a la que se refieren las letras. Se trata de 840 monólogos o diálogos grabados, por lo que su paciente rescate es único (oyó cientos de horas y descifró sus diálogos), aunque mínimo en comparación con lo presumiblemente perdido. La música –o los diálogos grabados– son esenciales al espectáculo de Alhambra, copartícipe junto al libreto y el resto de los componentes de un todo que intriga hasta la actualidad.

Puntualiza Díaz Ayala: "En tanto se haga un estudio a fondo de los libretos sobrevivientes, son estos discos y su transcripción, la única evidencia que podemos usar. Si Robreño en su libro: consideró "teatro leído no es igual a teatro representado,"[83] Díaz Ayala afirma: "Pues bien, estos discos, si no son teatro representado, son teatro escuchado, del original, siempre mejor que leído; por lo menos tenemos no tan solo lo que se escribió, sino cómo se dijo". Oyó y estudió a los intérpretes para su *Discografía de la música cubana* y el valioso *casete* que lo acompaña y es lo único que queda de ese estilo de actuación. Sin embargo, la música, aunque esencial al espectáculo, no es más que uno de los componentes junto a la escenografía, el maquillaje, las mutaciones, el baile, y

[83]Se refiere a la Antología citada.

sobre todo, las morcillas y la improvisación, los aportes del actor, difíciles de reconstruir y transferir.

Díaz Ayala divide las transcripciones por intérpretes. Empieza con Sergio Acebal, sostenida presencia en la vida cultural como actor-negrito, poeta, autor dramático y articulista. Kostia lo llama el Moliére de Alhambra. Publicó sus memorias, pero casi no habla de su labor como intérprete. No comentaré sus muchos números grabados. Un cotejo hipotético con la obra de donde provienen arroja que "El Patria en España" (1914) pertenece a la obra de Villoch-Anckermann; como "La danza de los millones". "El comienzo de la carretera" debe ser de *La carretera central*, de Villoch y "El furor del balompié" de la obra de Carlos Robreño de 1927. A medida que la situación política de oposición a Machado se endurece, escribe Díaz Ayala, graba Bombas y más bombas (1931), Gases lacrimógenos (1931), Los nuevos impuestos (1931) y La suspensión de las garantías (1931), 23 números entre 1928 y 1939. "Acebal en la trinchera", disponible en mp3 en la Biblioteca Digital Hispánica de Madrid, lo muestra de cuerpo entero y comunica el por qué de su permanencia. Hay grabaciones de Consuelo Novoa, Hortensia Valerón, Regino y otros. Más de 360 corresponden a Adolfo Colombo, no muy reconocido como actor, destacado por Kostia como el mejor cantante y el que tiene más registros sonoros.

Díaz Ayala incluye el texto de "Amor y celos" (1919), parodia del Tenorio, sin identificar, perteneciente a una obra bufa muy conocida, *Traviata o la morena de las clavellinas,* de José Tamayo y Lastres, refundida por Miguel Salas, estrenada por los Tipos Provinciales en 1879 y escogida por Rine Leal en su antología del

Teatro bufo.[84] Este subraya la compleja relación entre las grabaciones y sus textos-fuente, ya que el sostenido por Margarita y Eduardo, con ligeras variantes, memorizado por Adolfo Colombo, pertenece a la escena V, de *Traviata o la morena...* con un cambio. En el diálogo se dice Duquesa de Geronfeli y en el texto es ¡Duquesa de Gerolstein! como en el libreto de Meilhac y Halévy con música de Offenbach. Parodia de *Traviata* de Verdi, se observa en ese fragmento su «similicutancia» como dirían los bufos catedráticos.

Ay Eduardo, ¡No me digas esas dulces palabras,
que chocan como balas
dentro de mi corazón. (En el diálogo grabado).

¡Ay, Eduardo, no me digas
esas dulcísimas palabras
porque saltan como cabras dentro de mi corazón! (En el texto original).

La escena corresponde al texto publicado con algún cambio de palabras. Colombo, que trabajó con Salas, recordaría la obra de memoria.

Mientras la valiosa colección de Díaz Ayala está a disposición de los estudiosos en Florida International University, digitalizadas para el público general hay algunas otras. En la Biblioteca Digital Hispánica hay varios monólogos de Regino como "Me muero sin ir a España" (1914). Traicionado por la mulata Domitila (lo ha dejado

---

[84]Tamayo y Lastres, José. "Traviata o la morena de las clavellinas". *Teatro bufo siglo XIX*. Rine Leal ed. Tomo I. La Habana: Editorial Arte y Literatura, 1975. pp. 305-338.

por un rumbero), a su pesar, no puede seguirla a España. Termina con una rumbita. Es sensacional. En la otra cara "Pachín cantador", de Guillermo Anckermann, una discusión alegre entre Regino y Colombo sobre quién canta mejor. Regino dice "encarnar el espíritu de Ramitos (Ramón Ramos) cantando la Cañandonga y se burla de Sindo Echegaray y Miguel Cebolla, mientras Colombo es su deliciosa contraparte y un tenor de voz muy agradable. "Discurso del gallego sobre el divorcio", "Las partes de avance", "Funjeiro quiere ser presidente" y "La Angélica" son excelentes, como el juguete de Agustín Rodríguez, "Las partes"... con Eloísa Trías, quien vota a los liberales mientras su marido es conservador. Regino exhibe esa autenticidad que tanto entusiasmó, su capacidad para la parodia y la auto parodia. Sin embargo, Acebal no convence, como se supone lo hizo en escena, quizás porque aquí la palabra y la emisión de la voz son los únicos recursos, no habla como «negrito» y no tiene posibilidad de improvisar en un estudio. Me refiero a "Acebal en las trincheras" (1918) y "Clase de rumba" con Pepe del Campo. Francisco Bas graba "Me voy para España", "La indigestión del pan" y "La rifa de la manteca". Blanca Becerra, a pesar de sus pocas grabaciones, destaca con "La mulata María", de Federico Villoch, música de Raimundo Valenzuela y "Métele vapor" de *El Patria en España*.

En internet Archive están "La vida privada", interpretada por Regino López y Colombo; una de las caras del disco con "El gobernador cazando" en la otra (incluido en el casete *Discografía*, de 1911, ridiculiza al gobernador que no se ocupa del pueblo y sí de la caza.[85] Escuchar a los intérpretes es una emoción que a veces

---

[85]El gobernador cazando. *Discografía de la música cubana* de Cristóbal Díaz Ayala. Enero 27 de 1911. Regino López y Adolfo Colombo. Cuplés. VL. 63261. Completa en Internet Archive con "La vida privada".

decepciona. La forma de decir es generalmente monótona, en ocasiones como el que lee o recita y hay que ser Regino –gran actor natural– para que los bocadillos resuenen con intención y una dicción nítida a pesar de que enfatiza el acento del gallego o lo hace más pronunciado. Se demuestra en estos discos las grandes virtudes de Regino como actor, su proyección de la voz, dicción e intención. Entre 1911 y 1927 se supone grabó 53 discos para la Víctor, diálogos cómicos o recitaciones. El más antiguo, *La casita criolla* (1912) y el más próximo, *Los grandes de Cuba* (1927).

Entre las que he podido escuchar en la colección Discography of American Historical Recordings (DAHR) digitalizada en la Universidad de Santa Bárbara, California y accesible al investigador independiente, están "Cambia el disco" y "Un vate gallego", grabados con Ramona Plaza en 1920, una escena de *El año viejo en la corte* y otra sobre la obra de 1903. [86] En el monólogo Regino empieza con que "tú eres bella/ que tú eres bella María Belén" y continúa con una reflexión sobre el pago de los impuestos. "Helado y tamales" se presume una de sus primeras grabaciones, realizada en Nueva York con Colombo, donde también graba "Delia" y "La golondrina" de Anckermann, con Hortensia Valerón.

"Correspondencia secreta" con Adolfo Colombo y la Novoa, pertenecería a una obra de Acebal de igual título. El diálogo gira alrededor de una carta de Charito para conseguir pretendiente. El tema vuelve en "Carta a un isleño", sobre una misiva que Crisóstoma ha recibido pero no puede leer. En "Película nocturna", Majarete (Colombo) se encuentra con la esposa (Novoa) de Pan de

---

[86]Discography of American Historical Recordings, s.v. Regino López (speaker), accessed July 28, 2019. Así las restantes han sido escuchadas entre esa fecha y mayo de 2020 pero citar de ese modo académico alarga innecesariamente el texto.

maíz (Marcelino Arean), quien al verlo no se muestra celoso sino contento de encontrar a su amigo, por lo que cantan una melodía alusiva a que cuando la casa está sucia no se debe buscar ayuda ajena. ¡Cubano, cuida tu tierra!, es el estribillo. Posterior es "Rumba sacra" de Agustín Rodríguez, con Novoa, Arean y Colombo. Burla tan punzante a la religión católica no abunda en el repertorio, a no ser, presumo, *El santo varón* de Juan Firpo, de otro signo, pues Villoch escribe que del Campo era muy creyente. "Mercado libre" y "La ley de los vagos" (1918) son diálogos de Sergio Acebal y Carlos Sarzo, el último, como vendedores de dulces. "Charada y rumba" de A. Villalón, es un diálogo entre Consuelo Novoa y Adolfo Colombo, cansado de que su esposa consuma su tiempo en el juego y las apuntaciones.

Hay además grabaciones líricas (no deben corresponderse con alguna obra) como "Llora", bolero de Alberto Villalón interpretado por Consuelo Novoa y Adolfo Colombo, grabado en 1917; "A solas", de Villalón con Morales en la guitarra, 1915. Consuelo Novoa y Adolfo Colombo; "Mi pecho y mi alma", bolero de José Corona y Floro Zorrilla, por Colombo y Novoa; "El amor es la ventura", de Felipe Palau, (1917) por Novoa y Colombo y "Murmullo suave", (1907) con Adolfo Colombo y Pilar Jiménez, segunda voz (Eduardo Robreño ha dicho que empezó en la zarzuela) con la guitarra de Villalón. Hay números folklóricos españoles de Ramón Gutiérrez grabados ese año.

Entre los registros sonoros no musicales de la Biblioteca Digital Hispánica de Madrid, además de los citados, hay unos excelentes diálogos de Julito Díaz y Arnaldo Sevilla, "A un pícaro otro mayor" y "La recogida de la basura"(1928) y en la Yukebox de la Biblioteca del Congreso de los Estados Unidos, "A solas", el dúo comentado, que justifica la bien ganada fama de Novoa y Colombo y "Amor gallego", cuadro cómico de Guillermo Anckermann, Regino está muy atribulado por la pérdida de su mulata, pero levanta el ánimo al cantar a dúo con Colombo. Se muestra la calidad de Guillermo Anckermann-dramaturgo en breves cuadros, duetos y juguetes escritos para el Molino y la compañía de Raúl del Monte.

Dirección de escena. Se dice Regino como se dice Antoine, escribe Kostia pero pareciera que la dirección escénica es elemental. Se sabe que Alhambra tiene no solo un escenógrafo estelar en Arias sino que este contó con un maquinista hábil y conocedor. Alhambra está al día de adelantos técnicos como el invento para hacer la lluvia, traído de los Estados Unidos y otros trucos para simular derrumbes, terremotos, inundaciones, salones franceses, reinos lejanos, un ferrocarril en movimiento o un incendio. Respecto a la preparación del intérprete, casi todos son actores naturales o con algún conocimiento y/o práctica en las compañías de visita como Arnaldo Sevilla, Pepe del Campo o en sociedades culturales, Regino y Pirolo. Más adelante, cuando lo requiere la obra, contratan maestros de esgrima o de baile, como el actor Rafael González. Cuando se populariza la revista musical, el espectáculo se complejiza y la función del director de escena se comparte. Pepe del Campo la asume en los años veinte. Aunque si algo perjudica estudiar Alhambra es que la gran simpatía del público por Regino y su mando centralizado contribuyen a que se hable menos de los restantes artistas de la compañía anunciada como Compañía de Regino y más adelante y solo en ocasiones como la Villoch-López.

Disciplina. Alejo Carpentier ha reparado sobre la disciplina "conventual" en la que Regino educaba a sus actores. Los ensayos empezaban a la una y terminaban a las cinco, porque la primera tanda comienza a las siete y la segunda a las nueve. Al escenario ni a los camerinos entraba nadie ni se podía saludar a las actrices.

Embolado. Personaje menor en la obra. En el Larousse 2016, es "papel desairado o de poco lucimiento".

Empresa, sueldos

Los detalles de cómo se forma la empresa de Alhambra están bastante poco documentados. Según Germinal G. Barral, en 1899 Pirolo le propone a Villoch asociarse con él. En septiembre de 1900, fecha aportada por Gustavo Robreño, esta se formaliza. Reúnen ocho mil pesos, dos mil presta José Solís, dueño de la bodega de Virtudes y Consulado y de la tienda El Encanto. Posteriormente se incorpora el escenógrafo Arias y a la muerte de Pirolo, Regino. [87] Pareciera que el nombre de Alhambra surge en 1900 pero abre con él en 1890. Se supone pagan el alquiler del terreno, doscientos cincuenta mil pesos por 35 años como abonan al propietario de los timbales, 7.50 cada noche. Para las temporadas fuera del edificio de Consulado, bien en Payret y Nacional, Ramiro de la Presa actúa como su agente. Según Villoch, su confianza en Alhambra nunca mermó y solo de ver las obras "grandes" anticipaba el precio que tendrían las lunetas. En 1916 *El Patria en España*, dos pesos, *Delirio de automóvil*, dos pesos y medio.

La mejor etapa para los actores fue durante las "vacas gordas" en las que llegaron a a ganar 10, 12 y 14 pesos diarios. Se remunera también a los autores pero no he encontrado ninguna cifra de cuánto se pagaba por libreto. Un premio del teatro era generalmente de cincuenta a cincuenta y tres pesos. Villoch ha manifestado en

---

[87]Barral, Germinal G. "Recuerdos de Alhambra" en la muerte de Villoch. *Bohemia*. 21 de noviembre de 1954. pp. 66-68, sup.10, 76.

varias entrevistas su agradecimiento al teatro que lo enriqueció. Regino llegó a acumular una fortuna de medio millón de pesos. Aunque Amalia Sorg vivió de sus ahorros en la casa que compró en la calle Oquendo, Pueblo Nuevo, al retirarse del teatro y Gustavo Robreño y Sergio Acebal del ejercicio del periodismo en muchos medios, Lina Frutos, Consuelo Novoa e Inés Velasco llegan a su vejez en la miseria.

Escenografía. Hasta su muerte en 1915 Miguel Arias Bardú es co-empresario de Alhambra junto con los López y Federico Villoch, pero sobre todo, su escenógrafo único. Tiene tal preponderancia que el crítico se asombra cuando no hay una nueva decoración. En las gacetillas los títulos de los cuadros alertan al espectador en busca de efectos visuales, del descarrilamiento de un tren, el incendio de un vapor, un derrumbe, un barco en plena travesía, los mogotes de un paisaje o locaciones inesperadas como Rusia, China o fantásticas y futuristas. Esencial junto a la música, es una de sus mayores atracciones, tanto que se aplaudía al decorador y se lo llamaba a escena. Sus telones pintados, algunos convencionales como esta calle con anuncios de una peletería y un jabón, son la base del despliegue de virtuosismo de los decoradores. También se utilizan elementos corpóreos (fermas y rompimientos)

pero lo más llamativo era el efecto de los telones al cambiarse, la «mutación».

Miguel Arias tuvo un taller de donde salieron otros escenógrafos y aportó al Alhambra su trabajo dedicado por más de treinta años, pues empieza en Lara.

No creo existe constancia gráfica de sus decorados. Algunos sobreviven hasta 1980, mostrados en el espectáculo Telones del ayer, realizado por iniciativa de Eduardo Robreño, con obras de Pepito Gomís, Nono V. Noriega, Manuel Roig, Fernando Tarrazona, Salvador Alarma, Antonio Rovescalli y José Jáuregui. Ninguno de Arias, subestimado antes. [88] En 1934 Gustavo Robreño escribe "Miguel Arias, paisajista y escenógrafo notable, olvidado completamente por la nueva generación...

> Arias, gran conocedor de todos los efectos teatrales, sabía, aún antes de dibujarlos, el efecto que habrían de producir sus telones, en los que tal vez, una crítica muy severa pudiera apreciar cierto desprecio a las leyes de la perspectiva y algún que otro atropello de la arquitectura, pero que generalmente eran bien ideados y efectistas. Y buena constancia de ello queda en las decoraciones de Arias que se conservan, de las muchísimas que pintó, antes y después de formar empresa con Regino y con Pirolo en el histórico Alhambra.[89]

---

[88] Espectáculo presentado en el Festival de Teatro de La Habana 1980.
[89] Robreño, Gustavo. "Cuba a través del Alhambra". *Bohemia*. 26 de agosto de 1934. pp. 71, 161-162.

Le sigue José (Pepito) Gomís entre 1912-1923. Contratado en 1912 en Alhambra para *El viaje del Patria*, concibe un trasto gigantesco para el crucero y transforma una casa pobre en un gran salón de baile. El pintor de origen catalán, pasa su primera juventud en Barcelona en contacto con pintores, continúa su labor en el Teatro Nacional de México antes de asentarse en La Habana donde alcanza un éxito resonante por el verismo de *La carretera central*. En *La zona infecta* de 1914, el decorado y los efectos simulan el incendio del establo de Figueres para asombro y deleite de los espectadores. En *La mina errante*, un naufragio. Recibe un homenaje en 1917 con motivo del estreno de *Las joyas de la marquesa*, de Villoch-Anckermann para su beneficio en el Nacional el 28 de marzo. *La Lucha* publica una de las seis nuevas decoraciones. Según Villoch realiza más de sesenta escenografías en diez años y recuerda su increíble colaboración con el libretista y su deseo de concebir un escenario *ad hoc* para Alhambra. "El público recordará los aplausos que le tributó a Gomís aquella decoración admirable del puente de Brooklyn de Nueva York, para *La intervención cubana*, iluminado en plena noche". Desde entonces el nombre de Gomís se hizo familiar, escribe. Inaugura las obras de "gran espectáculo". [90]

En 1923 pasa a trabajar con la compañía de Arquímedes Pous y la de zarzuelas del teatro Martí. A la muerte de Pous crea su propia compañía. Una de sus últimas creaciones fue la escenografía de *El dinamismo de Carlos Miguel,* para Actualidades, en 1928. Muere en julio de 1929 –su obituario aparece el 29–[91] antes de cumplir cuarenta años.

El empréstito de Villoch, decorado de Gomís

A partir de 1923, ingresa el joven Nono Noriega, discípulo de Gomís, quien se mantiene hasta 1929 ya que en ese obituario se escribe que Noriega ha partido a Europa en busca de "oxígeno" para sus aspiraciones. En las últimas etapas se menciona a Manolo Roig y a Anthony, Antonio Gattorno, de quien existe muy poca

---

[90]Villoch, Federico. "Pepito Gomíz" Viejas postales descoloridas. *Diario de la Marina.*(sup.) 20 de junio de 1937.p. 4.
[91]Ugarte, Oscar. José Gomís. *La Lucha* 29 de julio de 1929. p. 4.

documentación pero se califica de vigoroso temperamento y devoto de las modernas corrientes vanguardistas.

La alegría de la vida, escenografía de Gomís. 1920.

La danza de los millones (1916)

Estrenos, organización, intermedios. ¿Hubo dos estrenos semanales? Tal vez en 1899-1902, siempre fueron muchos. Un cerebro organizativo confecciona la programación de Alhambra: abastece tres tandas: a las 8, a las 9 y a las 10, con la fórmula de refrescar el cartel con obras anteriores e interesar con nuevas ya que después del estreno, si gusta, (algunas sencillamente "pasan"), se representa en la primera tanda del día siguiente y rota por las otras tandas hasta agotarse. En la tercera se ubican las más subidas de tono, sicalípticas o rojas, según Kostia; se exhibe cine, anunciado como cinematógrafo Pathé, Lumière y/o se reserva para el ensayo del próximo estreno. Algunas tienen más de dos noches de ensayo, aunque a veces llega a 18 noches, otras se ensayan pero no se estrenan o lo hacen con otro título. El *Diario de la Marina* señala que la función se inicia quince minutos después de cada una de las tandas, comenzadas un cuarto después de las ocho pero el horario no debe haber sido riguroso, ya que, como se indica, el público solicita repeticiones de rumbas o escenas y el espectáculo se alarga. En los intermedios hay bailes: Amalia Bassignana, Tina Turino, Carmela, Elisa Venezia y muchas otras, más entrado el siglo, variedades y cine. Antes de cada una, se avisa al público con tres repiques de campana. El local, por la fotografía, no parece haber tenido marquesina sino anuncios colocados en pasquines. En algún momento se instala una luminaria con el nombre de Regino.

Ferma. Pieza chiquita y bajita, pequeño muro, un banco.

Gestear. El actor hace gestos muy ostensibles. Gesteó.

Hacerse la cara. El actor simula con el maquillaje la apariencia de un personaje conocido. "Castillo se hizo la cara del duque de Sexto". Una manera complementaria de hacer comentarios críticos o aludir a figuras públicas.

Influencias. Alhambra toma de todas partes, del sainete y la revista por horas española, el astracán, el teatro francés, versionado o parodiado, la opereta, el *vaudeville*, el teatro norteamericano y la tradición del bufo. El melodrama, la opereta y el teatro francés influyen sobre todo a Villoch que remeda con ironía incluso el Bataclán. Los años de la intervención norteamericana y el auge de su teatro musical son influencias a considerar. En varias ocasiones, Kostia cita términos propios de la revista y el vodevil, como *cake walk, loop the gap* y otras rutinas, cuyas raíces son difíciles de rastrear.

En una línea de *Los negros catedráticos*, de Francisco "Pancho" Fernández, emblemática del bufo, la negrita Dorotea presenta a su enamorado como "un tipo perfecto de galancito del Black Croook". [sic] El norteamericano Black Crook debuta en La Habana en enero de 1868, unos meses antes del furor bufo. Algunos lo castellanizan y hablan del Blas Cruz, grandioso espectáculo en cuatro actos, original de Charles M. Barras, mágico y elaborado, con un coro de muchachas ligeras de ropa.

En 1916 actúa en el Payret la compañía de *minstrels Los reyes del rag time o las mulatas de Bombay*. Originaria de San Louis, Missouri, debuta el 29 de mayo de ese año. El 2 de junio se informa que traen una "brutal" danza negra. Unos años después, Arquímedes Pous hace un guiño al título, con sus *Mulatas de Bambay*.

Karikato. Ver Caricato.

Legado. En 1947 Ferrer de Couto, dueño del cine Alcázar, devela allí una tarja en honor de Regino López y otros fundadores de Alhambra.

Locación. Consulado 142 es la dirección del teatro Alhambra, que se correspondería en la actualidad con la esquina de esa calle y Virtudes, en el barrio de Colón. Allí radicó el café Zabala, a cuyo salón de billar fueron asiduos algunos actores y Regino, aficionado al juego y al café.[92] El solar fue ocupado en la República por el teatro Alcázar, convertido en los años sesenta en Teatro Musical de La Habana hasta su desaparición.

Morcilla. En el prólogo a las memorias de Sergio Acebal, Juan J. Remos se refiere a que "la dosis masiva de triunfo se debía a los intérpretes, a su inteligencia y dotes de improvisación" lo cual les permitía intensificar el tono humorístico de las situaciones llevándolas a su más alto grado de comicidad". Se refería al elenco de Alhambra, donde hay dos intérpretes con una historia probada en materia improvisatoria y morcilleo: Sergio Acebal y Adolfo Otero. Eduardo Robreño lo ha contado mejor. Representan la obra de Gustavo Sánchez Galarraga *La flor del cabaret*. Acebal tenía en cierta ocasión una escena con Eduardo Muñoz, el Sevillanito. "Muñoz se vistió con un frac blanco confeccionado por un sastre conocido por Sabrosura. En el momento más dramático y cuando Eduardo está a punto de morir en escena, Acebal entra y le dice '¡Sevillano, dice Sabrosura que antes de morir le liquides el frac blanco!'"[93] Una broma para conocedores de las interioridades y una manera de relajar el gasto portentoso desembolsado en escenografía y efectos. Desgraciadamente Robreño no suministra la fecha de ese estreno. Una de esas historias que escuchó de su padre. Tampoco la he encontrado pero debe haberse presentado a finales de los veinte. Rosendo Rosell escribe sobre las dotes de Acebal para decir las *revesinas*. El actor es un

---

[92]Robreño, Eduardo. "Esquinas de la Vieja Habana". *Bohemia*. 15 de mayo de 1964. pp. 6-8.
[93]Robreño, Eduardo. *Y escrito en este papel…* Santiago de Cuba: Editorial Oriente, 1989. Publicado antes en "Lo que no está en el libreto". *Bohemia*. 12 de junio de 1964.

coautor del texto, incorpora matices y palabras de su propia invención. [94]

Mutación. Efecto de sorpresa del telón al cambiarse.

Orquesta. La orquesta de Alhambra fue muy reconocida. Además de Mauri y Jorge Anckermann, la dirigió Fernando Anckermann, hermano del compositor y durante un tiempo Héctor Monteagudo y Tomás Corman.

Parodia. El 30 de julio y el 19 de septiembre de 1898 se representa, con arreglo de Pirolo, *La verbena del Palomo* a partir de *La verbena de la Paloma*; de Ricardo de la Vega y Tomás Bretón; el primero de agosto de 1900, *Carne gorda*, de Robreño-Villoch, de Carlos Garniche y Pepe Obella con música de Cheo (1908), según los los créditos en burla de sus reales autores, Vicente Lleó y Carlos Arniches; la versión de *El drama nuevo*, de Tamayo y Baus, de José Tamayo y Lastres. Muchas obras parodian las zarzuelas en repertorio de Albisu como *El revoltoso*, *La revoltosa*, texto de Silva y Fernández Shaw y música de Chapi o *Sordos y cabezones*, de *Gigantes y cabezudos* de Miguel Echegaray y Caballero. Sson incontables las relaciones de los espectáculos con un texto, canción o película parodiada.

[94]Robreño, Eduardo. "Lo que no está en el libreto. *Bohemia*". junio 12, 1964.

Partituras. Los compositores de más constancia y producción para Alhambra son Manuel Mauri Esteve y Jorge Anckermann Rafart. También José (Pepito) Mauri, hermano de Manuel, Rafael Palau, Eliseo Grenet, Agüero, (Gaspar Agüero Barreras), José Marín Varona, (*Guaracha* y *Maniobras militares*, de Villoch) y Cheo y Reinoso, entre muchos otros. Entre 1890 y 1899 hay obras de Modesto Fraga –uno de los primeros flautistas de La Habana, musicalizó *La gran pesca*, primera obra de Villoch para Alhambra– Ángel Rubio y Mariano Corona, entre otros. En algunos casos el músico no está identificado o como Mauri, utiliza un anagrama para las obras escritas con León Pérez, seudónimo del poeta René López. A veces un nombre reiterado parece el más productivo cuando se desconoce la totalidad. Afortunadamente existe un catálogo de Manuel Mauri, realizado por su hijo en los años 50. Según Enrique Río Prado, fue el primer maestro-director-concertador de Alhambra, y escribió más de 300 obras para el teatro entre 189... y 1912.[95] A partir de 1911 –con *La revolución china*, escribe Robreño, Jorge Anckermann se coloca al frente de la

---

[95]Río Prado, Enrique. *La Venus de Bromce: historia de la zarzuela cubana.* La Habana: Tablas Alarcos, 2006. pp. 287-302.

orquesta de Alhambra, escribió 598 partituras para el teatro y fue desde esa fecha maestro y director concertador. [96] En esta selección hay obras suyas desde 1900, sin contar las no identificadas de 1899 y está al frente de la orquesta mucho antes de 1911, quizás no de forma permanente pues en esos años escribe mucho para el Molino y Payret, donde se estrenan obras de su hermano Guillermo. Rafael Palau tiene obras desde 1899 hasta 1903, entre estas la muy exitosa *María Belén o la fiesta del matadero*. Musicaliza *El sultán de Marruecos, Del Malecón a Atarés, Flores y perlas* y *La brujería* entre otras. Kostia escribe:

> Ha luchado, con escasa fortuna, en las diversas tentativas para sostener sobre nuestras escenas al teatro bufo. Ha sentado últimamente sus lares en Lara. La decisión parece haber sido buena porque el público acude a la simpática bombonera. Es el compositor de casi todas las obras que se estrenan en Lara, después de haber sido el de casi todas las que se estrenaban en el Irijoa, en la época de Simancas y Blanquita Vázquez. Se podría tapizar la fachada de ambos teatros con las hojas de partituras escritas por él. A pesar de sus méritos, Palau es un modesto. El orgullo, pájaro imbécil, no le ha anrecolado con sus plumas."[97]

También Ruymá o Ruimá, acrónimo de Mauri. La música del Lara no está identificada en *La Lucha*, aunque según Robreño, la primera obra de Anckermann fue para ese teatro: *Toros y gallos* para

---

[96]Robreño, Eduardo. Jorge Anckermann "Catálogo de las obras musicales de Jorge Anckermann". En *Como lo pienso lo digo*. Unión, 1985. pp 28-35.
[97]*La Lucha*. 26 de mayo de 1898.

la que escribe "El arroyo que murmura". El catálogo de Mauri sí toma en cuenta el Lara, otro motivo más para considerar la etapa. Antonio Rupnik –Kostia no conoce su nacionalidad– fue director de orquesta como Modesto Julián y hay música de algunos compositores acreditados en las notas. [98] Robreño recuerda los números con vida propia fuera de las zarzuelas como "El merenguito", de la partitura de *Napoleón*. Solo un estudio interdisciplinario entre musicólogos y teatrólogos podría llenar los vacíos de la música escrita para Alhambra. Por ejemplo, *Cuba en París,* música de Mauri, tiene el "pregón de las frutas" y la "irresistible rumba de Amalia Batista" y así si rastreamos en las descripciones, se podría identificar algunas piezas.

En una entrevista del Brujo Bohemio a Jorge Anckermann (1877-1941) fechada en 1919, valiosa para el conocimiento de cómo  funciona la música en la compañía, cuenta que no forma parte de la empresa sino cobra un sueldo y sus derechos de autor, tan exiguos, que suman al mes una cantidad que no se correspondía con las utilidades del teatro. Tiene 42 años y usa gafas negras porque está muy delicado de la vista. A los diez años sustituyó al contrabajista de la orquesta del Tacón, dirigida por su padre, Carlos Anckermann, con quien estudia. En 1898 viaja a México con una compañía de bufos

---

[98]Conde Kostia. *La Lucha*. 16 de agosto de 1898.

del empresario Narciso López.[99] Recorre México, Los Ángeles y Texas donde se establece como profesor de solfeo y piano. Regresa a Cuba y colabora con Alhambra y el Molino como director de orquesta. En Alhambra lleva catorce años. Según sus palabras, desde 1905.

—La música criolla está invadida por la música cosmopolita. Aún en los bailes de aquí se toca muy poca música cubana.

De modo —le dice el Brujo Bohemio— que no se ha hecho mucho por la música cubana.

—No, y debiera hacerse, pero nuestros mismos músicos la abandonan.

—Villoch y yo tenemos en proyecto una ópera cubana.

—Frecuentemente se dice que en sus obras hay música suya y de otros sin que usted la modifique en lo más mínimo.

—Son los libretistas los que me dicen, ponga aquí usted el vals tal o cual, pero sería absurdo que yo pretendiera pasar por mía la música de otros autores.

Su primera obra para Alhambra es *De La Habana al sol*, de Ramón Morales, que escribió a los quince años, es decir en 1892.[100]

¿Lo que más le interesa? La música criolla y cuando hago otra clase de música procuro hacerla sencilla y melódica... Me he impuesto la misión de escribir para todo el público y creo que este me lo agradece.

---

[99] No dice que la compañía es la de Gonzalo Hernández, según las crónicas mexicanas. En ella viajan entre otros Consuelo Novoa y Rosa Bea.

[100] Según Eduardo Robreño, Anckermann escribe la música de *La gran rumba*, libreto de José R. Barreiro, estrenada por los Bufos de Gonzalo Hernández en Albisu el 12 de agosto de 1896. Zerep, eufórico, escribe al día siguiente: "Cuenta con agradables números musicales y es su autor el padre mismísimo de *El brujo*, obra monumental esta última, digna de Shakespeare". No identifica al compositor.

Ha escrito unas 300 obras, algunas hasta con doce números. Pero siempre he escrito para cantantes que aunque de mucha voluntad, han carecido de grandes voces. Tiene el compositor mucha defensa cuando puede escribir grandes dúos y cuartetos. He tenido que moverme dentro de límites estrechos.

¿Sus obras preferidas? *La república griega, Napoleón, El patria en España, La señorita Maupin, El rico hacendado, Las ligas de Rosario, América en la guerra.*[101] En otra reseña biográfica, habla de su primera obra alhambresca, escrita a los 16 años, *Las ligas de Rosario*, libro de Federico Villoch. Ese año se anuncia un álbum con sus obras, impreso por la casa Excelsior. "Difícilmente se hallará en la isla una persona que no haya tarareado o bailado alguna pieza musical suya."[102] En "Amigos músicos", una «postal descolorida», Villoch recuerda a muchos, entre estos, a Rodrigo Prats que musicalizó *Guamá* y tiene en su poder *Plácido*, sin estrenar.[103]

En 1933 Villoch oye a Bola de Nieve cantar "Drume Mobila" en casa del poeta Sánchez Galarraga en Tulipán y la incluye en *La gloria del solar*, interpretada por Blanca Becerra. Es muy posible que muchas canciones populares lleguen de forma parecida al espectáculo.[104]

Partiquino. Equivale a figurante, comparsa, un papel de menor importancia.

---

[101] El Brujo Bohemio. "Jorge Anckermann". *Bohemia* (14 de septiembre de 1919). pp. 12-19.
[102] Nuestros compositores. Jorge Anckermann. *Carteles*. (agosto, 1923).p. 42. Le sigue la partitura de *La carretera* central, y la del bolero Puerto Boniato con letra de Isidoro H. González. p. 42, 44-46.
[103] Villoch, Federico. "Amigos músicos" *Diario de la Marina*. 26 de noviembre de 1950. p. 51.
[104] Villoch, Federico. Viejas postales... Bola de Nieve. 17 de octubre de 1948. p. 53.

Pasó. Pasar. La obra pasó, sin éxito.

pendant. Se escribe de una música *pendant,* equivalente al libro, es decir el texto.

Personajes de peluca. Padres, esposos confiados y en general, de cierta respetabilidad.

Programas. Se confeccionan en la Imprenta El Trabajo, situada en Amistad entre San José y Barcelona, propiedad de Narciso López y regenteada por Moisés Valdés Codina. Varias "postales descoloridas" de Villoch los refieren. Villoch agradece consultar y copiar de las colecciones de Alicia, Pura y Fela Ichaso, hermanas del escritor Francisco Ichaso y la de Carmen Cuní, fuente de sus valiosos datos de "Estrenos y debuts notables". El actor Enrique Castillo guardaba con celo sus programas en un famoso baúl. Enrique Río Prado en su *Diccionario de Alhambra* menciona varias colecciones en poder del Centro de Investigaciones de las Artes Escénicas de Cuba.

Público. En sus inicios el público de Alhambra es de hombres solos, pero cambia con rapidez con las presentaciones en el Politeama, Payret y Nacional. El de obras picantes y verdes se congrega en la tercera tanda. En los días de moda hay crónicas que refieren un público femenino. Se dice que había jefe de claque y revendedores, tanto que en 1935 uno de los muertos en el accidente con el que Alhambra finaliza es el jefe de la asociación de taquilleros y revendedores.

Réclames, telón anunciador

Alhambra es un teatro de opinión y una empresa comercial, que debe recuperar recursos para invertirlos en las nuevas obras. Teatro de la risa, tiene un equipo de actores, al menos un escenógrafo y un maquinista y un sin número de colaboradores, que nutren las filas de los autores y otros oficios de la escena. En 1893 las gacetillas de *La Lucha* contienen propaganda sobre productos y servicios, como esta:

Para dulces, el membrillo
para jarabes, Grosellas
y para dar lustre y brillo
a la ropa de las bellas,
El gran jabón amarillo de Crusellas.

o este
 A pie, en guagua, en *vis a vis*
en tranvía y carricohe
nos lo ofrecen por la noche los helados de París.
Y lo cierto es, que sin bombo, guasa, los ricos sorbetes de esos, señores, son deliciosos.

en diciembre de 1900, al escribir sobre el estreno de *No hay peor cuña*, de F. Carbonell, Kostia recrea un hipotético sueño de Regino, visitado por Francisco Chacón (Santi Bañez) y Rafael Calcines, que en nombre del Círculo de Críticos, se excusan por haberlo contrariado y le ofrecen que escriba él mismo las crónicas a las que ellos añadirían sonetos laudatorios, al precio de 10 pesos al año por cronista y una lata de melocotones. Otros gacetilleros le ofrecen poner el periódico a su disposición e incluso le pagarían por sus notas y comprarían entradas y abonos. Con la llegada del acomodador, el teatro abarrotado y los billetes vendidos, Regino despierta cuando conoce que el cronista de *La Lucha* se sentaría en las piernas de algún espectador...[105] ¿No pudo entrar Aniceto esa noche o la obra no le interesó? No se sabe si los productos mencionados en sus crónicas le reportan beneficios, entre ellos los zapatos Pons (marca que propagandizó la operática Chalía con un modelo con su nombre y leí en Eulogio Horta y en la nota de Kostia sobre *El marido* de mamá), La Moderna Poesía, o el tinte Dubic (usado por Regino para caracterizarse), aunque son ciertamente pocos. Esa crónica, aparte de divertida, tiene sal, pues con el tiempo, Alhambra coloca en la prensa gacetillas cortas en comparación con las extensas promovidas por Santos y Artigas para el Teatro Cubano.

A veces el mismo título contiene el anuncio como *Fume usted Gayarre,* de Manolo Saladrigas o *La bella polar,* de Sergio Acebal. En *Cuba en Buffalo,* la escenografía es un salón regio donde se almacenan productos cubanos: kioscos de Crusellas, chocolates Gamboa y Vilplana y cigarros Suárez Marías, según *La Lucha* del 15 de julio de 1901.

Desde temprano funciona el telón anunciador, cuadriculado en veinte *réclames* a disposición de los anunciantes, como los programas. En *Un baño delicioso* o *Un baño a domicilio,* lo más destacable fue el telón de anuncios de Rusafa, pintor decorador quien también trabajó en el Cuba. No sé si se conserva algún grabado de estos en las colecciones en poder del CNIAE del Consejo de las Artes Escénicas.[106] La portada de *Los escándalos de San*

---

[105]Conde Kostia. No hay peor cuña. *La Lucha.* 28 de diciembre de 1900.
[106]Cuando la revista *Tablas* tuvo por sede una casa en la calle Lombillo, como parte de un proyectado Museo del Teatro, llegaron allí cajones de

Rafael anuncia la cerveza Polar y la Trimalta, y en el interior, hay propaganda electoral de Miguel Mariano Gómez, postulado para alcalde y de Juan Firpo y Cuyas, director y actor de Alhambra Pepe del Campo, para concejal. No es la primera vez que el teatro de Regino hace campaña electoral.

En 1910 Henríquez Ureña habla de un «reclamito» de Colombo sobre los cigarros de una firma vueltabajera. El actor en sus morcillas podía mencionar un producto, como Acebal en sus secciones periodísticas Casos y cosas y Picadillo Criollo. Algunos estudios han subrayado el papel comercial del fenómeno alhambresco. [107]

reprise. Reposición.

rompimiento. Una pieza de escenografía colgada, compuesta de dos patas y una bambalina, puede semejar una columna, una cueva, un banco.

Sarachaga, Ignacio. Sarachaga fue el autor bufo más influyente y conocido fuera del ambiente teatral, debido a su labor

---

pertenencias de artistas de Alhambra que han nutrido los fondos consultados por los valiosos investigadores afiliados al CNIAE (Centro nacional de Investigación de las Artes Escénicas). Nunca ha brindado servicio público y en más de treinta años no ha dado a conocer el inventario de libretos, fotografías, ni programas en sus fondos. Sobresalen sin embargo los textos escritos por sus investigadores sobre el Martí y Alhambra, en especial el ya citado de Río Prado, *La Venus de bronce...* y Esther Suárez Durán. "El teatro bufo cubano: la vastedad de su universo". *Bufo y nación*. Ed. Inés María Martiatu. La Habana: Letras Cubanas, 2008.pp. 239-297.
[107]López, Álvaro. "Los teatros de variedades en La Habana durante los primeros años de la república neocolonial". *Teatro Alhambra. Antología.* La Habana: Biblioteca Básica de Literatura Cubana, 1979. 652-701.

como periodista en *La Habana Elegante* y *El Fígaro*, cuyas columnas firmó como Ignotus. El 3 de abril de 1900 estrena *Pepito Melaza*.

sicalipsis, procacidad

Se discute si la palabra sicalipsis tiene algo más del habla helénica que su semejanza con apocalíptico, según escribe un conocedor en 1919. Corominas apoya esta tesis al considerarla una "creación comercial arbitraria", mientras el Diccionario de la Real Academia y el María Moliner la hacen descender del griego, como acción de frotar y/o vulva o excitación. Hasta ahí resumo la erudita búsqueda. Desde 1902 la palabra tiene más de un siglo de aceptación.

Ya en 1885 el crítico teatral de *El Fígaro* se queja de los chistes demasiado verdes de una obra bufa *La mesalina de bronce o la muselina*, de Ramón Morales Riquelme [sic] no. 5 agosto 20 de 1885. Un poco después, Alhambra incorpora el doble sentido, el chiste de subido color como atractivo para un público sediento de entretenimiento y transgresión. *Antes... en y después de ...* de Villoch-Robreño es ya de argumento no relatable a los lectores. La alusión sexual o picaresca no proviene solo del texto sino de los movimientos de las bailarinas y/o actrices con sus danzas del vientre, sus rumbas a los dioses, sus «arriba enaguas» y el conjunto de signos y convenciones pautadas y no pautadas, muchas de las cuales, se escuchan en las grabaciones, «mira cómo vengo, mulata cómo me tienes», exclamaciones que subrayan gestos lascivos o morcillas introducidas por el intérprete. El travestismo (nodrizas-hombres en *Mujeres fin de siglo,* Pirolo como Amalia la puertorriqueña en *La vieja* o Regino como Regina en *Después del baile*) fue muy empleado. Gustavo Robreño crea a Pancho la Marquesa, un personaje del tercer sexo.

temas. Hablar de temas es casi especular. ¿Cuántos libretos se conocen de Alhambra? Ciertamente, demasiado pocos. Para mi sorpresa, la Colección Coronado atesora, a saber, escasas obras de Alhambra.[108] Así que sus temáticas se infieren a partir de los escasos libretos publicados, crónicas, artículos y libros. Una de las permanentes es la contraposición entre lo autóctono y foráneo y no solo en el baile, donde el danzón libra batallas contra el *two steps*, hasta que es vencido por la rumba. Kostia afirma "la superioridad de las guarachas y rumbas criollas, oponiéndolas a los couplets y bailes extranjeros". La defensa de lo propio nutre desde las obras patrióticas hasta las llamadas de actualidad en una isla ocupada-intervenida, que vive la guerra y el bloqueo económico a flor de piel, fustiga la codicia de los Estados Unidos (*Guau, guau o la toma de Hawai*) en medio de una guerra cruenta que trajo a los cubanos el bloqueo, la Reconcentración y sus consecuencias, epidemias, "cocinas gratuitas", hambre y devastación. Pero al mismo tiempo que miedo y muerte, el periodo vio nacer oficios de sobrevivencia como el de armadores y excursionistas, una economía paralela de supervivencia para facilitar emigrar a muchos. La necesidad de diversión era palpable. Los teatros se abarrotan y corren los centenes, "flota en el ambiente un ansia de reír y dar rienda suelta al buen humor". ¿Cómo lo vive el hombre de a pie y cómo lo refleja el repertorio? Debido al gran número de autores, sobresale un espectro temático e ideológico amplio, con diferentes tendencias y maneras de vivir la relación con España, los Estados Unidos y la

---

[108]Como es lógico esta tesis requiere sustentación, estudio y salvar los manuscritos. Cobián Dorta, Juana y Cárdenas Echevarría, Violeta. "El teatro cubano en la colección Coronado". Revista *Islas*. Fotocopia no fechada.

independencia. El bloqueo de *El bombardeo del mulo,* de Villoch, ridiculiza a los norteamericanos no a la manera de *Huyendo del bloqueo,* de Gustavo Robreño o *La rifa de la ternera*, representada en noviembre de 1899, cuando parecen agotadas las reservas de humor sobre el tópico.

Otra constante son las **modas**, (el cabello corto, las melenitas, Valentino, los duelos, el hipnotismo, los gallos o los toros), los **inventos**, el globo dirigible, el delirio por el automóvil, la bicicleta (*Regino ciclista*, 25 de junio de 1897) el aeroplano o el cinturón eléctrico.

la **rivalidad**, entre los partidarios de Rusia o de Japón, Caruso o Constantino (*Los concubinos*), dos pantalones, dos recetas, dos clubes de *base ball* (*Rojos y azules*, de Olallo Díaz), dos chulos y dos policías en *La reina de Carraguao* (1915), amores dobles en *Bobo...pero* (1915) casi siempre oposiciones binarias, simples y esquemáticas como en *De mala vida* (1925) entre María Luisa y Concha. En *La lonja de víveres,* de Olallo Díaz-Anckermann (14 de mayo de 1901) hay un dúo musical entre la sal andaluza y el azúcar criollo. Regino interpreta el aguardiente de caña.

eventos, la exposición de Buffalo o Saint Louis, las carreras de automóviles;

el juego, la usura y la venta. *El comprador de botellas*, que aunque no es de Alhambra, es de su estilo. Los timos. La falsificación de billetes en *Líos de solar*, la «rifa china» (Kostia) o la charada y el llevado y traído juzgado correccional y el juicio como escena obligada en Alhambra, hasta tan tarde como *El proceso de Mario Cuban* para convertirlo en un gran tema del teatro cubano.

El **viaje**, por la isla en ferrocarril, hacia el futuro en yate o submarino. El de Florimbó, campesino gallego al que humillan en los Estados Unidos y en Cuba recibe salario y ayuda, don Tancredo, cesante que se arriesga a probar suerte en una corrida de toros, Primoroso; Gervasito y Juan Miguel en *El Lobo II* (el presidente Gerardo Machado y su ministro de obras públicas Carlos Miguel de Céspedes) o el exótico a Japón en *Flor de the*, de Acebal.

La **parábola política.** *Lo que pasa en Indochina* o *De La Habana al Indostán*, *Napoleón*, *La casita criolla* o *La isla del bochinché*.

patriotismo. En *El jipijapa*, el sombrero de yarey guarda una herencia patriótica que hay que preservar, constante de los Robreño. En *Liborio en el limbo* aparecen Martí, Maceo, Estrada Palma y en *El ferrocarril central* el futuro se presenta a la manera de Julio Verne, influencia declarada de Villoch o en *Flores y perlas* simbolizado por la flora de la isla. ¿Qué tienen en común *El templo de Venus*, de A. Caccia y *La casa de los teléfonos* de Villoch para que califiquen como de protesta viril? De la misma manera que los gacetilleros acuñan la frase "palpitante actualidad" para las obras sobre el momento, la "protesta viril" se adjudica a las de denuncia de una injusticia, como la subida de precios de los teléfonos.

Obras a partir de la **música**. *La mujer de Antonio*, *El volumen de Carlota*.

Fingimiento e identidad. La doble identidad o la identidad falsa, en *El censo*, de Gustavo Robreño, el falso enumerador. El hijo que se finge médico en *El doctor Gómez* para vivir a expensas del padre o la esposa que hace pasar al criado gallego por su marido, para luego perdonarlo.

Grecia y Roma. Conocedor del griego en sus estudios de bachillerato, alumno de José de Poo, autor de *Casarse en familia*, Villoch sitúa *Mesalina* en Roma y en Grecia *La república griega*. Sus personajes son Safo, Afrodita, Alcibiades, Espaminondas, Diógenes, Demo, Critilo. Mientras estuvo acompañado de esas "sagradas sombras", narra Villoch, algo lo apartaba de la "mediocridad ambiente". Sin embargo, pasado el tiempo, "Cicerón se convirtió en un vulgar secretario de comité, Sócrates, en un pedante que peroraba en las escuelas públicas, Euclides, un geómetra a sueldo y el foro y el ágora, juzgado y mitín". ¿Es así que el juzgado se convierte en el tribunal jocoso por excelencia desde *El proceso del oso* hasta el programa radial La Tremenda Corte? Admirador de Aristófanes, Villoch saquea escenas completas de *Las avispas* para *La república*....*y* de *Lysistrata* en *La guerra de las mujeres*.[109] *La república griega* se reestrena el 25 de septiembre de 1919 con Amalia Sorg. Anterior a esta, *Diana en la* corte, entre otras, se basa en el mito de Phriné, la hetaira griega.

La crítica al **poder** tiene su obra magnífica en *Napoleón*, de Gustavo Robreño.

Pero quizás su tema candente es la **sexualidad y el erotismo**, incluidos adulterios (*Camarón que se duerme*), cambios de sexo, gallegos aplatanados en busca de sus mulatas, mujeres atrevidas, hermosas y seductoras pero inescrupulosas (*El hombre cornudo*). Desde luego, quien se detenga en la fotografía del coro de marineros de *América en la guerra*, comprende su ingenuidad. Blanca Becerra está cubierta desde los pies al escote y triunfó, como también, menos recatada, Amalia Sorg.

La **economía,** brujas sin trabajo que tampoco lo buscan, personajes humildes que sufren por los impuestos, el precio de los productos, (*La cuestión del pan*, Olallo Díaz, 1897), el aguinaldo y la herencia, (*La fea disputada, La herencia de Pepín*) fuente de trifulcas familiares y barrioteros líos. En *La herencia* ... Pepín corre a Asturias a cobrar la suya cuando se entera que consiste en una maltrecha

---

[109]Villoch, Federico. "Viejas postales descoloridas". Grecia y Roma. *Diario de la Marina.* 22 de enero de 1939. p. 15

gaita, comprende que en cambio la mulata Micaela lo apoya y sigue por amor.

La realidad-ficción teatral en el *El primo donno*, de Gustavo Robreño, aborda el mundo de la ópera, mientras *El pecado original* (1900), de Franco del Todo, la cruda existencia de una compañía de cómicos requerida de contratar a un oso para alimentar al artista.

Los **juicios**, sobre todo el final, en burla, de *El tribunal supremo*, en los que se ventilan supremas pendencias.

El *otro*, inglés, sultán, boer, emperador francés o aventurero norteamericano, míster y los mundos otros, de España a Marruecos, Japón, la luna o Indochina. La otredad fue parte de Alhambra, criolla no no chauvinista.

La intervención norteamericana en *La intervención cubana* de Villoch (1912) o *Las enseñanzas de Liborio* (1921) de Pepe del Campo. La primera se dice fue una embestida conservadora contra los liberales y en la segunda, el cometa porta el lema "patriotismo".

El **muerto-vivo** en *Tin tan, te comiste un pan*.

La corrupción política y la denuncia del desenfreno moral en *Voilá L'Havane,* réplica del Bataclán.

La fiesta en todas sus facetas desde las bodas (*El santo de la mulata*), las rumbas desaforadas al grito de ¡A romper la pelota! A romper con la rumba en *Política y danzoneo* (1903).

En términos de lo aceptable o los límites a los que podía llegar el autor para no ofender al «respetable», hay una frase del Conde Kostia: "seamos entusiastas del choteo, patricios frente a la canalla" cuando consideró que la obra de Saladrigas no era perjudicial ya que el público entendería que no era contraria a la Asamblea Constituyente. Cuando las obras pasan al Payret y el Nacional, "para las familias", se limpian de chistes verdes y procacidad.

Visitantes. Alhambra se convirtió en una atracción turística, uno de los argumentos favoritos de sus detractores. Antes de 1920, Villoch ha citado visitas de Ermete Novelli; Falconi, esposo de Tina di Lorenzo, Balaguer y Larra, "empeñados" en contratar al Bobo (Ramírez), Emilio Thuillier, un asiduo, y Manuel Linares Rivas, (Gustavo Robreño parodió sus charlas). En 1911 Nina Peyre y María Corio, de la Compañía de Molasso, se sientan en un palco del Payret. A Jacinto Benavente le gustaba el grillé de la izquierda y hablaba con tramoyistas y actores como uno de la casa. Decía que la voz sonora de Regino hubiese triunfado en el teatro español. Blanca Becerra le recordaba a la cómica Loreto Prado. Se deleitaba con las rumbas de la Sorg, Lina Frutos, Chicho Plaza y Pepe Serna. [110] En ocasiones sucede lo contrario: Consuelo Novoa y Regino corren para ver actuar a Antonio Vico como casi todo el elenco.

Federico García Lorca asiste al teatro en 1930, según narra Luis Cardoza y Aragón cuando "brotaban lágrimas de tanta risa en tales noches cuando con Federico vi uno de los actores que entraba en escena con armadura: Carlos V bailando conga, al propio tiempo que los demás personajes típicos se mezclaban con diálogos de grandeza en harapos y retruécanos con furias políticas y sexuales. Inolvidable Teatro Alhambra en la calle Virtudes, al cual no permitían entrar a quien no tuviese pantalón largo, a los menores, éstos asistían con pantalón ajeno, a una especie de iniciación vicaria. La mayoría de edad, la alternativa torera, la concedía el Alhambra."[111] Adolfo Salazar escribe: .... el teatro Alhambra hacía sus delicias , y el gallego, el negrito, el militar, el guajiro y la criolla habían pasado a ser gentes de su

---

[110]Villoch, Federico. Benavente. *Diario de la Marina.* 12 de junio de 1949. p. 63.
[111]. Cardoza y Aragón, Luis. *El río. Novelas de caballería.* México: Fondo de Cultura Económica, 1986.

intimidad, a quienes contaba sus proyectos de teatro surrealista, como *El público*, donde aparecen caballos en escena y hay una lluvia de guantes."

—Es una supervivencia del *teatro dell'arte* me decía y sugería a los cómicos argumentos de relaj".[112]

Alejo Carpentier prefería una mala palabra de [Adolfo] Otero que el "dadme la mano señora condesa" de los dramones europeos.[113]

Rafael Suárez Solís no olvida la visita del norteamericano Waldo Frank, como tampoco Amalia Sorg. Ha influido tanto en la percepción de Alhambra que es raro no se publicase nunca una entrevista o crónica, si es que sus comentarios trascendien la tertulia entre amigos a la salida del teatro, como escribe Suárez Solís. Amalia Sorg los tiene en los labios. *La Lucha* publica sus deas acerca del hispanismo.[114] De acuerdo al español, asiste a Alhambra unas noches antes del 16 de enero de 1930, que en esas semanas representa *El proceso de Mario Cuban*, *El perfume de la virtud*, *La revista del 30*, *Babe Ruth al bate*, *De La Habana a México*, *Consecuencias del trigémino* y *Delirio de cabaret*. Pero hay al menos una visita anterior, en mayo de 1926, acompañado por el poeta norteamericano Harold Hart Crane, amigo de Frank y recién instalado en Isla de Pinos, desde donde escribe a unos destinatarios no identificados: "fuimos a Alhambra, un tipo de Jardín Nacional de Invierno del burlesco. La «vulgaridad» latina me fue vedada en lo que al diálogo se refiere, pero en las acciones fue más

---

[112]Salazar, Adolfo. "In Memoriam. "Federico en La Habana". *Carteles*. La Habana, 23 de enero de 1938. no. 4. Citado por Nydia Sarabia. *Días cubanos de Lorca*. Editorial Cultura Popular. La Habana: 2007. pp. 126-130.
[113]Carpentier, Alejo "Teatro político, teatro popular, teatro viviente". *Crónicas*, tomo II. La Habana: Editorial Arte y Literatura, 1978: 484-489.
[114]Barcia, Augusto. "El poder del hispanismo. Las ideas de Waldo Frank". *La Lucha*. 10 de enero de 1930. p. 3.

lejos de lo que aparentemente es standard en el Este de la ciudad."[115] Hart Crane encontró más permisividad y atrevimiento en el espectáculo de la isla en comparación con los de Nueva York. El 26 de abril, días antes del 7 de mayo, fecha de la carta, está en cartel la compañía de Agustín Rodríguez con *El espiritista*, ¿de Garrido, Espígul? música de Monteagudo, *Carne con rabia* y *Flor del fango*, con la bailarina Monterito; el 28, *Maldita oscuridad*, de Julito Díaz y si asistieron más cerca del 4 de mayo, se representan *A bañarse*, *Hotel para garzonas*, *La toma de Alhucemas* y *El año nuevo turista*.

Enrique de la Osa precisa –en artículo sobre Gustavo Robreño– que en esa época asistieron también figuras de la categoría del pintor Foujita, el escritor norteamericano H. L. Mencken y la bailarina Ruth Page, visitas mucho menos exploradas, pues el japonés expone en el Lyceum en 1932 y la bailarina y coreógrafa viene a La Habana en 1918 con la Pavlova. Frank, cuenta de la Osa, se maravilló de "encontrar en la isla y en un pequeño teatro del género bufo, elementos de los teatros experimentales que conjugaban en aquella etapa lo grotesco y lo trágico a la manera de Crommelynck y Chiarelli". [116]

En 1914 Palomera se hace la cara de un profesor de la Universidad de California, saludado por Kostia en uno de los palcos, pero no lo he identificado ni he logrado saber cuando visita Alhambra Rubén Darío, citado por Eduardo Robreño, Vargas Vila y Zamacois, mencionados por Villoch. Carlos Espinosa Domínguez refiere la estancia de Ramón

---

[115]Crane, Hart. *The Letters of Hart Crane*. Brom Weber, ed., University of California Press, 1965. La traducción es mía.
[116]Osa, Enrique de la. "Tributo a un actor y autor". en *En Cuba. Primer tiempo 1943-1946*. La Habana: Editorial de Ciencias Sociales, 1990. p. 180-182. Aparece en *Bohemia* diciembre 30 de 1945.

del Valle Inclán en 1921. [117] Sergio Acebal cuenta en sus memorias su encuentro con Blasco Ibáñez a quien "fusiló" un cuento. "Recientemente nos visitó Blasco Ibáñez y salió tarareando un bolero", comenta Villoch en 1919.

Otras personalidades mencionadas son Enrique Díez Canedo, para quien Villoch era un autor de la talla de Juan de la Cruz y Carlos Arniches, mientras que para el cómico Enrique Borrás, Regino era superior en el género chico español. [118]

Coda

Gustavo Robreño nos convenció que de seguir la trayectoria de Alhambra, conoceríamos el archivo de la República. No se equivocó. La actualidad inmediata es el caldo nutricio de donde partieron autores, escenógrafos, empresarios e intérpretes para hacer de la escena un órgano de opinión. No imaginó lo difícil que sería para los que le siguieron encontrar textos, trastos, telones, programas y en el caso de que no sobreviviese ningún vestigio material, los recuerdos, las vivencias y los apuntes del cronista teatral. Con seguridad hay mucho más en los periódicos y en los cilindros y en los discos. Y mucho más por decir y sobre todo, cotejar. La historia del teatro no es una asignatura terminada, sino como una pendiente. Solo desde la altura se logra anticipar el significado de las otras estaciones, sobre todo, si un teatro hizo de la política, regocijo y volcó el sainete de la realidad en la realidad del sainete, como en el Callejón del Gato, a través de un lente

---

[117]Espinosa Domínguez, Carlos. "El primer bolchevique español". En *Cuba-Encuentro* 13/03/2006.
[118]Suárez Solís, Rafael. Federico Villoch. El último... Ob.cit.

deformado, a veces por la iluminación, la sagacidad del actor, la gracia de un *calembour* o la incapacidad del reseñador de decir la verdad por temor a las represalias. Si la música de la primera tanda presentaba los sabrosos danzones de Anckermann, la música toda fue «conservatorio del criollismo».

Hasta aquí y a partir del Conde Kostia, su mirada afila la mía, aunque por hoy solo haya logrado atar cabos sueltos. Sergio Acebal interpretó a un comunista de pega de nombre Rabachel solo para que pocos años después José Antonio Ramos, en su obra más debatida –nunca se estrenó– *FU 3001*, lo convirtiera en Rabachol Rojo. ¿Deuda, sarcasmo?

No hay dos teatros, uno ínfimo y otro sagrado, uno, para los estudiosos en las academias y otro, para los espectadores del paraíso y la cazuela.

Bibliografía no citada en las notas

Gálvez, Wen. *Esto, lo otro y lo demás allá: mosaico literario*. La Habana: Imprenta de Álvarez, 1892.
Perrier, Joseph Louis. *Bibliografía dramática cubana* (incluye a Puerto Rico y Santo Domingo). New York. The Phos Press, 1926.
Femenía Sánchez, Ramón. *La revista. Apuntes sobre la historia del género frívolo*. Madrid: [ ] ,1997.
Zurita, Marciano. *Historia del género chico*. Madrid: Prensa Popular, 1920.
Suárez, Constantino. *Vocabulario cubano*. La Habana: Imprenta de Veloso, 1921.
Revista *Comedia* marzo 19, 1914 y 6 de abril de 1914.
Aramburu, Joaquín Nicolás. *Páginas: colección de trabajos en prosa y verso*. El Avisador Comercial, 1907.
Combarro, Beatriz. "Estados Unidos y España en el imaginario bufo" (1899-1902). *La Siempreviva* 22 (2016). 23-29.
Soris Díaz Velis, Cheila. El teatro Alhambra antiinjerencista. *La Siempreviva* 22 (2016) 29-34.

Otros textos de la autora relacionados con el tema.
Candita Quintana. "Soy una artista silvestre." *Cuba internacional* (1970): pp. 28-35.
Eduardo Robreño. "Robreño habla del Alhambra". *Revolución y Cultura* 59 (1977): 66-71.
"Intención de la parodia en la escena cubana". *Conjunto* 88 (1991): 26-31.
"Teatro Alhambra: escamoteo y simulacro". *Cuadernos Hispanoamericanos* 589-590 (julio-agosto 1999): 151-154. Republicado en *Tablas* y *la Jiribilla*.

Índice general

De sicalipsis y moral Rosa Ileana Boudet	12
Max Henríquez Ureña crónicas	42
Crónicas de *El Fígaro*	54
Conde Kostia 1914-1916	63
Gacetillas 1917-24	122
1924-1926. Conde Kostia	145
Los ruidosos veinte Rosa Ileana Boudet	190
Gacetillas 1925-1935	204
Cierra el telón Rosa Ileana Boudet	262
Alhambra de la A a la Z Rosa Ileana Boudet	270
Índice general	393